일본어 진위판단부사의 통사·의미적 제약에 관한 연구

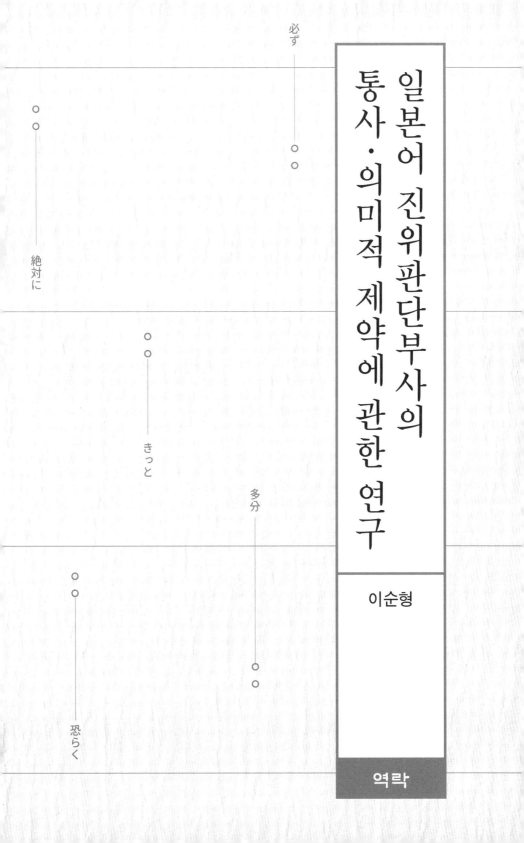

일본어 진위판단부사의 통사·의미적 제약에 관한 연구

必ず

絶対に

きっと

多分

恐らく

이순형

역락

저자의 말

본서는 일본어 진위판단부사(真偽判斷副詞)의 통사·의미적 제약에 관한 연구이다. 진위판단부사는 종래의 전통문법에서는 진술부사(陳述副詞), 유도부사(誘導副詞) 등으로 불렸으며, 서법성(modality)의 관점에서는 문장부사(文副詞), 명제 외 부사(命題外副詞), 서법부사(叙法副詞) 등으로 불리며 최근까지 활발하게 연구되어 오고 있다. 본서에서는 진위판단부사의 통사·의미적 특징을 규명하여, 부사 자체의 통사·의미적 특징뿐만 아니라 부사와 관련된 표현 형식의 통사·의미적 상관관계까지도 해명하고 있다.

본서의 목적은 진위판단부사의 통사·의미적 특징 가운데 의문 형식, 행동요구 형식, 문장 대명사, 가정 조건 형식 등과의 공기(共起) 제약이 발생하는 이유를 규명하는 것이다. 또한 층 전이(level shift)라는 개념을 이용하여 유의관계에 있는 진위판단부사의 다양한 의미·용법이 생기는 배경까지도 규명하고자 한다. 종래연구에서는 진위판단부사의 통사·의미적 특징을 부분적으로 언급하고 있지만 거의 대부분 개별 진위판단부사와 관련 표현 형식과의 공기 관계만을 지적하는 데에 그치고 있다. 이에 반해 본서는 대량의 코퍼스(corpus) 조사에서 획득한 실례(實例)와 앙케트 조사를 통하여 종래연구에 의해 검토된 적이 없는 새로운 언어 사실을 규명하고자 한다.

본서는 모두 10장으로 구성되어 있다. 각 장마다 박사학위논문 및 기존의 학술지에 발표한 내용을 수정 또는 가필을 하였으나 전체의 내용은 기존의 학술지에 발표한 내용과 크게 다르지는 않다. 구체적으로 표시하면 다음과 같다. 아울러 저서 출판에 동의해 주신 언어과학회, 한국일본학회, 한국일어일문학회, 일본지역언어연구회에 지면을 빌어 깊이 감사를 드린다.

제3장	2003 「真偽判断の副詞と疑問形式との共起関係」, 『言語科學研究』27, 言語科學會.
제4장	2004a 「真偽判断の副詞と疑問表現形式との共起制約-確認要求の意味用法を持つ疑問表現形式を中心に-」, 『日本學報』59, 韓國日本學會.
제5장	2004b 「いわゆる真偽判断の副詞と働きかけ表現との共起制約」, 『日本學報』61, 韓國日本學會.
제6장	2005a 「類義関係にあるいわゆる真偽判断の副詞の階層構造」, 『日本學報』64, 韓國日本學會.
제7장	2006 「仮定条件節の内部における真偽判断の副詞の生起制約分析」, 『日語日文學研究』57, 韓國日語日文學會.
제8장	2005b 「日本語の真偽判断の副詞と疑問形式との共起制約—社会言語学的アプローチの試み—」, 『地域言語』17, 日本地域言語研究会.
제9장	2011 「공통어문법 운용의 다양성에 관한 사회언어학적 접근-동일본·중부일본·서일본의 지역차를 중심으로-」, 『언어과학연구』55, 언어과학회.

먼저 제1장은 서론으로 본서를 구성하는 각 장의 목적을 구체적으로

기술할 것이다. 제2장은 본서와 관련 있는 선행연구를 소개하고 문제를 제기한다.

제3장에서는 진위판단부사가 「だろうか」와 부정 의문 형식(negative interrogative form) 이외의, 질문의 의미를 나타내는 의문 형식(interrogative form of question), 의문 형식(interrogative form of doubt), 확인요구의 의미를 나타내는 의문 형식(interrogative form of confirmation request), 행동요구의 의미를 나타내는 의문 형식(interrogative form deed request) 등 의문 형식과 공기하는 실례(實例)를 제시하여 다양한 의문 형식과의 공기 관계를 밝혔다.

제4장에서는 진위판단부사와 의문 형식과의 공기 제약이 생기는 이유를 설명하였다. 즉 제3장에서도 밝혀진 것처럼 진위판단부사와 질문의 의문 형식, 의문 형식, 확인요구의 의문 형식, 행동요구의 의문 형식과의 공기 제약을 [확실도]라는 개념에 의거하여 해당 공기 제약이 생기는 이유나 배경에 대해 아래의 [공기 제약 1, 2, 3]을 제시함으로써 각각의 타당성을 논의하였다.

＜공기 제약 1＞ : 특정의 진위판단부사가 의문 형식과 공기하지 않으면 그 진위판단부사는 [+확실도]이며 그 의문 표현은 [−확실도]이다.

＜공기 제약 2＞ : 특정의 진위판단부사가 의문 형식과 공기하면, 그 진위판단부사는 [+확실도]이며 의문 형식도 [+확실도]이다. 이때 의문 형식은 진정 의문 형식의 용법(질문)에서 일탈(逸脫)한 것이다.

＜공기 제약 3＞ : 특정의 진위판단부사가 의문 형식과 공기하면 부사는 진위 판단의 의미·용법이 아닌 다른 의미·용법을 지닌다. 의문 형식은 [+확실도]이다.

제5장에서는 진위판단부사와 행동요구 표현과의 공기 제약과 그 제약이 발생하는 배경에 대하여 고찰하였다. 종래 「必ず」, 「きっと」, 「多分」

등의 진위판단부사는 행동요구 표현(명령, 의뢰, 권유, 금지 등)과는 공기할 수 없다고 지적되어 왔다. 우선 행동요구 표현과 진위판단부사「絶対」,「必ず」,「きっと」,「もちろん」이 공기하는 이유는 이들 부사가 수행층(performative stratum)으로 층 전이(level shift)를 허용하기 때문이며,「絶対」,「必ず」,「きっと」,「もちろん」 이외의 부사가 행동요구 표현과 공기하지 않는 것은 수행층(performative stratum)으로 층 전이(level shift)를 허용하지 않고, 그대로 태도층(attitudinal stratum)에 머물러있기 때문이다. 게다가 명제 내용층(propositional stratum)으로의 층 전이(level shift)를 허용하는 진위판단부사도 존재한다는 사실을 확인하였다. 즉 진위판단부사에는 수행층·태도층·명제 내용층에 속하는 부사, 수행층·태도층에 속하는 부사, 태도층에 속하는 부사의 세 가지 유형이 존재한다는 사실을 밝혔다.

제6장에서는 유의관계에 있는 진위판단부사「絶対に」,「必ず」,「きっと」,「恐らく」,「多分」에 대한 다양한 의미·용법상의 공통점과 차이점을「층 전이」라는 개념으로 분석했다. 분석의 결과는 아래와 같이 정리할 수 있다. 우선 진위판단부사「絶対に」,「必ず」,「きっと」,「恐らく」,「多分」이 모두 태도층에 속하는 경우는 유사한 의미·용법을 지닌다. 다음으로 진위판단부사「絶対に」,「必ず」는 태도층에서 수행층과 명제 내용층으로 층 전이를 하는 반면에, 진위판단부사「きっと」는 태도층에서 수행층으로의 층 전이만을 허용하므로 서로 다른 의미·용법을 지닌다. 마지막으로 진위판단부사「きっと」는 태도층에서 수행층으로의 층 전이를 허용하는 데 비해「恐らく」,「多分」은 수행층으로의 층 전이를 허용하지 않는다는 이유에서 서로 다른 의미·용법을 지닌다고 말할 수 있다.

제7장에서는 일본어의 진위판단부사가 가정 조건 형식인「と」,「ば」,「たら」,「なら」의 보문부(補部)에 포함되어서는 안 된다는 것이 과연 옳은 견

해인시를 검토했다. 구체적인 결과는 다음과 같다. 우선 첫 번째로「必ず」,「絶対に」는 명제 내용층(가정 조건 형식을 제외한 부분)에 포함된다는 사실이다. 그 이유는「必ず」,「絶対に」는 태도층에서 명제 내용층으로 층 전이를 허용하기 때문이다. 두 번째로「あるいは」,「もしかすると류」는 가정 조건절에 포함되는 경우와 포함되지 않는 경우가 있어 진위판단부사와 가정 조건절과의 통사적 제약이 엄격히 지켜지지 않는다. 그 이유는 가정 조건절과 문말 형식(추량·단정형)과의 의미 관계가 연관되어 있기 때문이다. 세 번째로「さぞかし」,「きっと」,「もちろん」,「恐らく」,「多分」,「どうも」,「どうやら」는 가정 조건절의 보문부에 포함되지 않는 점에서 이들 부사들에 한해서는 가정 조건절과의 통사적 제약이 엄격히 지켜진다. 그 이유는 이러한 부사가 판단 형성의 기능을 수행하는 것으로 같은 기능을 수행하는 주절의 술어와 결속력이 강하게 유지되기 때문이다.

제8장에서는 진위판단부사와 의문 형식과의 공기 제약을 검토해 공기 가능한 예와 공기 불가능한 예, 조건부로 공기 가능한 예를 각각 제시하였다. 또한 의문 형식과 공기하는 부사가 어떠한 의미를 나타내는지, 그리고 부사와 의문 형식과의 공기에 관여하는 조건(시제, 인칭, 조사, 어순 등) 등을 비롯한 언어의 내적 요인에 의한 분석을 했다. 또 남녀차와 지역차 등과 같은 언어의 외적 요인으로 생기는 진위판단부사와 의문 형식과의 공기 제약에 대해서도 분석을 했다. 그 결과 먼저 언어의 내적 요인으로 생기는 공기 제약의 경우에는 다음과 같은 결론을 얻을 수 있었다. 첫 번째로 문법성 판단을 실시할 때 개인의 언어 직관에 의지하거나 또는 소수의 원어민에게 판정을 의뢰하는 방법은 다수의 원어민들에게 판정을 의뢰하는 앙케트 조사나 코퍼스(corpus)를 활용한 방법에 비해 판단에 있어 편향이 생기기 쉽다고 하는 것이다. 두 번째로 진위판단부사가 본

래의 인식적인 기능이 아닌 다른 기능을 가졌을 경우에 한해서 의문 형식과의 공기가 가능하다고 하는 모리모토(森本 : 1994)의 주장과는 대조적으로 인식적인 기능을 가졌을 경우라도 진위판단부사와 의문 형식은 공기를 허용한다는 사실을 밝혔다. 세 번째로는 진위판단부사와 의문 형식과의 공기 여부에 인칭·시제·혼잣말·조사(助辭)의 변환·부사의 위치 등등의 조건이 관여한다는 사실을 밝혔다.

다음으로 언어의 외적 요인으로 생기는 공기 제약의 경우는 다음과 같은 결론을 얻을 수 있었다. 첫 번째로 공기 판정에 대해 성별은 별로 문제가 되지 않는다고 한 모리모토(森本 : 1994)의 주장과는 대조적으로 남녀차가 있다는 사실을 밝혔다. 두 번째로 진위판단부사와 의문 형식과의 공기 허용도를 보았을 경우 동일본(東日本)과 서일본(西日本) 모두 거의 같은 결과가 나오는 경우도 있지만 다른 경우도 있다는 사실을 밝혀냈다. 이것은 문법 연구에 있어 이번 조사 지역인 이시카와(石川)와 도야마(富山)를 중심으로 한 서일본(西日本)의 공통어가 있고, 나가노(長野)와 니가타(新潟)를 중심으로 한 동일본(東日本)의 공통어가 있다는 사실을 의미하며 이러한 각각의 지역성을 반영한 공통어에 지역차가 존재하는 매우 흥미로운 현상이 존재하는 것을 밝힐 것이다. 이것은 공통어가 일본 전체에서 하나라고 하는 생각은 회화체에 한해서는 시대착오(p : 6)라고 지적한 사나다(真田 : 1996)의 주장을 뒷받침하는 매우 유의미한 언어 현상임을 강조할 것이다.

제9장에서는 본 연구에서는 공통어로 인식되고 있는 일본어 진위판단부사와 의문 형식을 포함하는 구문을 사용하여 문법 운용의 지역차에 대해 고찰하였다. 고찰에 있어서는 일본 전역 어디에서나 통용되면서 도쿄어에 가깝지만 반드시 일치하지는 않는 공통어문법 운용의 지역적인 양

상을 분명히 하기 위해 전통적인 일본어 방언연구에서 말하는 지역구획에 따라 동일본, 중부일본, 서일본의 3개 구획으로 나누어 고찰, 분석하였다.

종래의 연구에서 제기된 문제점과 주장을 바탕으로 첫째, 이전부터 인식되어 온 일본열도의 동서 간의 어휘 사용의 방언차와 마찬가지로 공통어로 이해되고 있는 부사와 의문 형식과의 공기관계에 관한 문법성 판정에 있어서도 지역차가 존재하는지, 둘째, 대량조사라는 사회언어학적 연구 방법을 활용한 경우 문법성 판정에 있어 기존의 연구와 어떠한 차이를 보이는지, 셋째, 언어 외적인 요인 중의 하나인 지역차를 고려하였을 때 부사와 의문 형식과의 공기 허용도나 의미용법 및 의미 기능에 관한 문법성 판정이 어떻게 다른지에 대해 고찰하였다. 결과적으로 문법성 판정에 지역차가 생기는 것도 각각의 지역을 중심으로 한 '지역 공통어문법'이 존재하기 때문일 것이다. 본 연구를 통해 공통어로 인식되고 있는 일본어 문법 운용의 다양성을 확인한 것은 물론, 지역차를 고려하는 것에 의해 문법연구의 상대적인 시점을 가질 수 있게 되었다는 점에서 본 연구의 의의는 크다고 하겠다.

이상에서 말한 것처럼 부사에 중점을 두고 생각함으로써 부사 자체의 연구뿐만 아니라 특정 표현 형식(의문 형식, 행동요구 형식, 가정 조건 형식 등)이 지니는 문법적 특성까지도 보다 다양하게 고찰할 수 있었다. 또한 부사와 각 형식과의 통사·의미적 제약도 분명히 할 수 있어 종래의 연구에서는 얻을 수 없었던 새로운 연구 성과를 올릴 수 있었다. 이러한 성과는 주로 연구자 개인의 언어 직관이나 소수 원어민의 판정에 의지하는 경우가 대부분이었던 종래의 언어 연구 방법과는 달리 다량의 코퍼스(corpus)와 앙케트 조사 형식의 문법성 판정이 있었기 때문에 가능하였다고 생각한다.

본서가 세상에 얼굴을 내밀 수 있었던 것은 도서출판 역락의 이대현 사장님과 박태훈 이사님의 본 연구자와 본 저서에 대한 전적인 신뢰가 있었기 때문이다. 그리고 원고의 정리에서 편집에 이르기까지 큰 수고를 아끼지 않으신 이태곤 편집이사님과 임애정 대리님, 책 디자인 작업을 정성껏 해주신 안혜진 팀장님께 진심으로 감사를 드리는 바이다.

2020.10

저자 이순형

표기에 관해서

1. 예문이 부자연스럽거나 비문법적인 것을 나타내는 경우는 예문의 문두에 *를 표시하였다.
   (예) *「まあ゛ まさか何か注文しろよ」 (본문 p.127)

2. 형식의 대비를 부각시키기 위해 실제 예문 중에 교체형을 넣을 경우에는 가타가나로 표시하였다.
   (例) 胎児は{きっと/ゼッタイニ/カナラズ/オソラク/タブン}もっと長いはずですから。(元気)
   (본문 p.149)

3. 서적이나 신문 등에서 예문을 인용한 경우, 고찰의 대상이 되는 부분에는 강조체나 이탤릭체를 넣거나 밑줄을 그었다.
   (例) たぶん今頃夕食を食べているだろうね。(본문 p.117)

4. 예문 중에 공기 관계를 나타내는 표현의 경우, 부사는 강조체로, 문말 표현에는 밑줄을 그었다. 또한 다른 논문에서 인용한 예문에도 부사는 강조체로, 문말 표현에는 밑줄을 그었다.
   (예) おそらく砂を流すためだろう。(砂の女) (본문 p.138)

5. 출전 표시가 없는 예문은 모두 작례이다.
   (예) 彼らは{絶対に/きっと/必ず/恐らく/多分}来ると思います。(본문 p.145)

차 례

일본어 진위판단부사의 통사·의미적 제약에 관한 연구

おそらく

たぶん

ぜったい

かならず

きっと

제1장 진위판단부사란 무엇인가?

1. 본서의 목적

일본어도 타 언어와 마찬가지로 문법상의 성질에 따라 단어를 품사로 분류할 수 있다. 일본어의 품사는 동사, 형용사, 형용동사, 명사, 부사, 연체사, 접속사, 감동사, 조동사, 조사 등으로 분류되는 것이 일반적이다.

이들 품사 중에서 본서에서는 부사에 대해 고찰을 하고자 한다. 일반적으로 문법적인 수식기능으로 체언(명사)를 수식하는 기능과 용언(동사, 형용사, 형용동사 등)을 수식하는 기능을 들 수 있는데, 부사는 후자의 기능을 지닌다.[1) 『日本文法事典』을 보면 부사를 다음과 같이 설명하고 있다.

---

1) 모리모토(森本 : 2000)가 지적하는 바와 같이 형태적인 면에서 보면 부사의 형태는 매우 다양하다. 예를 들면 형용사의 연용형「大きく」, 형용동사의 연용형「きれいに」, 동사의 음편(音便)형「いそいで」, 명사의 전용「きのう」,「去年」, 연어「しらずしらず」 등에서 보듯 다양한 품사에서 부사를 만들어 낼 수 있다. 부사로 전용할 수 있는 방법의 다양성 때문에 부사 연구가 다른 품사 연구에 비

自立語で、活用がなく、主として用言を修飾するものをいう。なお、用言以外に、まれに体言あるいはある種の副詞、更に文全体を修飾することがある。また一般に主語、述語となることがない。

（『日本文法事典』1985：p.171）

자립어이며 활용을 하지 않으며 주로 용언을 수식한다. 또한 용언 이외에 더물게 체언 혹은 모종의 부사, 나아가 문장 전체를 수식하는 경우가 있다. 또한 일반적으로 주어, 술어가 되는 경우는 없다.

이러한 설명에서 부사에 관한 정의에 대해 얼마나 애매한 표현으로 기술되어 있는지, 수식의 대상이 얼마나 모호한지를 알 수 있다. 와타나베(渡辺：1971)를 위시하여 구도(工藤：1982), 모리모토(森本：1994) 등 종래의 연구자들은 부사라는 품사를 결정하는 조건으로 연용수식어로서의 기능 및 역할을 들었다. 또 부사를 품사론의 휴지통으로 보는 회의적인 시각도 있는데 그 이유는 부사가 연용수식어의 기능을 지니기 때문이다. 연용수식어에는 부사 이외의 다른 품사들도 들어가 있다. 연체수식어와 독립어 이외의 모든 문장 구성 성분도 들어가 있기 때문이다. 또한 부사는 연용수식어뿐만 아니라 「ちょっと奥」, 「たった百円」, 「あいにく留守だ」에서 보듯 명사를 수식하는 경우도 있다. 특히 본서에서 다루는 진위판단부사는 나카우(中右：1980)의 설명에 따르면 연용 수식 성분이라고 하는 명칭으로 일괄해 버릴 수 없는 부사(문장부사)로 기존 부사의 정의를 따르지 않는다(p.162).

그러나 부사가 지니는 문법 기능의 불명확함, 즉 분류, 범위, 정의 등

해 뒤처진 원인이 되었다고 알려져 있다.

부사가 안고 있는 문제가 적지 않음에도 불구하고 본서에서 부사를 고찰하고자 하는 이유는 2가지가 있다. 하나는 부사 형태의 불완정성, 수식 기능의 제약, 부사의 조직화와 체계화 혼란 등으로 인한 부사 자체의 연구에 새로운 활력을 불어넣기 위해서이다.

다른 하나는 부사가 지니는 이러한 문제점에도 불구하고 부사에 초점을 두고 고찰을 진행하면 부사 자체의 문법적 특성뿐만 아니라 특정 표현 형식이 지니는 문법적 특성까지도 아울러 해명하기 위해서이다. 예를 들면 종래의 연구에서는 의문문의 통사·의미적 특징을 의문문의 내부에서 찾고 있지만, 의문문과 부사와의 상호행동요구와 상호제약을 고찰하면 부사, 의문문, 부사와 의문문의 통사·의미적 제약까지도 고찰이 가능해지는 등, 종래의 연구에서는 다루지 못한 새로운 담론을 활성화할 수 있을 것으로 기대할 수 있다.

일본어의 부사는 야마다(山田 : 1936)의 연구 이래, 통상 정태부사(情態副詞), 정도부사(程度副詞), 진술부사(陳述副詞)로 분류되는 것이 일반적이다. 이와 같은 분류는 그 이후 도키에다(時枝), 스즈키(鈴木), 그리고 학교문법 등에 의해 계승되어 갔다. 여기에서 이들 부사의 특징을 간략히 정리해 보도록 하겠다.[2] 우선 정태부사이다. 정태부사란 자체가 지닌 전개·실현·결과의 3국면을 시야에 넣어 그 본연의 모습을 언급함으로써 사건이 구체적으로 어떻게 발생하였는지를 수식 한정하는 것이다. 다음의 예를 보도록 하자.

---

2) 상세하게는 『新版日本語教育事典』(2005 : pp.87-89)를 참조하길 바란다. 또한 『新版日本語教育事典』에서는 「정태부사」라는 용어 대신에 「양태부사(樣態副詞)」라는 용어를 사용하고 있다.

(1) 「男は**ゲラゲラ**笑った」

(2) 「眼が**ギラギラ**光った」

(3) 「男は**ゆっくり**立ち上がった」

위의 예문 (1)-(3)에서 강조체로 표기된 부사는 모두 동작, 행동요구, 존재의 정태, 즉 상태를 수식한다. 예문 (1)로 말하면 부사「ゲラゲラ」는 남자의 웃는 모습을 수식한다.

둘째, 정도부사이다. 정도부사는 형용사·형용동사로 기술되는 속성이나 상태나 정도를 수식한다. 예를 들면 다음과 같은 예문에 사용된 부사는 각각의 상태가 지니는 정도를 수식한다.

(4) 「この本は**非常に**おもしろい。」

(5) 「**多少**危険な場所。」

(6) 「今日は**あまり**暑くない。」

마지막으로 속성이나 정도 등 객관적인 의미를 지니는 정태부사, 정도 부사와는 달리 화자의 심적 태도 즉 주관적인 의미를 지니는 진술부사가 있다.

(7) 「**たぶん**くるだろう」

(8) 「**ひょっとしたら**花が咲くかもしれない」

(9) 「**ぜひ**行ってみたい」

예문 (7)-(9)에서 사용된 진술부사는「술어의 진술 방식을 수식하는 것으로 술어의 방식에 일정한 제약이 있으며 부정을 나타내는 부사(めった

に), 추측(推量)을 나타내는 부사(たぶん), 결의를 나타내는 부사(必ず), 희망 및 바람을 나타내는 부사(ぜひ), 가정을 나타내는 부사(もし), 비유를 나타내는 부사(まるで)들이 이에 해당한다.[3] 그리고 진술부사와 술어 사이에 「たぶん-だろう」,「まるで-ようだ」에서 보듯 일정한 공기 관계가 성립되는 특징도 엿볼 수 있다. 이와 같이 술어와 공기 관계를 맺는 진술부사를 호응의 부사라고 하여 진술부사의 별칭으로 간주하기도 한다.

그런데 「幸い」,「あいにく」 등의 부사는 특정한 문말 표현과 호응하지 않지만, 화자의 심적 태도를 나타낸다. 이와 같은 부사는 화자의 주석이나 평가・판단을 나타내는 「주석・평가의 부사」라고 하여 넓은 의미로 진술부사로 간주하는 견해도 있다. 그 밖에도 화자의 심적 태도를 나타내는 부사로 「やっぱり」,「結局」 등이 있으며 특정한 문말 표현과 호응하지 않지만 역시 진술부사로 간주되기도 한다.

본서에서는 지금까지 설명해 온 부사 중에서 진술부사, 그중에서도 화자의 심적 태도(추측, 추량)만을 수식하는 부사, 즉 진위판단부사(真偽判断副詞)에 초점을 두고 논의를 진행해 나가고자 한다. 그 이유로는 우선 진위판단부사가 지니는 통사・의미적 특징을 선행연구에서 많이 다루고 있기 때문이다. 그래서 선행연구를 통해서 진위판단부사가 지니는 통사적・의미적 특징을 규명하는 것이 비교적 용이하며, 나아가 진위판단부사와 관련한 다양한 표현 형식과의 통사적 의미적 상호행동요구와 상호

---

3) 진술부사는 기본적으로 모댈리티의 특징을 지니는 것으로 알려져 있다. 또한 「けっして-ない(부정)」,「めったに-ない(부정)」,「もし-なら(가정)」 등과 같이 호응 관계를 지니기도 하는 것으로 알려져 있다. 그러나 모리모토(森本 : 1994, 2000)는 부정이나 가정은 모댈리티 영역에는 포함되지 않는다고 지적한다.

제약까시 시야에 넣음으로써 기존의 연구에서는 볼 수 없는 폭넓은 고찰이 가능하며 그 귀결로 부사를 둘러싼 활발한 담론이 기대된다.

진위판단부사는 나카우(中右 : 1979, 1980)에 의하면 가치 판단의 부사, 발화 행위의 부사, 영역 지정의 부사로도 불리며, 진위판단부사는 명제(proposition)에 대한 화자의 심리적 태도(추량)를 나타내는 명제 외 부사로 모댈리티(modality)의 범주에 속하는 것으로 알려져 있다. 여기서 나카우(中右 : 1979), 사와다(澤田 : 1978) 등의 연구에서 지적하는 진위판단부사의 통사·의미적 특징을 잠시 살펴보도록 하자.

- 疑問文では生起しない。 의문문에서는 생기하지 않는다.
- 命令文では生起しない。 명령문에서는 생기하지 않는다.
- 否定のスコープに入らない。 부정의 작용역(scope)에 들어가지 않는다.
- 代用形によって指し示される代用の作用域、つまり文代名詞のスコープに入らない。 대용형에 의해 지시되는 대용의 작용역, 즉 문장 대명사의 작용역에 들어가지 않는다.
- アスペクトとテンスの作用域の外にある。 상(aspect)와 시제(tense)의 작용역 외부에 존재한다.

본서의 목적은 다음과 같다. 우선 첫째, 위에 제시한 진위판단부사의 통사·의미적 특징 가운데, 의문, 행동요구(働きかけ), 문장 대명사화, 조건 형식 등과의 공기[4] 제약을 재검토하고 그 제약이 발생하는 이유를 규명

---

4) 구도(工藤 : 1982)는 「공기」와 「호응」의 차이를 다음과 같이 설명하고 있다. 「『공기』 현상은 같은 층위에 속한다는 것이므로 비교적 단순히 형식화가 가능하다. 「호응」은 단순한 층위에 속하는 것이 아니라 결합(むすびつき)이므로 구체적으로 말하면 의미적 관계이다. (…중략…) 「공기」는 이를테면 양적 현상, 「호응」은 질적 관계이다. 질적인 것이 양적 현상을 낳음과 동시에 양적 현상이 질적

할 것이다. 둘째, 층 전이(level shift)라고 하는 개념을 사용하여 유의관계에 있는 진위판단부사가 지니는 다양한 의미·용법이 발생하는 배경을 밝히고자 한다. 선행연구에서는 진위판단부사의 공기 관계에 대해 부분적으로 언급은 하고 있지만 거의 대부분 몇몇 진위판단부사와 관련 형식과의 공기 관계를 지적하는 것에만 머무르고 있다. 마지막으로 선행연구의 주장과는 달리 실제로는 공기하지 않는다고 알려진 진위판단부사가 특정한 표현 형식과 공기하는 현상과 그 이유를 고찰하고자 한다. 물론 이들 현상에 대해서는 선행연구에서 전혀 논의되지 않았다.

2. 진위판단부사의 정의 및 문장구조상의 기능

부사에 관련한 대표적인 연구로는 미나미(南 : 1974, 1993), 사와다(澤田 : 1978), 닛타(仁田 : 2000, 2002b), 모리모토(森本 : 1994) 등을 들 수 있다. 이들 연구에 의하면 부사가 문장의 다양한 층위를 행동요구역으로 두며 기능하는 것으로 알려져 있다. 그리고 이러한 부사의 특징 때문에 문장 구조의 다양한 층위의 존재를 해명하는 데에도 크게 기여하는 것으로 알려져 있다. 예를 들면 다음과 같이 어떠한 부사가 문장에 생기(生起)하느냐에 따라 문장이 나타내는 의미에 각각 차이가 발생하는 것을 선행연구에서는 논의하고 있다.

변화를 가져오는 것으로 생각할 수 있다. 즉 호응은 사용을 반복하면서 점차 단어의 의미기능으로 고착화되어(やきつけられる) 가는 것」(p.71)이라고 하였다.

(10) 山田君は、へそくりを のの子に 貸し ている だろう。

　　　　　　　　　동사　　산　시제　　추량

　　　　　　　　　모리모토(森本 : 2000 : p.122)

　예를 들면 위의 문장에 제각각 다른 부사를 넣으면 동일한 문장임에도 불구하고 문장이 나타내는 의미 내용이 다르다. 즉 위의 문장에 「いやいや」를 넣으면 동작의 양태, 「たくさん」을 넣으면 행위의 양을, 「ずっと」를 넣으면 시간의 지속을, 「あした」를 넣으면 미래를, 「たぶん」을 넣으면 확신의 의미가 기술되어 버린다.

　문장은 의미적으로 「명제(proposition)」＋「모댈리티(modality)」로 구별되는 것으로 일반적으로 알려져 있다. 명제는 문장의 객관적 의미(사항적 의미·정보적 의미)를 담당하는 부분이다. 명제는 사실(コト), 서술 내용이라고도 불린다. 이에 반해서 모댈리티는 명제 내용에 대한 화자의 심적 태도를 나타내는 부분으로 정의된다. 연구자에 따라서 약간의 인식차는 있지만 모댈리티는 일본어학에 있어서 무드나 진술이라는 개념에 거의 해당한다고 보면 된다.[5]

　문장이 이와 같이 명제와 모댈리티로 구별이 되는 것처럼, 부사 역시

---

5) 문장을 「명제」, 「명제 내용」으로 불리는 부분과 「모댈리티(modality)」라는 부분이라는 2개의 성분으로 이루어진다는 생각은 오래전부터 있어 왔다. 영어학에서는 대표적으로 Fillmore(1968), Halliday(1967, 1970), 야스이(安井 : 1977, 1978) 등을 들 수 있다. 한편 일본어학에서는 대표적으로는 마쓰시타(松下 : 1961), 긴다이이치(金田一 : 1953)의 「객관적 표현」과 「주관적 표현」, 하가(芳賀 : 1962)의 「객체적 표현」과 「주체적 표현」, 도키에다(時枝 : 19411950)의 「詞」와 「辭」, 야마다(山田 : 1936), 와타나베(渡辺 : 1971)의 「서술(내용)」과 「진술」, 미카미(三上 : 1972)의 「コト」와 「ムウド」, 가와모토(川本 : 1956)의 「언표사태(言表事態)」와 「언표태도(言表態度)」 등을 들 수 있다.

명제 내용에 관련되는 부사와 모댈리티에 관련되는 부사로 분류가 가능한 것으로 알려져 있다. 이를 나카우(中右 : 1980)는 명제 내 부사와 명제외 부사로 부른다. 위의 예문 (10)으로 말하면「いやいや」,「たくさん」,「ずっと」,「あした」가 명제 내 부사에 해당하고,「たぶん」은 명제 외 부사 즉모댈리티에 관련되는 부사에 해당한다. 명제 내 부사는 그 자체로 모댈리티를 표명하지 않으며 문장의 명제 내용이 나타내는 객관적 의미의 증감만을 지시한다. 예를 들어「歩く」에 부사를 넣어「{早く/ゆっくり}歩く」라고 표현하면 동사「歩く」의 실재를 상세하게 묘사할 수가 있다.「早く」라는 부사로 인해 걷는다는 정보량이 풍부하게 제시되는 것이다. 이 부사를 제거하면 걷는 속도에 관련된 정보는 청자에게 주어지지 않게 된다.

이에 반해서 명제 외 부사는 문장이 나타내는 객관적인 의미의 증감에는 상관하지 않는다. 즉 모댈리티를 표명하기는 해도 명제 내용의 일부를 지시하는 일은 없다. 예를 들어「歩く」에 부사와 추량형의 조동사를 넣은「たぶん歩くだろう」의 경우,「歩く」라는 행위에 관한 정보가 증감하는 일은 없다. 즉 객관적 정보 그 자체에는 아무런 변화가 없다.「たぶん」을 통해 화자가 그렇게 판단하고 있다는 것이다.[6] 여기에서 말하는 명제 외 부사의 특징은 본서의 진위판단부사에도 그대로 적용된다.

---

6) 명제 내용에 관련된 부사를 요약하여「술어(수식)부사」라고 부르기도 한다(마스오카(益岡 : 1992)・다쿠보(田窪). 이 경우의「술어」라는 것은 모댈리티를 포함하지 않는, 즉 명제 내용을 나타내는데 이 명제 내용을 나타내는 부분을 행동요구역(scope)으로 하는 부사를 말한다. 또한 술어 부사와는 별도로「문장(수식)부사」가 있다. 이것은 모댈리티를 포함하는 문장 전체를 행동요구역으로 하는 부사이다. 술어를 수식하는 부사보다 넓은 행동요구를 지닌다. 다만 모리모토(森本 : 2000)의 지적처럼 문장(수식)부사, 술어(수식)부사라는 용어는 영어의 부사 분류를 다소 답습한 느낌이 있고 일본어 표층의 문장 구조에서 보면 이해하기 어렵다는 점을 부정할 수는 없다.

나카우의 이와 같은 부사의 2분류에 대응하는 것으로 닛타(仁田 : 1993)의 「언표사태(言表事態) 수식어」와 「언표태도(言表態度) 수식어」를 들 수 있다. 언표사태수식어는 「언표사태의 성립 방법을 다양한 관점에서 수식・한정한 것」이며, 「언표태도수식어」는 부사만을 염두에 둔 것은 아니지만 「사태에 대한 화자의 평가적인 태도나 수용 방식, 전달 방식을 나타낸 것이다. 이 성분은 언표태도의 층위에서 행동요구하며 문장이나 절의 모댈리티적 측면과 서로 관련을 지닌다(p.29)」고 알려져 있다.

언표사태수식어・술어부사・명제 내 부사는 서로 유사하지만 정의 및 분류 방식, 기준 등에서 반드시 일치하는 것은 아니다. 또 부사의 하위분류나 하위분류된 개별 부사의 종류도 학자들마다 다르다. 언표사태수식어・명제 외 부사(문장부사) 역시 분류 방식, 하위분류, 하위분류된 개별 부사의 종류 역시 다르다.

이상의 현실을 직시하며 본서에서는 나카우(中右 : 1980)의 용어와 분류 방식과 본서에서 다루고자 하는 부사 즉, 명제 외 부사의 주요 하위 기능을 좀 더 살펴보기로 한다.[7] 그 이유는 나카우(中右 : 1980)의 분류 방식이 닛타(仁田 : 1993)의 그것보다 단순하고 알기 쉽기 때문이다. 우선 첫째로 명제 외 부사의 예고 기능을 들 수 있다. 명제 외 부사의 예고 기능이라는 용어의 근간은 와타나베(渡辺 : 1971)의 부사론에서 찾을 수 있다. 예를 들면 그는 부사의 구문적 직능을 근거로 진술부사가 「후속하는 내용을 예고하는 기능을 지니는 것으로 규정한다(p.312)」. 예를 들어 「おそらく会

---

7) 실제로 종래의 「진술부사」는 다양한 부사를 포함하고 있으며 명칭 자체도 연구자나 입장에 따라 다양한데, 본서에서는 연구자 사이에서 일치의 정도가 높은, 진술부사(유도부사), 모댈리티 부사, 서법부사, 인식의 부사, 진위판단부사 등으로 명명된 부사를 진위판단부사라는 용어로 통일하고 이 부사를 중심으로 논의를 진행하고자 한다.

社をやめるだろう」의 경우, 「おそらく」는 「会社をやめる 회사를 그만 두다」라는 사실을 예고한다.

둘째, 앞에서 언급한 바와 같이 명제 외 부사의 모댈리티 기능이다. 명제 외 부사는 일반적으로 문장 술어의 모댈리티를 행동요구역으로 하는 부사로, 명제 내용에 대한 화자의 추량이나 확신을 나타낸다. 예를 들면 「たぶん」, 「ひょっとしたら」, 「さぞ」, 「おそらく」, 「きっと」 등의 진위판단부사가 있다. 이들 부사는 「だろう」와 같은 추량의 모댈리티 표현(조동사)과 공기하는 경향이 강하며 특정 진위판단부사가 사용됨에 따라 그 추량이나 확신의 정도에 차이가 난다. 예를 들면 「明日は{たぶん/きっと/おそらく}雨が降るだろう」를 보면 진위판단부사 「たぶん」, 「きっと」, 「おそらく」는 「だろう」와 공기하면서 추량이나 확신의 정도가 조금씩 혹은 크게 다른 것을 알 수 있다.8) 그 외에도 「らしい」와 같이 추정의 모댈리티와 공기하는 「どうも」, 「どうやら」 등도 예로 들 수 있다. 본서에서는 이러한 기능을 지니는 명제 외 부사를 진위판단부사로 통칭하고자 한다. 영어학에서는 추량의 모댈리티 표현 형식을 「epistemic modality」라고 부르는데, 이들 형식에 생기하는 부사 「probably, possibly」 등을 「인식의 부사(epistemic adverb)」로 불리기도 한다.

나카우(中右 : 1980)는 진위판단부사를 화자가 발화시에 있어 명제 성립

---

8) 현실적으로는 반드시 항상 공기한다고는 할 수 없다. 다음의 예문을 보도록 하자. 「たぶん雪がふる」, 「きっと明日は吹雪だ」
위의 예문에서 부사를 제외한 「雪がふる」, 「明日は吹雪だ」라는 단정문에 부사 「たぶん」, 「きっと」를 붙임으로써 위의 예문을 발화하는 것에 의해 추량의 의미가 더해지며 그 귀결로 부사 자체에 추량의 모댈리티성이 인정된다. 그러나 모리모토(森本 : 1994)의 지적대로 공기 제한의 강도도 부사에 따라 차이가 난다. 예를 들면 부사 「さぞ」는 추량의 모댈리티를 반드시 필요로 한다.

의 정도에 대해 판단하는 경우, 판단의 실제를 나타내는 부사로 규정한다. 이 규정을 바탕으로 니시하라(西原 : 1991)는 화자의 판단을 진위 판단과 가치 판단을 나타내는 부사로 이분하고 진위 판단을 나타내는 부사를 다시 확정, 확신, 확정적 추측, 불확정적인 추측, 상상, 부정적 추측, 희망적 추측, 불신을 나타내는 부사로 하위분류하였다. 본서에서 다루는 부사(진위판단부사)는 나카우(中右 : 1980), 니시하라(西原 : 1991)에서 말하는 명제외 부사, 구도(工藤 : 1982, 2000)에서 말하는 서법부사(=모댈리티 부사), 닛타(仁田 : 1983), 미야자키(宮崎 : 1990, 2001)에서 말하는 언표태도 수식성분(종래의 진술부사, 사와다(澤田 : 1993)에서 말하는 문장부사, 모리모토(森本 : 1994)에서 말하는 화자의 주관을 나타내는 부사(SSA부사)로 불리는 부사 그룹들이다. 이들 부사를 하나로 묶어 주는 용어는 아직 만들어지지 않았다. 그러나 이들 부사는 명제 성립의 정도에 대한 판단을 나타낸다는 나카우(中右 : 1980)의 주장을 답습하여 진위판단부사로 일괄하고자 한다. 물론 이러한 답습의 이면에는 논의 전개의 편의를 기하고자 하는 목적이 있음을 애써 부정하지는 않는다.

3. 고찰의 방법 및 고찰의 대상

본서에서는 이하의 방법으로 고찰을 행한다. 우선 예문의 채집이다. 본서에서는 예문을 두 가지 방법으로 채집하였다. 하나는 코퍼스 방식으로 채집한 예문이다. 사가신문(佐賀新聞) 사이트, 소설, 시나리오 및 대담집, 국회의사록 사이트 등을 통해서 채집하였다. 다른 하나는 제4장과 제7장에서 사용하고 있듯이 선행연구에서 인용한 예문, 코퍼스 용례이다.

그리고 본 연구자가 직접 만든 예문도 있는데, 이 경우 작례의 적법성이나 부적법성에 대한 판정은 일본인 모어 화자에게 앙케트 조사를 거쳐 이루어진 것임을 밝혀둔다.

본서에서는 이들 예문을 사용하여 종래부터 논의되어 온 진위판단부사의 통사·의미적 특징을 재검토하기 위하여 본서의 고찰 대상인 부사군과 문말 표현과의 공기 관계를 철저히 분석할 것이다. 대부분 선행연구에서 주장되어 온 진위판단부사의 통사·의미적 특징을 달리하는 수많은 반례를 제시할 것이며, 그러한 반례가 생기는 배경이나 이유를 충분한 예증을 통해 밝혀낼 것이다.

그다음으로 종래의 연구에서 다루어져 온 진위판단부사(구)로「ひょっとすると」를 위시하여「おそらく, 絶対(に), 多分, ほんとうに, まさに, もちろん, むろん, きっと, 必ず, 定めし, さぞ, 確か, 確かに, 明らかに, 思うに, 考えるに, つらつらおもんみるに, あるいは, いうまでもなく, どうも, どうやら, 疑いもなく, ひょっとして, もしかすると, もしかしたら, よほど, まさか, よもや, 一見(したところ), 願わくは, わたしの見るところ(では), 私の知る限り」등을 들 수 있는데, 이들 부사 가운데 본서에서는 주요 선행연구에서 공통적으로 다루어진 이하의 부사를 고찰의 대상으로 삼고자 한다.

ゼッタイ(ニ), カナラズ, キット, モチロン, サゾ, タシカ, タシカニ, タブン, オソラク, マサカ, ドウモ, ドウヤラ, ヨモヤ, アルイハ, モシカシテ(モシカスルト, モシカシタラ, モシカスレバ), ヒョットシテ(ヒョットスルト, ヒョットシタラ, ヒョットスレバ)

4. 본서의 구성과 각 장의 개요

본서는 총 10장으로 구성되어 있다. 각 장의 내용을 정리하면 다음과 같다.

우선 제2장에서는 진위판단부사와 관련하는 종래의 선행연구를 개관할 것이다. 전통문법 연구를 중심으로 한 일본어학에서 말하는 진술부사, 유도부사와 언어학에서 말하는 소위 문장부사(sentence adverb, sentential adverb), 모댈리티 부사, 인식의 부사, 서법부사에 관련한 대표적인 선행연구를 개관하고 문제를 제기할 것이다.

제3장에서는 진위판단부사와 의문 형식과의 공기 관계를 고찰할 것이다. 일찍이 선행연구에서 검토된 적이 없는 즉, 진위판단부사와 다양한 의문 형식과 공기하는 반례가 수많이 보이는 것과 나아가 진위판단부사가 어떠한 의문 형식과 공기하는지를 상세하게 살펴볼 것이다.

제4장에서는 진위판단부사와 공기하지 않는 의문 형식의 의미·용법을 살펴볼 것이다. 진위판단부사와 다양한 의문 형식 중에 확인요구의 의미·용법을 지니는 의문 형식 「～ダロウ, ～デハナイカ, ～ネ, ～ヨネ」(↗) 등이 어떠한 이유로 서로 공기하지 않는지 그 배경과 이유를 살펴볼 것이다.

제5장에서는 진위판단부사와 행동요구 표현(働きかけ表現)과의 공기 제약을 고찰할 것이다. 선행연구에서는 진위판단부사가 행동요구 표현과 공기하는 예를 나열하고 유의관계를 지니는 진위판단부사 간의 의미적인 차이점만을 지적하는 선행연구를 넘어 본서에서는 진위판단부사와 행동요구 표현 간의 공기 제약이 발생하는 배경과 이유까지 분석할 것이다.

제6장에서는 유의관계를 지니는 진위판단부사의 층 전이 제약을 층

전이(level shift)에 의거하여 논의할 것이다. 층 전이를 통해 지금까지 해명되지 못했던 진위판단부사 「絶対に, 必ず, きっと, 恐らく, 多分」의 다양한 의미・용법상의 공통점과 차이점이 발생하는 배경과 이유를 설명할 것이다.

제7장에서는 가정 조건 형식과 진위판단부사와의 공기 제약을 분석할 것이다. 즉 가정 조건절 내부에서 생기를 허용하는 것처럼 보이는 진위판단부사와 그렇지 않은 진위판단부사를 예시하고 그 현상을 분석할 것이다. 그리고 가정 조건절과의 공기를 수의적으로 허용하는 진위판단부사도 예시하고 그러한 수의적인 통사・의미적 제약이 어떠한 이유에 의해 발생하는지를 고찰할 것이다.

제8장에서는 진위판단부사와 의문 형식과의 공기 제약을 검토하여 서로 공기하는 예, 공기하지 않은 예, 조건부로 공기하는 예를 제시하고 의문 형식과 공기하는 부사는 어떠한 의미를 나타내는지, 그리고 시제, 인칭, 조사, 어순 등을 고려하여 진위판단부사와 의문 형식과의 공기 제약을 분석할 것이다. 또한 남녀차, 지역차로 대표되는 언어 외적인 요인에 의거하여 진위판단부사와 의문 형식과의 공기 제약을 고찰할 것이다.

제9장에서는 진위판단부사와 의문 형식과의 공기 관계에 관한 문법성 판정에 지역차가 생기는 것을 통해 각각의 지역을 중심으로 한 '지역 공통어문법'이 존재한다는 것을 분석, 고찰할 것이다. 그리고 공통어로 인식되고 있는 일본어 문법 운용의 다양성을 확인한다는 점과 지역차를 고려하는 것에 의해 문법연구의 상대적인 시점을 가질 수 있게 된다는 것을 주장할 것이다.

제10장에서는 각 장의 결론, 금후의 과제와 전망을 제시할 것이다.

제2장 진위판단부사연구의 이론적 배경

1. 선행연구의 개관

종래의 부사 연구를 돌이켜 보면 크게 두 개의 연구 그룹으로 나눌 수 있다. 하나는 전통적인 일본어학에 바탕을 둔 연구 그룹이며 다른 하나는 주로 생성문법, 발화행위 이론(speech act theory) 등과 같이 언어학의 프레임에 바탕을 둔 연구 그룹이다. 본서에서 다루고자 하는 부사는 전통문법 연구를 중시하는, 소위 일본어학에서 말하는 진술부사, 유도부사와 언어학에서 말하는 문장부사(sentence adverb, sentential adverb), 모댈리티 부사, 인식부사, 서법부사와 중첩되는 부분이 많다. 본서에서는 이와 같이 분류되는 부사를 연구한 몇몇 대표적인 연구를 개관한 뒤, 문제를 제기하고자 한다.

1.1 종래 전통문법에 있어 진술부사

전통문법적인 관점에서 부사를 고찰한 대표적인 연구로는 야마다(山田 : 1936), 하시모토(橋本 : 1959), 도키에다(時枝 : 1950), 와타나베(渡辺 : 1971), 스즈키(鈴木 : 1972), 이치카와(市川 : 1976), 하가(芳賀 : 1978), 가와바타(川端 : 1983)를 들 수 있다.

야마다(山田 : 1936)는 부사를 어형의 변화가 없으며 늘 어구 앞에 위치하는 것으로 보았다. 그 성질과 직능에 따라 부사를 다음과 같이 분류하였다(p.368).

야마다(山田 : 1936, p.374)

위의 분류를 보면 부사는 그 단어의 의미가 후속하는 어구에만 걸리는 선행부사와, 그것보다 앞에 나타난 어구의 의미를 아래의 어구에 연결하여 양자를 매개, 결합하는 접속부사로 이분하였다. 또 선행부사를 문장 전체를 수식하는 감동부사와 단어를 수식하는 단어의 부사(語副詞)로 나누었다. 단어의 부사는 속성을 수식하는 속성부사와 술부에 대한 진술을 수식하는 진술부사로 나누었다. 속성부사는 다시 추상적인 속성을 나타내는 정태부사와 속성의 정도만을 나타내는 정도부사로 나누었다.

단어의 부사를 속성부사, 정태부사, 정도부사, 진술부사로 나눈 야마다의 분류 중에서 본서와 관계가 있는 부사는 진술부사이다. 야마다는 진술부사에 대해서 다음과 같이 정의하고 세 가지 특징을 들고 있다.

　　陳述副詞は述語の陳述の方法を修飾するものにして、述語の方式に一定の
　　制約あるものなり。この陳述の副詞は用言の実質の意義即ちその示す属性
　　には関係なく、この陳述の方法のみを装定するものなれば、用言が述語と
　　しての用法に立たぬときには装定することなきものなり。

　　진술부사는 술어의 진술 방법을 수식하는 것이며, 술어의 방식에 일정
　　한 제약이 있다. 이 진술의 부사는 용언의 실질적인 의미, 즉 그것이
　　나타내는 속성과는 관계가 없으며 이 진술 방법만을 장정하는 것이라
　　면 용언이 술어로서의 용법이 성립하지 않을 때는 장정하는 일이 없다.

야마다(山田 : 1936, p.388)

위에서 제시한 정의에서 알 수 있듯이 야마다의 진술부사는 특정한 문
말 표현과의 호응관계를 이루는 것이다. 야마다는 진술부사를 단정형의
술어를 요구하는 부사와 술어에 의혹 가설 등을 요구하는 부사로 나누어
다음과 같이 하위분류하였다.

　　〈단정형의 술어를 요구하는 부사〉
　　1. 긍정의 술어를 요구하는 것
　　　　かならず, もっとも, 是非, まさに
　　2. 부정의 술어를 요구하는 것
　　　　いさ, え, さらさら, つやつや, つゆ, ゆめ(제지)
　　3. 강조하는 의미를 나타내는 것. 술어는 그 의미에 따라 긍정 또는
　　　　부정을 나타낸다.
　　　　いやしくも, さすが

4. 결의를 나타내는 것.

　是非, 所詮

5. 비교 예시(比況)하는 것.

　恰も, さも

〈의혹 및 가설의 의미를 지닌 술어를 요구하는 부사〉

1. 의문의 뜻을 지닌 술어를 요구하는 부사

　など, なぞ, いかが, (反語)あに, いかで

2. 추측의 의미를 지니는 술어를 요구하는 부사

　けだし, よも, おさおさ

3. 가정 조건의 의미를 지니는 술어를 요구하는 부사

　もし, たとい, よし

야마다(山田 : 1936, pp.389-391)

이와 같이 야마다는 예를 들어 단정형의 술어를 요구하는 부사의 하위 분류로써 긍정, 부정, 강조의 의미, 결의, 비교 예시(比況) 등을 들고 있지만 이와 같은 하위분류가 가능한 근거는 무엇인지, 어떻게 하여 이와 같은 나열이 가능한지 명확하게 설명하지 않았다.

한편 야마다는 「かならず, もっとも, ぜひ, まさに」 등을 긍정의 의미를 지니는 단정형의 술어를 요구하는 부사로 설명하지만, 그러나 같은 긍정의 의미를 지니는 단정형과 호응하고 있는 것처럼 보여도 실제로는 동일 레벨의 단정형과 호응하지 않는 것도 있다. 예를 들면 「かならず」는 본서의 제5장 이하에서 상술하겠지만, 명제 내용층에도 속하고 서술 내용층에도 속하는 부사이기 때문에 반드시 진술부사라고 규정지을 만한 근거가 희박한 것도 있다.

그다음은 오늘날 학교문법의 기초가 된 하시모토문법(橋本文法)에 있어 부사가 차지하는 위치를 개관하고자 한다. 하시모토(橋本 : 1959)는 야마다 (山田)가 의미에 따라 부사를 분류한 것과는 반대로 형식에 따라 부사를 분류하였다. 하시모토(橋本)는 활용하지 않고 주어나 객어가 되지 않는 것을 부용언(副用言)이라 부르고, 이것을 접속기능을 지니는 접속사, 용언을 수식하는 부사, 체언을 수식하는 부체사(副体詞, 소위 연체사)와 같이 3가지로 분류하였다. 이 가운데 용언을 수식하는 부사를 독립하는 단어이며 활용하지 않으며 주어가 되지 않으며 용언을 수식하는 단어로 규정하였다. 부사를 다시 상태의 부사, 정도의 부사, 서술의 부사로 분류하였는데, 이 분류는 야마다(山田)의 3분류(정태부사, 정도부사, 진술부)에 거의 대응한다.[1] 하시모토는 진술부사에 대해서 다음과 같이 설명하고 있다.

この類は、特別の述語を要求するもののみを收むるが妥当なるべし。
その意味で感応副詞ともいふべし。又は呼応副詞とも。山田氏の陳述副詞のうち、確める意及び決意をあらはすものは、必ずしも、言ひ方を制限しない。体言、副詞を修飾せず、他よりも修飾せられず、また述語にもならぬ。

이 부류의 부사는 특별한 술어를 요구하는 것으로 여기는 것이 타당할 것이다. 이러한 의미로 감응부사라고도 해야만 할 것이다. 또한 호응부사라고도 부를 수 있다. 야마다 씨의 진술부사 가운데 확고한 의미 및 결의를 나타내는 것은 반드시 용어를 제한하지 않겠다. 체언, 부사

---

1) 하시모토(橋本 : 1959)는 진술·정도·정태라는 3개 부사 외에 아래의 예문에서 보듯 문장 전체를 수식하는 『幸い』, 『不思議に』와 같이 형용동사에서 전용된 것도 부사로 취급해야 한다고 하였다(p.118). (1) 幸い人に出会つてをしへてもらつた。(2) あの人は不思議にもいきかへつた。

를 수식하지 않으며 다른 것에 수식되지 않으며 또한 술어가 되지도
않는다.

하시모토(橋本 : 1959, pp.116-117)

또한 진술부사는 다음과 같은 다양한 용법을 지니는 것으로 설명하고
있다.

(비교 예시) さも

(부정) さらさら, 決して, めったに, ろくに

(의구심, 반어) なぜ, どうして, なんで

(추측) (「よもや」는 부정) 恐らくは, おおかた, 多分, よもや, さぞ

(반실) もし

(대답) たとい, よし, よしや, よしんば

(희망, 명령) どうぞ

(반려) せっかく

하시모토(橋本 : 1959, p.116)

즉 야마다(山田)가 진술부사의 하위분류로 인정하는 긍정 「かならず, ま
さに 등」, 강조의 의미 「いやしくも, さすが 등」, 결의 「ぜひ, 所詮 등」의
종류를 제외하고 그 대신에 희망, 명령의 술어를 요구하는 「どうぞ류」의
부사를 추가하여 진술부사를 특별한 술어를 요구하는 것으로 한정하였다.

도키에다(時枝 : 1950)는 모든 단어에 대해 개념 과정을 포함하는 형식과
개념 과정을 포함하지 않는 형식으로 크게 두 가지로 나누었다. 전자를
詞, 후자는 辞로 규정하였다. 이 설에 따르면 하나의 단어는 詞이거나 辞
중 어느 하나로 하나의 단어 중에 詞의 요소와 辞의 요소가 동시에 존재

하는 것은 인정되지 않는다는 것이다.

또한 도키에다(時枝 : 1950)는 부사에 대해서 하나의 단어로서 개념과 동시에 수식적 진술을 포함하는 단어로 규정하였다. 그리고 부사의 본질을 형태에 관계없이 의미 기능적 관계에서 찾는다. 구체적으로 다음과 같은 예를 들 수 있다.

> (1) 明日は恐らく晴天だろう。
> (2) 彼はあのことを決して忘れない。
> (3) もし君が行けば僕も行く。
>
> 도키에다(時枝 : 1950, p.144)

그리고 詞·辞설에 입각하여 진술부사에 관하여 다음과 같이 설명한다.

> 陳述副詞と言はれてゐるものは、云はば、陳述が上下に分裂して表現されたもので、「無論…だ」、「決して…ない」、「恐らく…だろう」を一つの辞と考へるべきであらう。古く話手の禁止表現として行はれた
> 吹く風をな来その関と思へども
> の「な…そ」と同類と見ることが許されはしないか。

진술부사는 이를테면 진술이 상하로 분열되어 표현된 것으로 「물론…이다」, 「결코…지 않다」, 「아마…일 것이다」를 하나의 辞로 생각해야만 할 것이다. 옛날 화자의 금지 표현으로 사용된
「吹く風をな来その関と思へども」
의 「な…そ」와 같은 종류로 보는 것도 허용될 수 있지 않을까?

도키에다(時枝 : 1950, p.147)

이와 같이 정의되는 이유는 이들 부사기 회지의 심경을 표현하고, 세2
지, 제3자의 심경 표현으로는 사용할 수 없기 때문이라고 한다. 그리고
진술부사를 호응관계의 관점에서 다음과 같이 하위분류하였다.

a. 「だ」, 「です」或は用言の零記号の陳述に呼応する。
  「だ」, 「です」 혹은 용언의 영기호의 진술에 호응한다.
  無論, 勿論, きっと
b. 強い否定の「ない」に呼応する。 강한 부정의 ない에 호응한다.
  けっして, とても, 断じて
c. 想像、推量の辞「だろう」, 「でしょう」に呼応する。
  상상, 추량의 辞「だろう」, 「でしょう」에 호응한다.
  おおかた, 恐らく
d. 願望を表わす辞即ち命令形に呼応する。
  바램을 나타내는 辞, 즉 명령형에 호응한다.
  どうか, どうぞ
e. 仮定的陳述に呼応する。 가정적 진술에 호응한다.
  もし

도키에다(時枝 : 1950, pp.147-148)

위에서 설명한 바와 같이 도키에다(時枝)의 진술부사는 화자의 주관적
태도를 나타내는 辞에 연결되는 것으로 보고 상하로 분열된 부사와 진술
표현과의 호응 면을 강조하는 한편, 호응 현상이 현저한 부사 외에 「無
論」과 같이 화자인 주어가 포함되는 것으로 여겨지는 부사도 진술부사
에 속하는 것으로 보았다.

진술부사에는 분명 공기 관계가 보이지만, 도키에다(時枝)가 말하듯이

상하의 진술부사와 진술 표현을 하나의 辞로 생각하는 섯에는 문제가 있다고 생각된다. 예를 들면 부사「きっと」의 경우, 일반적인 추량인「行くだろう」이외에도 확인요구의 의미를 나타내는 의문 형식과의 공기를 위시하여「行きなさい」,「行ってください」,「行こう」,「行きます」등, 다양한 행동요구 표현(働きかけ表現)과도 공기한다. 또한 이들 표현과 공기하는 부사도「きっと」이외에「必ず」,「絶対に」등과도 공기하기 때문에 하나의 辞가 아닌 각기 다른 辞로 보아야 한다는 의견에는 찬성하기 어렵다.

와타나베(渡辺 : 1971)는 구문적 직능을 크게 소재 표시의 직능과 관계 구성의 직능으로 나누었다. 이것은 도키에다의 詞와 辞가 대응한다. 이 가운데 관계 구성의 직능과 그것에 의해 형성되는 성분은「통서(統叙)・진술(陳述)・연체(連体)・연용(連用)・병렬(並列)・접속(接続)・유도(誘導)」로 분류된다. 와타나베의 부사는 직능(職能)이라고 하는 관점에서 다음과 같이 6가지로 분류된다.[2]

> a. 연용부사(=정도부사) : ちょっと, あらかた, しばらく, ほどほどに, なかなかに
>
> b. 유도부사(=진술부사) : きっと, 決して, たとえ, もし…
>
> c. 진술부사(=감동사) : おい, はい, さあ, ああ, もちろん, 無論, 事実, 実際, 幸い, あいにく…
>
> d. 접속부사(=접속사) : そして, だから, したがって, だが, けれども, すると…
>
> e. 병렬부사(=접속사) : および, ならびに, または, あるいは…
>
> f. 연체부사(=연체사) : この, その…

---

[2]「정태부사」는「정태사」로써 부사의 영역에서 배제하고 있다.

이 가운데 본서와 관계가 있는 것은 유도부사이다. 와타나베(渡辺)가 말하는 유도부사는 원래 진술부사이다. 진술부사의 직능은 뒤에 연결되는 본체를 예고하고 그것을 유도하며, 유도의 대상을 지니지만 연체 전서(連体展叙)와는 다른 직능을 지닌다고 하였다. 또한 하시모토(橋本)의 진술부사론에서 문제시된 「もちろん, 幸い, あいにく」 등도 하나의 주석 내용을 의의로서 지니며 뒤에 연결되는 주석 대상을 유도하는 유도부사의 한 종류로 취급하였다.3)

이와 같이 와타나베(渡辺)는 단순히 호응관계에 주목하는 것이 아니라 구문적 직능의 관점에서 부사를 규명하고자 하였다. 또한 품사의 차이를 넘어 기능적으로 동일한 것을 같은 계열로 취급할 수 있다고 보았다는 점에 그 특징이 있다.

와타나베(渡辺)가 유도부사와 유도 대상과의 기능을 분리한 것은 평가할만하다. 그러나 「きっと」가 「行くだろう」(추량), 「行きます」(의지), 「行け」(명령), 「行こう」(권유) 등, 복수의 표현과 공기하거나 「だろう」가 「きっと」, 「たぶん」, 「おそらく」와 같이 복수의 부사와 공기하는 것을 단순히 유도라는 용어로 일괄적으로 설명하기란 거의 불가능하다. 또한 「きっと」와 달리, 「たぶん」과 「おそらく」의 경우, 추량 표현과는 공기하지만 의지, 명령, 권유와는 공기하지 않는 점도 유도라는 개념만으로는 설명을 할

---

3) 이 유도부사라는 개념은 그 후 부사 연구에 커다란 영향을 미쳤는데, 와타나베(渡辺 : 1983, p.9) 자신도 말하듯이 정리를 해야 할 여지는 있다. 유도부사는 태도의 유도부사와 주석의 유도부사로 나뉜다. 전자는 종래의 진술부사에 대응하는, 즉 「きっと」, 「けっして」, 「たとえ」, 「もし」, 「せめて」, 「おまけに」 등의 부사를 예로 들 수 있다. 후자의 예로는 「もちろん」, 「さいわい」, 「あいにく」, 「事実」 등의 부사를 들 수 있는데, 이들 부사는 주석(명제 내용) 앞에 오며 이들 부사들은 태도의 유도부사와 마찬가지로 취급되어야 한다고 와타나베는 주장하였다.

수 없다. 와타나베(渡辺 : 1971)는 유도부사에 대해서「서술의 지적 내용량의 증감에 영향을 미칠 수 없다(p.310)」고 설명한다. 그러나 본서의 고찰 대상인 가운데「必ず」등의 부사는 이 와타나베의 지적과는 달리, 서술의 지적 내용량에 영향을 미치는 것을 알 수 있다. 이와 같은 점에서 유도부사와 연용부사의 본질을 엄밀하게 규정할 필요성이 대두된다.

스즈키(鈴木 : 1972)는 단어에 어휘적 의미와 문법적 의미를 인정하여 부사를 동사를 수식함으로써 움직임이나 상태의 모습, 정도를 상세하게 설명하거나 단어와 화자의 기분을 나타내는 단어로 규정하였다. 부사는 다시「상태부사」,「정도부사」,「시간부사」,「진술부사」로 분류하였다. 스즈키(鈴木)가 행한 부사 분류는 의미적인 분류이며, 진술부사를 화자의 기분을 나타내는 단어로 하여 다른 부사와의 차이를 지적은 했지만, 구체적으로 설명을 하지는 않았다. 스즈키(鈴木)는 진술부사를 다음과 같이 분류한다.

〈단정・추량 등의 의미를 보충, 강조한다〉
　　a. 단정・추량의 확실성 : もちろん・きっと・かならず・ぜったいに・
　　　 たぶん・おそらく…
　　b. 상태 정도의 추량 : さぞ…
　　c. 부정의 단정・추량 : けっして・だんじて・とうてい…
　　d. 부정의 추량 : まさか・よもや…

〈명령, 의뢰, 희망 등의 의미를 강조한다〉
　　 : どうぞ・どうか・ぜひ・なにとぞ

〈가정의 의미를 강조한다〉

　a. 조건의 가정 : もし・万一…

　b. 역조건의 가정 : たとい・たとえ…

〈문장 표현 내용에 대한 화자의 태도를 나타낸다〉

　a. 전면 부정 : まったく・ぜんぜん・すこしも・ちっとも…

　b. 부분 부정 : かならずしも…

　c. 특립(とりたて) : とくに・とりわけ・ことに・なかんずく…

　d. 움직임, 상태의 실현, 변화에 대한 판단 : もう・すでに・とうと
　　う・ついに・まだ…

　e. 예상의 적중 : やっぱり…

　f. 부정적인 평가 : まるで・あたかも…

　g. 예시 : いわば…

　본서의 고찰 대상이기도 한 「もちろん・きっと・かならず・ぜったい
に・たぶん・おそらく」는 단정・추량의 확실성을 나타내는 것으로 설명
하였다.

　이치카와(市川 : 1976)는 체언, 용언과는 다른 부용언(副用言)의 개념을 세
웠다. 부용언에는 연체사, 부사, 접속사, 감동사가 들어간다. 또한 부사를
상태부사, 정도부사, 진술부사, 평가부사, 한정부사로 하위분류하였다. 그
중에서 진술부사는 표현자의 기분(진술)을 직접적으로 나타내며 뒤에 오
는 표현자의 감정 표현과 호응하는 것으로 정의하였다. 「おそらく, けっ
して, なぜ, どうか, もし, まるで, まさか, 必ず」 등의 부사를 예로 들 수
있다.

　하가(芳賀 : 1978)는 문장의 기간 요소(基幹要素), 즉 필수 요소가 되지 않으

며 종속 요소(수식어 또는 병립어)로서 행동요구하는 그룹으로 부용언의 존재를 밝혔다. 그리고 종속 요소에는 연용과 연체의 두 개의 이음법이 있고 전자를 부사, 후자를 연체사가 담당한다고 규정하였다. 하가는 부사를 정태부사, 정도부사, 호응부사, 주석부사, 승전부사(承前副詞)[4]로 나누었다. 하가는 본서에서 다루는 「おそらく, たぶん, きっと, さぞ」 등의 부사를 예로 들어 전후에 일정한 결합을 요구하는 부사를 호응의 부사라고 했으며 이것에는 다시 문장의 뒤에 나타나는 서술의 중심적 의미를 미리 예고하는 기능이 내재되어 있다고 하였다.

가와바타(川端 : 1983)는 문장의 양상적인 의미에 호응을 지니는 것과 양성(量性)의 관계적 의미를 지니는 것을 부사의 조건으로 규정한 뒤, 다시 부사를 정도부사, 주석 · 비평부사, 관계부사, 진술부사, 지시부사, 시간부사, 장소부사로 나누었다. 그중에서 본장의 고찰 대상인 진술부사의 구체 예를 보면 다음과 같다.

〈ただただ・ひたすら・もっぱら/せいぜい・なまじ/ちょいと・かりそめに・ついちょっと 등〉

〈やうやう・やっと・かろうじて・あやふく/すやすや・かるく/とりあえず・ひとまず 등〉

    a. 우연 : たまたま・ふと・はしなくも・偶然・ゆくりなく
    b. 돌연 : ふと・急に・俄に・突然・不意に・いきなり・だしぬけに
    c. 무의식 : つい・うっかり・ついうかうかと・ふと
    d. 자발 : 自然 : そぞろ・ひとりでに・自然(に)
    e. 완기 : やをら・おもむろに

---

4) 나카우(中右 : 1980)는 접속부사라는 용어로 분류를 하였다.

〈단정(긍정 · 부정)〉
　必ず · きっと · 断然 · 絶対に

〈부정〉
　さらさら · ちっとも · 一向 · 決して · 全然/なかなか · めったに/まさ
か · よもや 等

〈추정(개연)〉
　さぞ · きっと · 恐らく · 大方 · 多分 · 蓋し/どうやら · 或いは/もしか
すると 等

〈의문〉
　一体 · 一体全体 · 凡そ · いやしくも · はたして

〈가정(順 · 逆)〉
　もし · 仮に · もしかして · 万が一/若しも · せめて/どうせ/よしや · た
とへ

〈명령 · 의지 · 희망〉
　どうか · どうぞ · ぜひ · 何とぞ · くれぐれも/なるべくなら · せめて 等

　가와바타(川端)의 부사 연구는 부사 자체의 의미와 술어층과의 상관관
계를 전체적으로 구축하려고 한 것에 그 특징이 있다. 본서의 고찰 대상
인「必ず · きっと · 絶対に」는 단정(긍정 · 부정)을 나타내고「さぞ · きっ
と · 恐らく · 多分 · どうやら · 或いは · もしかすると」등의 부사는 추정
(개연)을 나타내는 진술부사로 규정하였다.

1.2 모댈리티 관점에 입각한 부사 연구

본서에서 고찰하고자 하는 진위판단부사는 문장 술어의 모댈리티를 행동요구역에 넣는 부사이다. 우선 예를 들어 보면 명제 내용에 대한 화자의 추량, 확신을 나타내는 「たぶん」, 「ひょっとしたら」, 「さぞ」, 「おそらく」, 「きっと」 등이 있다. 이들 부사는 「だろう」 등 추량의 모댈리티와 공기하는 경향이 강하며, 공기 양상은 그 추량이나 확신의 정도차에 따라 다르게 나타나는 것으로 알려져 있다. 예를 들면 「明日はたぶん雪が降るだろう」와 같이 「たぶん」은 반드시 그런 것은 아니지만 「だろう」와 공기하는 경향이 있다. 「雪が降る」라는 단정문에 부사 「たぶん」을 넣은 「たぶん雪が降る」는 비록 문말에 추량 표현이 오지 않아도 추량의 의미가 나온다. 이 점에서 부사 자체에 추량의 모댈리티성을 인정하고 있다. 그 밖에 「らしい」 등의 모댈리티 표현과 공기하는 경향이 있는 「どうも」, 「どうやら」 등의 부사를 들 수 있다.

앞에서 언급한 바와 같이 추량의 모댈리티는 영어학에서 말하는 인식의 모댈리티(epistemic modality)에 대응하며, 부사 「probably」, 「possibly」 등은 인식부사(epistemic adverb)에 해당하는 것이다. 일본어학에서 모댈리티 부사를 인식의 부사, 혹은 진위판단부사로 부르는 데에는 바로 「epistemic adverb」를 번역한 데에 따른 것이라고 할 수 있다. 협의의 모댈리티 부사는 추량, 추정과 같은 명제에 대한 화자의 심적 태도에 따른 판단을 나타내는 부사를 가리킨다. 그러나 일본어학 연구에서 말하는 모댈리티는 추량, 추정에 한정되지 않고 보다 널리 적용되는 문법 개념이다.

본서에서 대상으로 하는 진위판단부사는 문장부사, 명제 외 부사, 서법부사, 언표태도 부사, 인식부사, 모댈리티의 호응 요소로 다양하게 불리기도 하기 때문에 본시에서는 이들 부사의 특징을 고찰한 선행연구의 논점을 개관하기로 한다.

우선, 영어와 일본어의 대조언어학적인 관점에서 문장부사를 연구한 사와다(澤田 : 1978)를 들 수 있다. 사와다(澤田)는 영어 부사를 연구한 Green-baum(1962)의 부사 분류에 의거하여 일본어 문장부사를 인식적인 부사(epistemic adverbs)와 태도적인 부사(attitudinal adverbs)로 하위분류하였다.

〈인식적(Epistemic(=probability))인 그룹〉
: 絶対(に), きっと, たぶん, おそらく, たしか(に), 確実(に), ひょっとしたら, まちがいなく, もしかすると, ……

〈태도적(Attitudinal(=evaluation))인 그룹〉
(＋행위자 지향)(＋Agent-Oriented)
: 賢明にも, うかつにも, ひきょうにも, 残酷にも, おろかにも, 親切にも, 生意気にも, 勇敢にも, 不作法にも, のんきにも, 誠実にも, ていねいにも, もろくも, ……

(±행위자 지향) (±Agent-Oriented)
: 幸い(に)(も), 不幸(も), 不思議に(も), 珍しく(も), 気の毒に(も), 恐れ多く(も), 奇妙にも, 皮肉にも, 残念にも(ながら), 惜しくも, 奇しくも, 滑稽にも, 痛快にも, (不)愉快にも, 意外にも, あわれ(にも)

사와다(澤田 : 1978, pp.10-11) 참조

이들 문장부사류는 일본어에서도 영어에서도 술어를 수식하는 술어부사류(predixate adverbial)」와, 이하의 [표 1]과 같은 통사적 대립을 이룬다고 하였다. 문장부사는 술어 부사류와는 달리 의문·부정·명령·문장 대명사의 지시 범위(scope)나 초점 영역(focus)에는 들어가지 않는다고 한다.

[표 1]

scope(focus) adverbials	Q	NEG	IMP	S-Pro
S-adverbials	–	–	–	–
pred-adverbials	+	+	+	+

(Q = 의문, N EG = 부정, IMP = 명령, S-PRO = 문장대명사)

사와다(澤田 : 1978 : p .25)

그리고 사와다는 문장부사(S-adverbial)의 통사적 특징은 생성문법의 프레임으로는 설명이 불가능하며 발화행위 이론(speech act theory)으로 설명이 가능하다고 주장하였다. 그 때문에 언어 표현에는 3개의 다른 기능 성층인 수행층(performative stratum), 태도층(attitudinal stratum), 명제 내용층(propositional stratum)으로 나뉜다는 것이다. 각각 다음과 같이 나타낼 수 있다.

(4) 昨日火事があった<u>らしい</u>ね。

[그림 1]

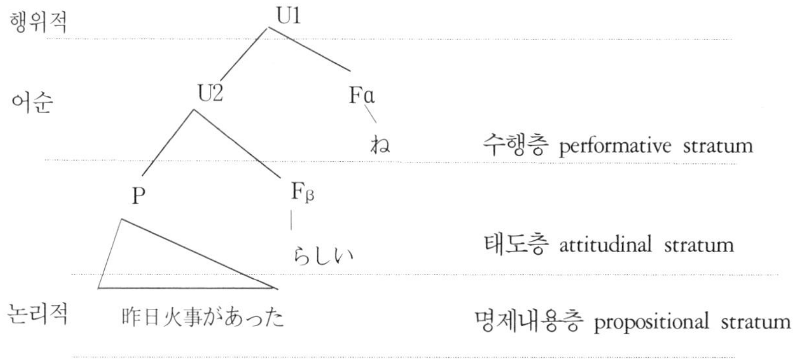

사와다(澤田 : 1978 : p.28)

가장 상부의 수행층(performative stratum)은 청사 지향, 즉 타인에 대한 진 날을 위한 곳이나. 중간층의 태도층(attitudinal stratum)은 화자의 심적 대도를 나타내는 곳이다. 태도층은 의문·부정·명령·문장 대명사의 지시 범 위(scope)를 넘어선다고 하였으며 이러한 태도층의 성질은 문장부사류 (sentential adverbs)에도 그대로 적용된다고 하였다. 이와 같은 이유로 문장부 사류는 태도층에 속한다고 주장하였다.

나카우(中右 : 1980)는 문장을 명제(proposition)와 모댈리티(modality)로 이분된 다는 점에 주목하고 이러한 분류의 차이를 근거로 부사를 분류하였다. 명제를 화자가 객관적으로 묘사한 현실세계의 상황(사건, 상태, 행위, 과정 등)을, 모댈리티를 발화시에 있어 화자의 심적 태도를 서술하는 것으로 정의한 뒤, 부사가 명제 내부를 수식하느냐, 혹은 명제 외부를 수식하느 냐에 따라 각각 명제 외 부사와 명제 내 부사로 나누었다. 각 부사의 특 징을 언급한 그의 설명을 소개하면 다음과 같다.

> 副詞は大別して、命題の内側にあるものと、命題の外側にあるものとに二分で きる。命題の内側にある副詞(命題内副詞)は、命題の一部を形造るものであり、 命題の外側にある副詞(命題外副詞)は、命題に対するモダリティを表明する。
>
> したがって、命題内副詞は、命題の一部を形成することはあっても、それ自 体でモダリティを表明することはない。が、その反面、命題外副詞は、モダリ ティを表明することはあるが、命題の一部となることは決してないのである。

> 부사는 크게 명제 내부를 수식하는 것과 명제 외부를 수식하는 것으 로 나눌 수 있다. 명제 내부를 수식하는 부사(명제 내 부사)는 명제의 일부를 이루는 것이고 명제 외부에 있는 부사(명제 외 부사)는 명제에 대한 모댈리티의 의미를 표명한다.

따라서 명제 내 부사는 명제의 일부를 형성하기는 하지만 그 자체로 모댈리티를 표명하는 일은 없다. 그러나 그 반면에 명제 외 부사는 모댈리티를 표명하는 일은 있지만 명제의 일부가 되는 일은 결코 없다.

나카우(中右 : 1980, p.161) 참조

이와 같은 명제와 모댈리티 이론에 의거하여 그는 다음과 같이 부사의 하위분류를 시도하고 있다.

명제 외 부사 : (1) 가치판단 부사 (2) 진위판단 부사 (3) 발화행위 부사
(4) 영역지정 부사 (5) 접속 부사
명제 내 부사 : (6) 시·상 부사 (7) 장소 부사 (8) 빈도 부사
(9) 강조적 의미·정도 부사 (10) 양태 부사

특히 명제 외 부사는 명제에 대한 화자의 심리적 태도를 나타내기에 문장부사로도 불린다. 이 가운데 본서에서 고찰의 대상으로 삼고 있는 진위판단부사로 「おそらく, 多分, もちろん, きっと, 必ず, 定めし, さぞ, 確か, 確かに, 明らかに, 思うに, 考えるに, つらつら, おもんみるに, 疑いもなく, ひょっとして, もしかすると, 一見(したところ), 願わくは, わたしの見るところ(では), 私の知るかぎり」 등의 예를 제시하였다.

나카우(中右)의 명제와 모댈리티 이론은 일본어학에 있어 모댈리티 이론의 출발점이 되었다. 그의 연구는 그 후 일본어 부사 연구에도 지대한 영향을 끼친 것으로 평가할 수 있다.

또한 구도(工藤 : 1982, 2000)은 모댈리티를 서법성(叙法性)이라고 불렀다. 구도(工藤 : 1982)는 서법성을 화자의 입장에서 보는 문장의 서법 내용과 현실 및 청자와의 관계를 설정한 문법 표현(p.50)이라 정의를 내린 뒤, 서

법성에 일차적인 기본 서법과 2차적인 의사 서법이 있다고 하였다. 그리고 진술부사의 하위분류로 서법부사를 설정하였다. 그는 서법부사(의사서법 부사도 포함)를 문장의 서법성에 관련을 지니는 부사로 규정하였다(p.52). 그리고 본서에서 고찰하고자 하는 부사들을 다음과 같이 확신, 추측, 추정, 불확정으로 재분류를 하였는데 이들 부사들은 독립적이 아니라 각각 연속적인 관계를 지닌다는 것이다.

① 확신 : きっと, かならず, ぜったい(に)
② 추측 : おそらく, たぶん, さぞ etc
③ 추정 : どうやら, どうも etc
④ 불확정 : あるいは, もしかすれば, ひょっとしたら etc

구도(工藤 : 1982, p.65)

구도(工藤)는 명령·의뢰·추량·조건 등의 문장 서법(modality)과의 의미·기능적인 대응관계에 의거하여 200개 정도의 부사를 다음과 같이 정리하였다.

[그림 2]

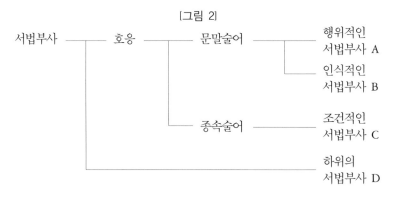

구도(工藤 : 1982, p.191)

서법부사로서 모댈리티의 하위 기능을 넓게 설정하였다. 이들 가운데 추량, 추정의 부사에 이어 희망이나 바람을 나타내는 부사와 관련이 있는 부사를 체계적으로 분석을 하였다는 점에서 매우 평가할만하지만, 그것 이외에는 구체적인 언급은 없었다.

마스오카(益岡 : 1991)의 부사 연구가 보여주는 특징은 부사 연구의 관점에서 본 연구가 아니라 문말 표현 연구의 관점에서 부사를 분석하였다는 점이다. 이것은 마스오카(益岡)의 모댈리티관과도 관계가 있다고 생각된다. 마스오카(益岡 : 1991)는 모댈리티를 표현자의 판단·표현 태도를 나타내는 요소(p.34)라고 정의를 내린 뒤, 이 정의에 따르는 것을 1차적 모댈리티(나카우(中右)의 모댈리티에 상당함), 객관화를 허용하는 것을 2차적 모댈리티로 하였다.[5] 마스오카(益岡)의 모댈리티 이론의 특징은 모댈리티를 계층구조로 포착한 것이며, 모댈리티에는 문말 표현의 중핵 요소「だろう」, 「らしい」, 「ようだ」, 「か」 등)와 부사의 호응 요소인「たぶん」, 「どうも」, 「いったい」 등이 있는 것으로 본다는 점이다.

특히 마스오카(益岡 : 1991)는 본서에서 고찰의 대상으로 삼는 부사 중에서「きっと」,「たぶん」,「あるいは」 등은 확실성의 정도를 나타내는 대표적인 부사로 대단히 확실성이 높은 것, 매우 확실성이 높은 것, 꽤 확실성이 높은 것, 확실성이 낮은 것을 표현하는 데에 사용한다(p.115)고 주장하였다. 다음 예문 (5)와 (6)을 보도록 하자.

(5) そのおかあさんは、きっとそのことを悟られたに相違ない。
　　마스오카(益岡 : 1991, p.115)
(6) あるいは直子が僕に対して腹を立てていたのは、キスギと最後に会っ

---

5) 닛타(仁田 : 1989, 1991)은 각각 진정 모댈리티와 의사 모댈리티라고 부르고 있다.

て話をしたのが彼女ではなく僕だったから<u>かもしれない</u>。

마스오카(益岡：1991, p.116)

「に相違ない」와 「かもしれない」가 제각기 다른 확실성을 나타내며, 「だろう」는 확실성의 정도를 나타내는 부사와 공기할 수 있는 것은 사실이지만, 기본적으로 확실성의 정도에 한정이 없다고 주장하였다. 이것은 다음의 예문에서 보듯 「きっと」, 「たぶん」와 함께 사용이 가능한 사실에서도 뒷받침된다고 하였다.

(7) 典ちゃんの勘は、**たぶん**当たっている<u>だろう</u>ね。

마스오카(益岡：1991, p.114)

(8) 一人ぼっちで二十歳の誕生日を過すというのは**きっと**辛いもの<u>だろう</u>。

마스오카(益岡：1991, p.114)

이와 같이 마스오카의 연구는 문말 형식의 의미에 의해 부사의 의미를 규정하려 했다는 점에 그 특징이 있다. 그러나 후술하지만 본서의 3장 이하에서도 밝히고 있듯이 부사의 의미라는 것은 반드시 문말형식의 의미에 의해 결정되는 것은 아니다.

모리모토(森本：1994)는 다음의 의미조건을 충족하는 부사를 SSA副詞(a speaker's subjective attitude)라고 정의를 내렸다.

話し手が自分の言うことに対し、主観的/心理的態度を表現するものであって、文の主語として表される行為作用主体の主観的/心理的態度を表現するものではない。(1994：p.26)

화자가 자신의 말에 대해 주관적 / 심리적 태도를 표현하는 것으로, 문장의 주어로 나타나는 행위 작용 주체의 주관적 / 심리적 태도를 표현하는 것은 아니다. (1994 : p.26)

또한 화자의 주관을 나타내는 SSA부사군이 보여주는 기능의 다양성을 고찰하였다. 즉 SSA부사군을 특징짓는 성질을 문중에 있어서 위치와 기본적인 타입, 즉 평서문에 사용할 수 있는가, 과거 평서문에 사용할 수 있는가, 명령문에 사용할 수 있는가, 의문문에 사용할 수 있는가, 「だろう」구문에 사용할 수 있는가, 「らしい」구문에 사용할 수 있는가, 「う・よう(意向文)」구문에 사용할 수 있는가를 테스트하여 다음과 같이 그 특징을 분류하였다.

【그룹 A】「+평서문」
　　그룹 A1 「−과거 평서문」
　　　　A11 「+だろう」 たぶん, おそらく, きっと, かならず, たい, まさか, さぞ(ひょっとしたら)
　　　　A12 「+だろう」 しょせん, どうせ
　　　　A13 「−だろう」 どうも, どうやら
　　그룹 A2 「+과거 평서문」
　　　　A21 「+だろう」 けっきょく, やはり, とうぜん
　　　　A22 「−だろう」 あいにく, さいわい, 賢明にも
　　　　A23 「−だろう」 あきらかに, たしかに, たしか, もちろん, 事実, じつは
　　　　A24 「−だろう」 しょうじき

【그룹 B】 「-평서문」
　그룹 B1 「-의향문」どうか, どうぞ
　그룹 B2 「+의향문」ぜひ

모리모토(森本 : 1994, pp.58-59)

　모리모토의 연구는 소위 모댈리티 부사를 공기 관계 테스트라는 객관적인 기준으로 분류를 하였다는 점에서 평가할 수 있다. 또한 앞서 설명한 구도(工藤 : 1982)는 부사들의 의미·용법상의 차이까지 발을 들여놓았다는 점에서 가치가 있는 연구로 평가된다.

2. 선행연구의 문제점과 본서의 입장

　앞에서 지적한 바와 같이 선행연구를 개관하면 본서의 고찰 대상인 진위판단부사는 크게 두 가지로 분류할 수 있다. 하나는 야마다(山田 : 1936), 하시모토(橋本 : 1959), 도키에다(時枝 : 1950), 와타나베(渡辺 : 1971), 스즈키(鈴木 : 1972), 이치카와(市川 : 1976), 하가(芳賀 : 1978), 가와바타(川端 : 1983) 등에서 말하는 진술부사(유도부사)와 다른 하나는 나카우(中右 : 1980)의 명제 외 부사이다. 사와다(澤田)의 문장부사, 마스오카(益岡 : 1991)의 모댈리티 호응 요소, 구도(工藤 : 1982)의 서법부사, 모리모토(森本 : 1994)의 SSA부사 등은 모두 나카우(中右)의 명제 외 부사에 상당한다고 할 수 있다.
　야마다(山田 : 1936)는 부사의 분류, 예를 들어 단정형의 술어를 요구하는 부사의 하위분류로 긍정, 부정, 강조, 결의, 비교 예시(比況) 등을 들고 있

는데, 문제는 이러한 하위분류를 가능하게 하는 근거가 분명하지 않다는 점이다. 예를 들면 「かならず」와 같이 명제 내부뿐만 아니라 명제 외부를 수식하는 부사를 설명할 수 없다.

하시모토(橋本 : 1959)는 야마다가 진술부사로 인정하고 있는 긍정, 강조, 결의 등을 제외하고 희망, 명령의 술어를 요구하는 부사만을 진술부사로 규정하였다. 즉 형식적인 면에서 분류를 한 것이다. 그러나 진술부사를 규정함에 있어 의미도 상당히 중요한데, 형식에만 중점을 지나치게 둔 것은 문제라고 할 수 있다.

도키에다(時枝 : 1950)는 「辞」에 속하는 진술부사가 공기 관계를 지닌다고 하지만 문제는 하나의 부사가 하나의 형식하고만 공기 관계를 지니지 않는다는 점이다. 이치카와(市川 : 1976), 하가(芳賀 : 1978), 마스오카(益岡 : 1991)의 연구에 대해서도 비슷한 문제점을 지적할 수 있다.

와타나베(渡辺 : 1971)는 종래의 진술부사를 유도부사로 용어를 바꾼 뒤, 단순히 호응관계에 주목하는 것이 아니라 구문론적인 직능의 관점에서 부사를 고찰하고자 한 점은 평가할 만하다. 그러나 와타나베(渡辺)는 유도부사에 대해서 서술의 지적 내용에 대해서는 전혀 영향을 미치는 일이 없다고 지적하는데 와타나베(渡辺)의 지적과는 다른 결과를 보여주는 부사가 존재하는 점에서 문제점을 지적할 수 있다.

스즈키(鈴木 : 1972)와 가와바타(川端 : 1983)는 의미론적인 입장에 서서 부사 자체의 의미와 문말과의 상관관계를 전체적으로 취급하려고 하였다. 즉 부사의 의미를 문말 형식의 의미에서 찾고자 한 것이다. 그러나 본서에서 고찰의 대상으로 삼고 있는 부사는 스즈키(鈴木)와 가와바타(川端)가 주장하는 단정이나 추량의 의미 이외에 의문이나 행동요구(働きかけ), 가정 등과 같은 의미·용법과 공기하므로 부사의 의미를 문말 형식의 의미를

기반으로 정의하는 깃은 문제가 있다고 할 수 있다.

나기우(中右, 1980)가 주장하는 진위판단부사의 통사·의미적 제약에 대한 반례, 즉 의문, 행동요구(働きかけ), 가정 조건 등과의 공기 제약을 언급하였는데 이들 제약에 대한 반례가 다수 보인다는 점에서 문제가 있다. 사와다(澤田 : 1978)의 연구에 대해서도 동종의 문제점을 지적할 수 있다.

구도(工藤 : 1982, 2000)는 진술부사에 대해 일반적으로 개연성(蓋然性)이라 불리는 것에 두 가지의 측면이 있다고 지적하면서 추량적인 부사군을 중심으로 체계적인 하위분류를 행한 것은 주목할 만하다. 그러나 서법부사에 대해 의사 서법을 포함한 문장의 서법성에 관련을 지니는 부사라고 개략적으로 규정한 점에서 알 수 있듯이 구도(工藤)의 서법부사 분류는 자의적인 부분이 크므로 검토의 여지가 많다고 할 수 있다.

모리모토(森本 : 1994)의 연구는 소위 모댈리티 부사를 공기 관계 테스트라는 객관적인 기준을 가지고 분류를 하고자 한 점에 대해서는 평가할 만하다. 예를 들어 「だろう」를 술어로 취하는 구문에 사용이 가능한가 여부에 따라 A23에 속하는 부사 「あきらかに, たいかに, たしか, もちろん, 事実, じつは」 등은 가치 판단을 나타내는 부사인 A22의 다음에 놓여 있다. 그러나 A23에 속하는 부사는 개연성이라는 의미로 볼 때, A22의 가까이에 두기보다는 오히려 A11에 속하는 부사 「たぶん, おそらく, きっと, かならず, ぜったい, まさか, さぞ, ひょっとして」에 가까이 두는 것이 자연스럽다고 할 수 있다. 이와 같이 일견 객관적인 테스트에 따른 분류처럼 보이지만 분류 기준에 있어 상당히 자의적인 면이 있는 것을 지적하지 않을 수 없다. 또한 명령문, 의문문에 사용이 가능한가 여부의 문법성 판단에 있어서도 상당히 주관적이라는 점을 문제점으로 들 수 있다.

이상, 선행연구에서는 공통적인 특징으로 각각의 주장에 맞춰, 부사를 정의하고 부사를 주로 직능별로 분류를 하였다는 점에서 공동점을 찾을 수 있다. 특히 부사의 의미적(직능적), 통사적 특징(공기 관계)를 중심으로 설명을 하였다는 점에서 공통점을 찾을 수 있다. 그러나 이들 연구는 동시에 다음과 같은 공통적인 문제점도 찾아낼 수 있다.

우선 첫째로 특정한 부사와 문말 표현과의 공기 관계를 선행연구에서는 다루고 있지만 어디까지나 공기 관계를 제시만 하고 있을 뿐, 왜 그러한 공기 관계가 성립하는지 그 이유에 대한 설명은 전혀 없다는 점을 문제점으로 들 수 있다. 또한 특정한 부사 이외의 부사와 문말 표현과의 공기 관계가 성립하는 이유에 관해서도 전혀 설명을 하지 않았다(제4장, 제5장, 제7장, 제8장에서 상술한다).

둘째로 특정한 부사와 의문 형식, 행동요구 형식(働きかけ形式), 조건 형식, 문장 대명사화 등, 부사 이외의 문법 요소 상호 간의 공기 관계 가능성을 설명하지 않았다는 문제점을 들 수 있다. 이들 표현 요소와의 비교를 통해 선행연구에서는 볼 수 없었던 부사의 통사, 의미적 본질을 밝힐 수 있다는 점에서 이 지적은 매우 중요하다고 할 수 있다(제3장, 제4장, 제5장, 제7장, 제8장에서 상술한다).

셋째로 진술부사라도 부사에 따라서 관련 표현 요소와 공기하거나 혹은 하지 않거나 하는 이유에 대해서 전혀 설명을 하지 않았다는 문제점을 지적할 수 있다(제5장과 제6장에서 상술한다).

넷째로 특정한 문말 표현 형식(예를 들면 의문 형식)을 형태별, 의미별로 자세하게 분류한 상태에서 부사와의 공기 관계를 설명한 연구가 없다는 점을 문제로 지적할 수 있다(제4장과 제5장에서 상술한다).

다섯째로 예를 들어 동일한 부사의 그룹에 속하는 부사라도 경우에 따라서는 다른 부사의 그룹에 속하는 이유를 설명한 선행연구가 없다는 점을 문제로 지적을 할 수 있다. 본서에서는 층 전이라는 용어로 그 이유를 설명하고자 한다(제5장과 제6장에서 상술한다).

여섯째로 예를 들어 동일한 진술부사에 속하는 부사의 통사·의미적인 차이점 및 공통점이 발생하는 이유를 설명한 선행연구가 없다는 점을 문제로 지적할 수 있다(제6장에서 상술한다).

마지막으로 언어의 내적 요인뿐만 아니라 언어의 외적 요인을 고려하는 것에 의해 문법성 판정에 있어 전혀 다른 결과가 발생하는 점과 그 이유를 지적한 선행연구가 없다는 점을 문제점으로 지적할 수 있다(제8장과 제9장에서 상술한다).

이상, 제기한 문제점에서 알 수 있듯이 지금까지의 진술부사, 명제 외부사(진위판단부사) 연구에서는 특정 문말 표현과의 공기 현상만이 주목을 받았으며, 부사와 문말의 모댈리티 형식이 「きっと〜にちがいない」, 「ひょっとして〜かもしれない」, 「どうも〜ようだ」와 같이 각각의 형식이 지나치게 관용화된 공기 관계로 보는 시각이 있다. 각각의 형식이 거의 관용화된 공기 관계는 분명히 부정할 수 없지만, 그러나 그렇다고 해서 이러한 공기 관계가 고어의 「な〜そ」와 같이 호응이라고 부를 수 있을 만큼 관용화된 것은 아니다. 이미 제기한 문제점을 기술한 바와 같이 진위판단부사는 종래 공기가 불가능한 것으로 여겨져 온 의문 형식, 행동요구 형식, 가정 조건 형식 등도 공기가 가능한 실례와 판정이 다수 존재한다.

이상의 사실에 의거하여 본서에서는 진위판단부사의 통사·의미적 공기 제약을 고찰할 필요성이 있다는 입장에 서서 앞에서 제기한 문제점을 어떻게 해결할 수 있는지를 각 장별로 고찰을 진행해 나가고자 한다.

제3장 진위판단부사와
의문 형식과의 공기 관계

1. 시작하며

일본어 연구에 있어 진위판단부사는 예전에는 진술, 유도, 최근에는 모댈리티라는 사고법에 의해 연구가 진행되어 오고 있다. 또한 진위판단부사라는 개념은 연구자에 따라 분류 기준이나 대상이 되는 단어의 범위에 차이점과 공통점은 있지만 특정한 문말 표현과 호응하여 명제 내용의 신빙성을 판단하는 부사로 본다는 점에서는 대체로 일치한다. 예를 들면 선행연구에서는 「ひょっとすると、彼は来ないかもしれない」로 말하자면 부사 「ひょっとすると」를 「彼は来ない」라고 하는 명제 내용에 대해 화자의 모종의 판단을 나타내는 것으로 본다는 점에서 일치를 보인다. 화자의 판단이 언어 형식(부사, 문말 형식)으로 실현되는 것으로 본다는 것이다.

일본어의 진위판단부사가 지니는 중요한 통사적 특성으로 다음의 예문 (1)~(3)에서 보듯, 진위판단부사가 의문 형식과는 공기하지 않는 점이 지적된다. 동일한 언어 현상이 (4)의 영어와 (5)의 한국어에서도 볼 수 있다.

(1) *あなたは**きっと/たぶん**スペイン人<u>ですか</u>。

와사(和佐：2001, p.67)

(2) ***たぶん**、明日の試合は激しい展開になり<u>ますか</u>?

아다치(安達：1999, p.89)

(3) a.***おそらく**、母は夜なべをしている<u>だろうか</u>?

b.***ひょっとすれば**母は夜なべをしているかもしれない<u>ですか</u>?

사와다(澤田：1993, p.238)

(4) a.*<u>Did</u> Frank ***probably*** beat all his opponents?

b.*<u>Did</u> they ***surely*** want him to be elected?

나카우(中右：1980, p.200)

(5) a.***어쩌면*** 그들은 일찍 떠납<u>니까</u>?

b.*그들은 **아마도** 조퇴했을<u>까</u>?

정교환(1987, p.107/111)

그러나 미야자키(宮崎：1997)와 와사(和佐：2001)는 「モシカスルト類(もしか
すると, もしかして, もしかしたら, ひょっとすると, ひょっとしたら, ひょっとして)」가
의문 형식과 공기하는 것, 또한 아다치(安達：1992, 1999, 2002a) 등의 연구에
서는 진위판단부사와 「だろうか」, 진위판단부사와 「のではないか」, 「じゃ
ないか」 등과 같은 부정 의문 형식과 공기하는 경우가 많다고 지적한다.

그런데 본서에서는 진위판단부사가 「だろうか」 혹은 부정 의문 형식
이외의 의문 형식과도 공기하는 예가 많이 보이는 것에 주목하여 이하
진위판단부사가 어떠한 의문 형식과 공기하는지를 고찰하고자 한다.

본장의 구성은 다음과 같다. 제2절에서는 선행연구의 논지를 개관하고

문제점을 지적한다. 제3절에서는 본장에서 취급하는 진위판단부사의 개연성 정도를 조사한다. 제4절에서는 진위판단부사와 의문 형식과의 공기 관계를 파악하기 위한 절차로써 의문 형식의 유형을 열거한다. 제5절에서는 진위판단부사가 어떠한 의문 형식과의 공기를 허용하는지를 고찰한다. 제6절에서는 본장의 내용을 요약한다.

2. 문제의 소재

제1절에서 언급한 바와 같이 진위판단부사와 의문 형식과는 공기하지 않는다는 사실은 진위판단부사의 중요한 통사적 특징이다. 예를 들면 나카우(中右 : 1980)는 진위판단부사가 가치 판단의 부사와 마찬가지로 의문문 속에 생기하지 않는다(p.200)는 사실을 근거로 일반화를 꾀하고 있다. 마찬가지로 사와다(澤田 : 1993)도 진위판단부사(문장부사)는 의문의 작용역(scope)이나 초점(focus)에 들어가지 않는다(p.238)는 점을 지적하였다. 아다치(安達 : 1999)는 진위판단부사(모댈리티 부사)는 정보 요구 기능을 지니는 전형적인 의문문과는 공기하지 않는다(p.89)고 하였다. 한편 와사(和佐 : 2001)도 진위판단부사 중에서 명제 성립의 개연성이 높은 것을 나타내는 부사는 일본어에서도 스페인어에서도 명제의 진위를 묻는 진위 의문문과는 공기하지 않는다(p.67)고 하였다. 정교환(1987)도 한국어의 진위판단부사(문장부사)가 찬부 의문문(贊否疑問文)이든 확인 의문문이든 의문문에는 나타나지 않는다(p.107)고 하였다. 미야자키(宮崎 : 1997)는 「モシカスルト류」의 부사가 의문 형식과의 공기를 허용한다고 주장했는데 이러한 언어 현상은 소위 인식계의 모댈리티로서는 특이한 현상이라고 하였다. 동일한 지적을 모

리모토(森本 : 1994)에서도 찾을 수 있다.[1]

이에 대해서 와사(和佐 : 2001)는 「モシカスルト류」와 의문 형식과의 공기가 인식계의 모댈리티로서 특이한 언어 현상이 아니라고 지적하였다. 다음의 예문을 살펴보자.

> (6) a. *あなたはきっと/たぶんスペイン人です<u>か</u>。
>
> (=(1))
>
> b. もしかしたら、あの娘さんが持って来る<u>の</u>?
>
> 와사(和佐 : 2001, p.83)

와사(和佐 : 2001)에 의하면 예문 (6b)와 같이 「もしかしたら」와 의문 형식 「の」가 공기하는 것은 명제 성립의 개연성[2]이 낮은 부사와 의문문이 서로 명제 성립의 불확정성이라는 본질적 의미를 공유하기 때문이라고 한다.

한편 아다치(安達 : 1992, 1999, 2002), 미야자키(宮崎 : 1990, 1997, 1998, 2001, 2002ab), 모리야마(森山 : 2000), 모리모토(森本 : 1994), 이노우에(井上 : 1996)・황(黃), 와사(和佐 : 2001) 등의 연구에서는 이하의 예문에서 보듯 진위판단부사가 「だろうか」 혹은 부정 의문 형식과는 공기하는 언어 현상을 지적하고 있다.

---

1) 예를 들면 (1)もしかすると、あれは田中君<u>かな</u>? (2)もしかして、君、田中君?(미야자키 (宮崎 : 1997, p.2). (2)ひょっとしたらあれは山田さんです<u>か</u>。 모리모토(森本 : 1994, p.178). 등의 예를 통해 「モシカスルト류」의 부사가 의문 형식과 공기한다는 사실을 밝히고 있다.

2) 모리모토(森本 : 1994)에 따르면 개연성이란 사태 실현에 대한 화자의 신념을 나타낸다.

(7) もしかしたら、この刑事は自分のことを疑っている*のだろうか*。

미야자키(宮崎：2002, p.138)

(8) もしかして私は誤った*のではないか*。

미야자키(宮崎：2002, p.138)

(9) ひょっとすると佳織はもう出かけた*のではないか*

아다치(安達：1999, p.110)

(10) あるいは、花子の恋人というのは、太郎な*のだろうか*

미야자키(宮崎：2002, p.146)

(11) ひょっとしたら彼はもう来ない*んだろうか*。

아다치(安達：2002, p.195)

(12) まさか、嘘ついてない{*だろうね/よね*}?

미야자키(宮崎：2002, p.224)

(13) おそらく大田氏は現物をみないで秘書に金払わせるだけ*ではないか*。

미야자키(宮崎：2001, p.24)

(14) たしか君はそのとき誰かと一緒に*いませんでしたか*?

아다치(安達：1999, p.58)

(15) たぶん、いない*んじゃない*?

아다치(安達：1999, p.89)

(16) どうやら佳織はもう出かけた*のではないか*。

아다치(安達：1999, p.110)

(17) その子がね、きっと知ってる*んじゃないか*っていうのよ。

아다치(安達：1999, p.110)

(18) どうも京都の豆腐*じゃないか*って気がしました。

아다치(安達：1999, p.111)

위의 예를 통해 진위판단부사와 의문 형식과의 공기 관계를 정리하면 다음의 [표 2]와 같다.

[표 2] 주요 선행연구에서 취급되는 부사와 의문 형식의 공기 관계

의문 형식 / 부사	문말상승	か	の	かな	かしら	よね?	だろうか?	부정의문형식
キット						+		+
タブン								+
オソラク								+
タシカ							+	+
モシカシテ	+		+	+		+	+	+
ヒョットシテ		+	+		+		+	+
ドウヤラ								+
ドウモ								+
マサカ						+		
アルイハ							+	+

선행연구에서는 와사(和佐 : 2001)의 주장대로 명제 성립의 개연성이 낮은 부사와 의문 형식과의 공기 관계를 고찰하는 것(예문(7)~(11)), 그리고 와사 和佐 : 2001)의 주장과는 반대로 명제 성립의 개연성이 높은 부사[3])와 의문 형식과의 공기를 고찰하는 것(예문 (12)~(18))이 있다. 여기에서는 개연성이 낮은 부사는 다양한 의문 형식과 공기하지만 개연성이 높은 부사는 「だろうか」 혹은 「부정 의문 형식」과 공기한다는 특징을 보인다.

이상의 선행연구에 있어 주요 논지를 정리하면 다음과 같다.

(19) a. 진위판단부사는 의문 형식과 공기하지 않는다.
: 나카우(中右 : 1980), 사와다(澤田 : 1993)
b. 진위판단부사는 「だろうか」, 「부정 의문 형식」과 공기한다. :
아다치(安達 : 1992, 1999, 2002a), 장근수(張根壽 : 2001), 미야

---

3) 개연성의 정도에 대해서는 다음 제3절에서 상술하였다.

자키(宮崎 : 1990, 1997, 1998, 2001, 2002a,b), 모리야마(森山 : 2000), 모리모토(森本 : 1994), 이노우에(井上 : 1996)・황(黃)

c. 명제 성립의 개연성이 낮은 부사「もしかすると류」는 의문 형식과 공기한다.

　: 와사(和佐 : 2001)

그러나 제4절에서 상술하지만 선행연구의 주장과는 달리 다양한 진위판단부사가 다양한 의문 형식과 공기하는 것을 알 수 있다. 따라서 어떠한 부사가 어떠한 의문 형식과 공기하는지를 조사하는 것은 선행연구에 의해 검토된 적이 없는 새로운 언어사실을 제시하는 것이므로 부사 연구와 의문문 연구과의 상호관계 연구에 있어서 의의가 있다고 할 수 있다.

3. 진위판단부사에 있어 개연성 정도

모리모토(森本 : 1994)에 의하면 진위판단부사에 부여된 개연성의 정도가 제각기 다른 것으로 알려져 있는데, 그 개연성의 정도는 [표 3]에서 보듯 각각의 부사와「かもしれない」,「だろう」,「にちがいない」구문과의 공기 적부를 보는 것으로 알 수 있다고 한다.

[표 3] 모리모토(森本 : 1994) 개연성 체크

부사 ＼ 개연성	← 저(低)		고(高) →
	かもしれない	だろう	にちがいない
ひょっとしたら	+	+?	−
たぶん	+?	+	+?
おそらく	−	+	+

まさか	-	+	+
さぞ	-	+	+
きっと	-	+	+
ぜったい	-	+	+
かならず	-	+	+

즉, 「かもしれない」 구문, 「だろう」 구문, 「にちがいない」 구문은 「저 (低) かもしれない ＜ だろう ＜ にちがいない 고(高)」의 순서로 개연성의 정도가 높아져 가는데, 이것은 예문(20)-(24)에 의해 설명이 가능하다고 한다.4) 이것은 특정한 문말 형식과 공기하는 진위판단부사에도 특정한 구문에 주어진 개연성이 그대로 반영된다는 의미이다.

(20) ひょっとしたら彼は<u>來るかもしれないし、來ないかもしれない</u>。

(21) ?**おそらく**彼は来るだろうし、**おそらく**<u>來ないだろう</u>。

(22) a. まちこは行く<u>かもしれない</u>。

b. ひょっとしたら、?たぶん、きっと、まちこは行く<u>かもしれない</u>。

(23) a. まちこは行く<u>だろう</u>。

b. ?ひょっとしたら、たぶん、きっと、まちこは行く<u>だろう</u>。

(24) a. まちこは行く<u>にちがいない</u>。

b. ??ひょっとしたら、?たぶん、きっと、まちこは行く<u>にちがいない</u>。

예문(20)-(24)와 같은 방법에 의거하여 본장에서 고찰하는 진위판단부사의 개연성을 정리하면 [표 4]와 같다.5)

---

4) 자세히는 닛타(仁田 : 2000, pp.130-139)를 참조하기 바란다.

5) [표 4]는 일본어 모어 화자 11명에게 진위판단부사와 개연성을 나타내는 「かもしれない」, 「だろう」, 「にちがいない」와의 공기 가능성 여부를 판정하여 얻은 결과임을 밝혀둔다.

[표 4] 본장의 고찰 대상인 부사와 개연성의 정도

개연성	고찰 대상 부사
고(高)	ぜったいに, かならず, きっと, もちろん, たしか, たしかに, さぞ
중(中)	おそらく, たぶん, よもや, どうも, どうやら, まさか
저(低)	あるいは, もしかすると, ひょっとすると

4. 의문 형식의 유형

이 절에서는 진위판단부사와 의문 형식과의 공기 관계를 파악하기 위한 절차로 우선 의문 형식의 유형을 정리하고자 한다.[6]

우선 예문 (25)와 같이 의문의 종조사를 붙이지 않고 상승 인토네이션으로 발음하는 것만으로도 의문 형식이 될 수 있다.

    (25) あなた、明日の会議お出になる(↗)。

둘째, 예문 (26)-(28)에서 보듯 의문 종조사 「か」를 붙여 질문을 나타내는 형식이다. 그 가운데 예문 (27)은 의문어 「誰(だれ)」를 문장 중에 포함하는 의문어 의문 형식(WH의문 형식)이다.[7] 또한 예문 (28)과 같이 선택

---

6) 자세히는 마스오카(益岡 : 1992)・다쿠보(田窪, pp.136-140), 모리모토(森山 : 2000, pp.50-67), 미야자키(宮崎 : 2002), 아다치 외(安達・他 : 2002, pp.174-227)를 참조하길 바란다. 또한 예문 (25), (31), (32), (34)-(36)은 마스오카(益岡 : 1992)・다쿠보(田窪, pp.136-138], 예문 (26)-(30), (33), (39), (40)은 모리모토(森山 : 2000, pp.50-54], 예문 (37), (38)은 아다치(安達 : 1999, p.28], 예문 (41)은 미야자키(宮崎 : 2002a, p.221)에서 인용한 것이다.

7) 마스오카(益岡 : 1992)・다쿠보(窪田 : p.137)는 질문형의 의문어 의문문은 보통체로는 원칙적으로 「か」를 사용할 수 없다. 정중체로는 「か」를 사용해도 무방하

적 병립 조사를 문장 중에서 넣어 의문을 나타낼 수도 있다.

(26) 彼は一年生です<u>か</u>。

(27) あなたは誰です<u>か</u>。

(28) 彼はきます<u>か</u>、来ません<u>か</u>。

셋째, 예문(29)-(31)에서 보듯 「かな」,「かしら」,「かい」 등의 의문 종조사를 사용하는 의문문이다.

(29) これは必要なもの<u>かな</u>。

(30) これは必要なもの<u>かしら</u>。

(31) 甲：田中君は行くの<u>かい</u>。　　　　乙：はい。

넷째, 의문 종조사 「の」를 붙여 의문을 나타내는 형식이다. 「の」(남성적인 말투로는 「のか」)는 여성이 여성적으로 말할 때와 남성이 친한 여성이나 아이에게 상냥하게 말할 때에 사용한다. 이 경우의 「の」는 「「の」＋「だ」＋「か」」의 생략형이라고 한다.

(32) 君、明日の会議出る<u>の</u>。

나, 이것은 선택 의문문이라도 동종의 제한을 가진다고 한다.
　a. * 次は何を見る<u>か</u>(↗)。　　　　a'. 次は何を見ます<u>か</u>(↗)。
　b. * 文法は、好き<u>か</u>、嫌い<u>か</u>(↗)。　　b'. 文法は好きです<u>か</u>、嫌いです<u>か</u>(↗)。
그러나 자문형의 의문문은 다음의 예문에서 보듯 보통체라도 「か」를 사용할 수 있다고 한다.
　c. 日本は米の自由化をすべき<u>か</u>。

다섯째, 「だろう＋か」의 형식이다. 물론 예문 (34)와 같은 의문어 의문문의 경우, 「か」는 생략할 수 있다.

    (33) これは必要なものだろうか(↘)。
    (34) あいつは何をしているのだろう(か)(↘)。

여섯째, 「「だろう」, 「でしょう」＋上昇イントネーション」에 의한 의문 형식이다. 실제 예로는 「でしょう」, 「だろ(っ)」, 「でしょ(っ)」라고 하는 형태를 취하는 일이 많다.[8]

    (35) 君は行かないだろう(↗)。
    (36) この本、もういいだろう(↗)。

일곱째, 예문 (37)과 (38)은 「ない」, 「ませんか」 등을 사용하는 부정 의문 형식의 의문문이 있다.

    (37) まだ来ない?
    (38) すみません、誰かいませんか?

여덟째, 「のではないか」의 형식을 사용하는 의문문이 있다. 구체적으로 「んではないか」, 「んじゃないか」, 「のじゃないか」, 「んじゃない」, 「のじゃない」 등의 변이형이 있다. 여기서는 이들 형식을 모두 「のではない

---

8) 아다치(安達 : 1999, p.44)는 의문어 의문문이 「だろうか」를 취할 경우, 예문 (34)에서 보듯 「か」가 탈락하여 결과적으로 예문 (35)와 (36)과 같은 형태를 취하기 때문에 구별이 불가능해 보이지만 음조적으로는 구별할 수 있다고 한다.

か」로 일괄한다.

> (39) 彼がやった{<u>のではないか</u>/ンデハナイカ/ンジャナイカ/<u>ノジャナイカ</u>/ンジャナイ?/
> ノジャナイ?}。

아홉째, 「ではないか」는 「のではないか」에 비해 형태적으로 긴밀하며 고정화가 진행된 것이다.[9]

> (40) 彼は犯人{<u>ではないか</u>/ジャナイカ/ジャナイノ/ジャナイ}。

마지막으로 확인요구의 의미를 나타내는 형식 「だろう」, 「ね」, 「じゃない」가 사용된 의문 형식이다. 또 복합적인 구성을 지닌 몇 가지 형식이 있는데, 그 가운데 (41b)는 「だろうね」, 「よね」형식을 사용하는 의문문이다.

> (41) a. 山田君、行く{<u>でしょ</u>/ね}?
> b. あなた、田中さん{ですね/<u>でしょうね</u>/ですよね}?

이상의 의문 형식을 표로 정리하면 다음과 같다.

---

9) 실제 예문 중에는 「じゃないか」, 「じゃないの」, 「じゃない」 등의 형식에서 나타나는 경우가 있으나 이들 대표 형식으로 「ではないか」를 사용하고자 한다. 음조적 특징으로 하강 인토네이션을 기본으로 한다. 또한 아다치(安達 : 1999, pp.38-42)에 의하면 이들 형식 자체는 시제의 분출도 불가능하다. 그리고 문말에 「かな」, 「だろう」, 「ね」, 「よ」 등을 부가할 수 있다고 한다.

[표 5] 의문 형식의 유형

의문 형식	上昇↗	~か だれ どこ どんな	~かな ~かしら	~の ~のか	~だろうか (↘)	~だろう(↗)	~ない? ~ません か	~のでは ないか	~ではな いか	~だろう ね ~だろうね ~よね

5. 진위판단부사와 공기하는 의문 형식의 유형

이 절에서는 어떠한 진위판단부사가 어떠한 의문 형식과 공기를 하는지를 고찰한다.

5.1 질문의 의미를 나타내는 의문 형식

질문의 의미를 나타내는 의문 형식이란 화자에게 모종의 정보가 존재하지 않는 경우, 청자에게 정보 제공을 요구하기 위해 사용된다. 이때 질문의 의문 형식으로서는 「문말 상승 인토네이션」, 「か」, 「의문어 의문 형식(WH의문 형식)」, 「の」, 「のか」 등의 형식을 들 수 있다. 다음의 예문 (42)~(52)의 개연성 정도가 「중(中)」과 「고(高)」인 진위판단부사와 질문의 의문 형식이 공기하는 예이다. 예를 들면 다음의 예문 (42)와 (43)의 진위판단부사 「必ず」, 「きっと」, 「まさか」가 문말 상승 인토네이션의 의문 형식과 자연스럽게 공기하는 경우가 바로 그것에 해당한다.

> (42) 風変わりなクイズ大会が、きのう唐津市と伊万里市で開かれた。
>   質問は例えば「男女共同画社会の実現は、二十一世紀の日本の最
>   重要課題と、男女共同参画社会基本法に書いてある？」、「結婚

したら**必ず**男性の姓を名乗らなければならない**?**」 今年のアバン
ヤフェスタの関連イベントで、三月一日の本大会のＰＲを兼ねて
開いた地区予選会。

(2002.01.21.[総合])

(43) まだまだ私は頑固に豆炭あんかを愛している。きっとあんかのほうも私
の気持ちをくんで喜んでいるかも**?**(七十七歳)

(2002.12.24.[ひろば])

(44) 「**まさか**私が殺したと——**?**」

(女社長)

또한 예문 (45)-(48)은 진위판단부사 「必ず」, 「まさか」, 「確か」, 「確か
に」 등이 질문의 의문 형식 「か」,「の」와 공기하는 경우이다.

(45) 「私の一冊」の原稿募集を新聞紙上で知り、書いてみようかと思っ
たけど、ひろば欄に応募するには年齢を記入しなくてはいけませ
ん。分かつてはいましたが、念のために新聞社に問い合わせしま
した。
　　「年は**必ず**書くんでしようか?」
　　「はい」、やっぱり、そうよねえと独り言。

(2001.12.20.[文化])

(46) 直季「(上から)どうしたんだよ」
実那子「……(今よぎった記憶が何なのか分からないまま)」
直季「**まさか**高所恐怖症か?」
美那子「……(動けない)」
直季「しょうがないなあ。ちょっと待ってろ」

(森)

(47) 「身許は**確か**か?」

(山本)

(48) 「あなたが、階段を降りて行く男をチラリと見たっていうけど、**確かに尾島さんだった**の?」

(女社長)

예문 (49)와 (50)은 진위판단부사 「恐らく」와 「もちろん」이 의문어 의문 형식(WH의문 형식)과 공기하는 경우이다.

(49) 本書の著者も、この世の現象が何から何まで数学で説明されることに感銘、そして少々の反発を覚え、恐らく数学とは一体何か、という疑問に取り組んだのである。

(2003.03.16.[文化])

(50) 「どうされましたか」「母、がんで最近、どこにもかかってないんです。三日ぐらい前から食べられなくて弱っていて、点滴一本打ってもらえないでしょうか」「どこ?」 と聞くと 「打ってもらえます?かかってなくても?」、「もちろん、どこ?」。

(2002.06.10.[社内用])

그런데 예문 (50)의 「もちろん」은 WH 의문 형식 「どこ」와 공기하지만 「打てます」가 생략된 문장으로 본다면 WH 의문 형식과 공기하지 않는다고 생각된다.

예문 (51)과 (52)는 진위판단부사 「確かに」와 「まさか」가 의문 형식 「のか」와 공기하는 경우이다.

(51) さくら「騙してるって、**確かに言った**か?」

桂木「はい、搾り取れるだけ取れって。……あの、警察呼んだほ
うがいいでしょうか。」

（さくら）

(52) まだ話しが続きそうなので遮った。

「それで、服部はどうするの? 引き受けるの?」

「どうする、だって?まさか、オマエ、未練があるの<u>か</u>?やっぱりな、
あやしいと思ったんだよ、そのカバン」

今日から二年の前期が始まるので、たすき掛けにしたカバンには自
宅から持ってきた教科書を詰め込んでいた。「講義を聴きに来たな
ら、教科書くらい持ってくるのが普通だよ」

（1999.5.1.[文化]）

　그리고 예문 (53)과 (54)는 진위판단부사「もちろん」,「おそらく」와「か」
가 2회 출현하는「선택 의문」의 의문 형식과 공기하는 경우이다.

(53) 早生人間やハウス人間が多くなったら、厳しい内外の問題を乗り越
えていけるだろうか。この先の日本が心配になってくる。**もちろ
ん**、こんな人間を今の世の中がつくり出している<u>か</u>、求めている
<u>か</u>だろうから、こんな風潮を改めるのは簡単ではないだろう。

（2003.03.24.[文化]）

(54) **おそらく**加藤がなにかいう<u>か</u>、加藤の手が伸びて来るか、それによっ
てすべて、彼女にとって未知の世界のできごとが始まるのだ。

（孤高）

　이러한 질문의 의문 형식은 결여된 정보를 상대에게 구하는, 즉 질문
하는 기능을 지니며, 청자는 그 질문에 대해 긍정, 혹은 부정을 하지 않

으면 안 된다. 이와 같이 질문의 의미를 나타내는 의문 형식은 「불확정성」이라는 기본적 의미를 나타낸다고 생각된다.[10]

5.2 의구심의 의미를 나타내는 의문 형식

의구심의 의문 형식이란 「명제를 참으로 하는 것에 화자가 의구심을 품는다는 것을 표명하는 것으로 알려져 있다.[11] 즉 청자에 대한 질문적인 성격이 희박하고 화자가 청자에게 모종의 응답을 요구할 뿐만 아니라 화자 자신의 모종의 의구심을 나타내는 의문 형식으로서 청자가 존재하지 않는 상황이나 독화 내지 심적 발화 등으로 사용되는 것이 일반적이다. 의구심의 의미를 나타내는 의문 형식으로서는 「かな」, 「かしら」, 「だろうか(でしょうか)(↘)」, 「～かと思う」 등의 형식을 들 수 있다.

> (55) この子は、いつか魚が臭いと感じるのだろうか。感じないまま、お
>   魚大好き！と育っていくのだろうか。上の子供たちと違って、きっ
>   とおおらかに育つの<u>かな</u>あと、その風景を見て、楽しんでいました
>   (2001.10.3.[ひろば])
> (56) ―スタート地点に立った時の気持ちは。「きのうの夜は多分(金メ
>   ダルが)取れる<u>かな</u>と思った。スタートに立ったときには取れる取

---

10) 예를 들면 아다치(安達 : 1999, p.131)는 의문문의 조건 가운데 화자에게는 명제 내용의 진위 판단, 혹은 그 명제를 구성하는 정보의 일부가 결여되어 있다고 하는 불확정성 조건을 설정하였다. 또한 모리야마(森山 : 2000, p.52)는 불확정의 의미로 간주하였다.

11) 의구심의 의미·용법에 관해서는 닛타(仁田 : 1991, p.139), 미야자키(宮崎 : 1997, p.17), 아다치(安達 : 2002b, p.184) 등을 참조하기 바란다.

れないよりも断トツのタイムでトップに立ちたいという気分だった」

(1998.02.11.[スポーツ])

　예문 (55)와 (56)은 진위판단부사「きっと」와「多分」이 의구심의 의문 형식「かな」와 공기하고 화자 자신의 의념을 자기 자신에게 질문하는 것이라 생각된다. 그리고 예문 (57)과 (58)은 진위판단부사「きっと」,「多分」이 의구심의 의문 형식「かしら」,「でしょうか」와 공기하고 화자의 독화를 나타내는 것이라 생각된다. 그중에서 특히 예문 (58)과 같이 진위판단부사「多分」이 의문 형식「でしょうか」와 공기하고 간접적으로 상대에게 주의를 구할 수도 있다.

> (57) きっと、あれかしら、窮屈なことがおきらいなたちなのかしら。
>
> (国盗)
>
> (58) 父はネクタイを締め、背広姿に頭の方も、黒い物がふさふさと載っています。これは多分、四十歳をちょっと出たばかりでしょうか。
>
> (1997.04.02.[文化])

　예문 (59)와 (60)은 진위판단부사「さぞかし」와「恐らく」가「〜と思う」의 인용절 속에 있는 의문 형식「〜か」와 공기하고 화자의 자문적인 의미·용법을 나타내는 것으로 생각된다. 그리고 이와 같은 자문적인 의미·용법은 예문 (61)의「じゃないか」의 의문 형식에서도 찾아볼 수 있다. 다음의 예문을 보도록 하자.

> (59) 降ってわいたような五輪史上最大のスキャンダル。長野にも飛び火し、さぞかし留飲を下げているかと思ったら、意外な言葉が返ってきた。
>
> (1999.02.05.[総合])

(60) 本当は日本語をホンヤクしながら書いているのだが、書き上った英
    文を、さらにもう一回日本語になおすと、恐らく次のような文章に
    なるかと思われた。

(太郎)

(61) 音楽監督就任の話を総合プロデューサーの藤野栄介君(指揮)から持
    ちかけられた時は、「実現は絶対に不可能じゃないか」 と思った。
    しかし、藤野君や出演者、ボランティアなどさまざまな人の若い
    パワーで音楽祭はこれまで成功に終わることができた

(1999.8.7.[文化])

그러나 예문 (55)~(61)에서 보듯 자문적·독화적인 의문 형식 외에 다
음 예문 (62)와 (63)은 진위판단부사「たしか」와「さぞかし」가「かな」,「だ
ろうか」 등의 의구심을 나타내는 의문 형식과 공기하고 청자에게 대답은
강제하지 않지만 질문적인 성격을 지니는 대화적 의문 형식으로 사용된다.

(62) ねじめ「だいぶ前に、ぼくは計算で出したことがあるんだけど、た
    しか二十七人だったかな。」
    南「エッ?それどうゆう計算?」

(こいつら)

(63) 式典には著作「この子を残して」で有名な故永井隆博士の長男誠
    一さん(60) や遺影を手にした遺族も出席。白菊と白ユリで飾られ
    た祭壇に、各学年の代表が花輪を供えたあと、当時五年生だった
    下平作江さん(60)が 「皆さん、さぞかし苦しかったでしょう」 と慰霊
    の言葉を述べると、出席者は目頭を押さえた。

(1995.07.31.[社会])

5.3 확인요구의 의미를 나타내는 의문 형식

확인요구의 의미를 지니는 의문 형식으로서는 「ね」, 「よね」, 「だろう(ノ)」, 「のではないか」 등을 들 수 있다. 이들 형식들은 청자의 동의·공감, 인지 상태를 확인하는 기능을 가지는 것으로 알려져 있다.[12] 또한 확인요구는 「ね」, 「よね」, 「だろう(ノ)」, 「のではないか」 등의 형식을 통해서 불확실한 정보를 확인하려고 하는 것을 나타낸다. 또한 다음 예문 (64)-(66)은 진위판단부사 「たぶん」, 「さぞ」, 「きっと」 등이 의문 형식 「ね」와 공기하며 확인요구 용법을 나타낸다.

> (64) 「あなたが言っているのは**たぶん**心のことです**ね**？」
>
> (世界)
>
> (65) 「**さぞ**、お別れはお辛かったことでしょう**ね**？」
>
> (新源氏)
>
> (66) 「**きっと**複雑な事件にまきこまれているの**ね**？」
>
> (世界)

또한 예문 (67)과 (68)은 진위판단부사 「確か」, 「まさか」 등이 의문 형식 「よね」와 공기하여 본래 확실한 명제 성립을 화자가 만약을 위해서 확인하는 것을 나타낸다.

---

12) 「확인요구」라고 하는 용어는 국립국어연구소(国立国語研究所 : 1960)에 의해 붙여진 것이다. 정확하게는 「확인요구의 표현」이다. 그 후 하스누마(蓮沼 : 1995), 아다치(安達 : 1999), 미야자키(宮崎 : 1996, 2002a) 등은 각자 입장차를 가지지만, 이들 타입의 의문 표현은 모두 확인요구 형식으로 취급하였다는 점에서 공통점을 지닌다. 또한 닛타(仁田 : 1991, pp.152-153)는 「ではないか」를 제외한 것을 「의사(擬似) 의문」이라고 부르고 있다.

(67) 10月24、25日は吉野ケ里遺跡で開催される「アジア音楽祭ＩＮ吉
野ケ里」にも出演予定。佐賀ってどこにあるか知ってる？と問え
ば「場所は分からないけど…確か″とよのか″がおいしい所ですよ
ね？」とＡＫＩちゃん。

(1998.09.24.[地方])

(68) 地球という大きな大きな巨人に抱かれて、私たちは生かされてい
る。川の汚れが急速に進んでいる。排水口下には、泡ブクが盛
り上がって水面が見えない。まさか、台所の流し口に直接、てん
ぷら廃油など流し捨ててはいませんよね？と見えない人に呼び掛
けながら通る。

(1996.04.19.[ひろば])

예문 (69)-(74)에서도 의미 기능적으로 확인요구의 의미를 지니는 의
문 형식 의문 형식이 사용되었다. 예문 (69)-(72)로 말하자면 진위판단부
사「もちろん」,「きっと」,「たぶん」,「まさか」등이 의문 형식「でしょ」,「だ
ろう」와 공기하여 화자가 모종의 내용을 확인한다고 하는 의미・용법을
지닌다.

(69)「ええ、もちろん、前にもそう言ったでしょ？」と娘は言った。

(世界)

(70) 奈保子「……」
美栄子「『(手話とナレーション)きっと、普通の夫婦だったら、ど
んどんしゃべらなくなったりするでしょ？お互いの顔をあまりちゃ
んと見なくなったりするでしょ？でも私たちはそうならない。
じゃないと何も伝わらないから』」

(君の手)

(71) 「たぶんそうだろう？」

(一十四)

(72) 「まさか時間を縦に暮らしたりするわけにはいかないだろう？」

(砂の女)

그리고 예문 (73)-(74)는 진위판단부사 「まさか」, 「必ず」가 의문 형식 「んじゃない」와 공기하여 청자에게 화자가 정보적으로 의존하거나 동의를 요구하는 것을 나타낸다.

(73) 野田「五千万、まさか遊びで使っちまったんじゃあるまい？」
    安男「使っちまったんだよ」

(天国)

(74) ねじめ 「言葉って変だなというか、多少ズレてたほうがおもしろいなと思ったのは、ぼくはけっこう喫茶店で原稿を書くことが多いでしょ。そうすると、ついつい人の話を聞いちゃったんだよね。(中略)　「酒飲むと、このごろすぐカラオケに行っちゃってね。カラオケに行くと必ずヘンなおじさんがいるんじゃない？どういうわけか中年のおじさんと今度はホテルに行っちゃうのよね」なんていう話してるんだよ(省略)」

(こいつら)

5.4 행동요구의 의미를 나타내는 의문 형식

행동요구의 의미를 나타내는 의문 형식은 화자가 청자에게 행위를 요구(명령, 권유, 의뢰, 제안)하는 의미·용법을 지닌다. 구체적인 형식으로는 「しないか」, 「～ませんか」, 「しようか」, 「してくれるか」, 「してくれないか」

등을 들 수 있다.

이하의 (75)-(77)에서 보듯 밑줄 친 부분은 진위판단부사「絶対に」,「きっと」,「必ず」 등이 각각 행동요구의 의문 형식과 공기하여 화자의 요구에 의해서 상대의 행동을 기대하는 것을 나타낸다.

> (75) 佐賀市は、ごみ減量を目的に来春から有料に踏み切るそうですが、そうなると市民は、指定の袋を購入することになるそうですね。これまでは、ごみが少ないときはスーパーの袋で出したりしていましたが、来春からは指定以外の袋は**絶対に**回収 <u>してくれないのでしょうか</u>。
>
> (1995.10.20.ひろば)
>
> (76)「**ぜったい/必ず/きっと**駅まで乗せてって<u>くれる?</u>」
>
> (77) 今こそ"平成維新"を起こす最高の機会である。無党派の諸君、今の日本を変えるためにも、**必ず**投票へ<u>行こうではないか</u>。昔だったら、農民一揆(いっき)が発生してもおかしくない状況である。投票することによって、閉塞(へいそく)した今の日本を変革しようではないか
>
> (1998.07.09.[ひろば)

6. 마치며

지금까지 고찰을 통해서 진위판단부사와 의문 형식과의 공기 관계를 정리하면 다음의 [표 6]과 같다.13)

---

13) [표 6]에서 중심이 되는 4개의 의문 형식 외에 실제 조사에 나온「주장」과「감탄」의 의미를 지니는 의문 형식과 부사와의 공기 양상도 함께 나타냈다. 그러

[표 6]에서 우선 첫째로 진위판단부사와 의문 형식과는 공기하지 않는다고 하는 나카우(中右：1980), 사와다(澤田：1993)의 주장은 타당하지 않는다는 것을 알 수 있다. 그리고 [표 6]에서 보듯 각각의 부사는 다양한 의문 형식과의 공기를 허용하는 것을 알 수 있다. 예를 들면 「きっと」는 질문의 「문말 상승 인토네이션」, 「か」, 「Ｗｈ」, 의구심을 나타내는 「かな」, 「かしら」, 「のか」, 「だろうか↘」, 확인요구의 의미를 나타내는 「ね」, 「だろうか↗」, 「ではないか」, 「のではないか」, 행동요구의 의미를 나타내는 「～てくれるか」 등과 같은 다양한 의문 형식과의 공기를 허용한다.

나 「주장」과 「감탄」의 의미를 지니는 의문 형식에 대해서는 연구자에 따라 의미 분류 자체에 이견이 존재하므로 본장에서는 논의의 편의를 위해 논외로 한다. 그러나 실제 예문은 다음과 같이 제시하도록 하겠다.

a. このままだと、もっと悲惨になりそうです。ウサギ小屋はウサギだけにして、もっときれいにしてほしい。ニワトリは別にする方法もあると思います。このようでは、子供の教育上よくないし、公園は**もちろん**佐賀市のイメージまで悪くなる<u>のではないでしょうか</u>。(佐賀市、蓮尾、四十三歳)

(1996.07.01.[ひろば])[주장]

b. 住宅金融債権管理機構社長の中坊公平さんは、当事者意識が希薄な日本の現状を指して「客観民主主義」と言っている。**確かに**、傍観者を決め込んだ高見の見物客の<u>なんと多いことか</u>。行動には何らかのリスクが伴う。

(1998.09.30.[ひろば])[감탄]

c. 縁あって三日月町に家を求め、そこの住人になって間もないころである。**もちろん**、どなたの作であるかも知らなかった私は、<u>何て優しい歌だろうか</u>、と心がジーンとなってしばらくそこを動きがたく、何回も何回も口の中でつぶやいていたのを覚えている。

(1999.03.18.[ひろば])[감탄]

[표 6] 진위판단부사와 공기하는 의문 형식

개연성	부사	질문 ↗	질문 か	질문 wh	질문 の	질문 のか	질문 ~か~か	의구심 かな	의구심 かしら	의구심 だろうか↘	의구심 か	의구심 ではないかと思う	의구심 かと思う	의구심 のか	의구심 のではないか	확인요구 ね	확인요구 よね	확인요구 だろうか↗	확인요구 のではないか	확인요구 んじゃない/ない?	행동요구 てみては?	행동요구 しようか	행동요구 てくれるないか	주장 ではないか	주장 のではないか	감탄 なんと~!
고	ぜったい					+				+	+	+			+									+		
	かならず	+	+	+		+														+					+	
	きっと	+	+	+				+	+	+					+	+	+		+	+				+	+	
	もちろん	+		+			+	+		+	+	+	+	+					+			+			+	+
	さぞかし									+			+		+				+							+
	たしかに		+	+	+	+	+			+						+										
	たしか	+	+	+						+									+	+	+					
중	おそらく		+	+											+				+					+	+	
	たぶん	+								+			+		+				+					+	+	+
	まさか	+	+			+				+			+		+	+	+	+	+	+						+
	どうも			+			+								+				+							
	どうやら	+													+						+					
	よもや														+				+			+			+	
저	あるいは			+			+	+		+				+												
	もしかして	+	+	+	+	+		+	+	+	+	+	+	+						+			+			
	ひょっとして	+	+					+	+	+	+								+	+					+	

+ : 공기(共起)가 가능하다는 것을 의미함

제3장 진위판단부사와 의문 형식과의 공기 관계 89

둘째, 이미 (19)에서 본 것처럼 진위판단부사는 「だろうか」 혹은 부성 의문 형식과 공기한다고 하는 선행연구의 결론은 여전히 타당하다는 것이다. 덧붙여 말하면 [표 6]에서 보듯 「きっと」, 「もちろん」, 「さぞ」, 「たしかに」, 「たしか」, 「おそらく」, 「たぶん」, 「まさか」, 「どうも」, 「どうやら」, 「あるいは」, 「もしかして」 등의 진위판단부사는 의구심의 의미를 나타내는 「だろうか↘」, 「んじゃないか」, 확인요구의 의미를 나타내는 「だろうか↗」, 「のではないか」 등과 같은 의문 형식과 공기한다.

셋째, [표 6]에서 명제 성립의 개연성이 낮은 부사와 의문 형식이 공기한다고 주장한 와사(和佐 : 2001)의 주장이 타당하다는 사실을 알 수 있다. 본장의 분석을 통해 밝혀진 것은 개연성의 정도가 「저(低)」인 「もしかして」, 「ひょっとして」는 질문의 의미를 나타내는 문말 상승 인토네이션, 「か」에서 확인요구의 의미를 지니는 「んじゃないか」에 이르기까지 다양한 의문 형식과 공기한다는 것이다.

넷째, [표 6]에서 개연성이 높은 부사와 의문 형식이 공기하는 언어 현상을 확인할 수 있다. 예를 들면 개연성의 정도가 「고(高)」인 「絶対」, 「かならず」, 「きっと」, 「もちろん」, 「さぞ」, 「たしかに」, 「たしか」 등의 진위판단부사는 질문의 의미를 나타내는 의문 형식인 문말 상승 인토네이션과 「か」 등을 위시하여 의구심, 확인요구, 행동요구의 의미를 나타내는 형식에 이르기까지 다양한 의문 형식과의 공기를 허용한다. 또한 개연성의 정도가 「중(中)」인 「おそらく」, 「たぶん」, 「まさか」, 「どうも」, 「どうやら」 등의 부사도 질문의 의미를 나타내는 의문 형식인 문말 상승 인토네이션, 「か」를 위시하여 확인요구 등의 의문 형식과 공기한다.

마지막으로 본장에서 취급한 진위판단부사와 각각의 의문 형식과의 공기 관계의 단계성을 정리하면 다음과 같다.

[표 7] 부사와 의문 형식과의 공기 관계 단계성

개연성 〈고(高)〉	개연성 〈중(中)〉	개연성 〈저(低)〉
· 絶対 + 의구심 > 질문 > 행동요구 · 必ず + 질문, 의구심 > 확인요구 > 행동요구 · きっと + 의구심 > 확인요구 > 질문 > 행동요구 · もちろん + 의구심 > 질문 > 확인요구 · さぞかし + 의구심 > 확인요구 · たしかに + 질문, 확인요구 > 의구심 · たしか + 질문, 확인요구 > 의구심	· おそらく + 의구심 > 질문 > 확인요구 · まさか + 확인요구 > 의구심 > 질문 · どうも + 의구심 > 질문 > 확인요구 · どうやら + 질문, 의구심, 확인요구 · よもや + 의구심, 확인요구	· あるいは + 의구심 > 질문 · もしかして + 의구심 > 질문 > 확인요구 · ひょっとして + 의구심 > 확인요구 > 질문

진위판단부사가 의문 형식과 공기하지 않는다고 하는 언어 현상은 나카우(中右 : 1980), 사와다(澤田 : 1993)의 지적대로 진위판단부사의 가장 중요한 통사적 특성으로 알려져 있었다. 그러나 미야자키(宮崎 : 1997)와 와사(和佐 : 2001)에 의해「モシカスルト류」의 진위판단부사가 의문 형식과 공기하는 것, 아다치(安達 : 1992, 1999, 2002ab)의 연구에 의해 진위판단부사와「だろうか」, 진위판단부사와「부정 의문 형식」과 공기하는 사실이 밝혀졌다.

이것에 대해 본장에서는 진위판단부사가 질문의 의미를 나타내는 의문 형식, 의구심의 의미를 나타내는 의문 형식, 확인요구의 의미를 나타내는 의문 형식, 행동요구의 의미를 나타내는 의문 형식 등과 같은 다양한 의문 형식과 공기하는 용례가 확인되었다. 이것은 선행연구에 의해서 검토된 적이 없는 언어 사실이다.

진위판단부사가 질문의 의미를 나타내는 의문 형식, 의구심의 의미를 나타내는 의문 형식, 확인요구의 의미를 나타내는 의문 형식, 행동요구의 의문 형식 등과 공기를 허용하는 것은 유표지(marked)의 인어 현상이기 때문에 이러한 언어 현상이 왜 발생해야 하는가(또는 발생하지 않는가)라는 의문에 대답을 제시하지 않으면 안 된다. 이것에 대해서는 제4장 이하에서 상세하게 논의할 것이다.

제4장 진위판단부사와
의문 형식과의 공기 제약
─확인요구의 의미·용법을 지니는 의문 표현을 중심으로─

1. 시작하며

진위판단부사란 특정한 문말 표현과 호응하여 명제 내용의 신빙성을 다양한 측면에서 분석, 판단하는 부사이다. 「ひょっとすると彼は来ないかも知れない」로 말하면 부사 「ひょっとすると」는 「彼は来ない」라고 하는 명제 내용의 성립에 대한 판단을 나타내는 것으로 간주할 수 있다.

이와 같은 의미·용법을 지니는 진위판단부사는 다수 존재하지만 본 장에서는 사용 빈도가 비교적 높다고 여겨지는 [ぜったい, 必ず, きっと, もちろん, さぞ, たしかに, たしか, おそらく, たぶん, まさか, どうも, どうやら, よもや] 등의 부사를 고찰하고자 한다.

이들 진위판단부사의 주요 통사적 특징의 하나로 이미 제3장에서 언급한 바와 같이 진위판단부사가 의문 형식과 공기하지 않는다고 하는 사

실을 들 수 있다(나카우(中右 : 1980) 참죄. 그러나 한편으로 진위판단부사가 「だろうか」혹은「부정 의문 형식」과 공기한다고 하는 연구(아다치(安達 : 1992, 1999, 2002b) 참죄, 명제 성립의 개연성이 낮은「もしかすると류」가 의문 형식과 공기한다는 연구(미야자키(宮崎 : 1997), 와사(和佐 : 2001) 참죄, 진위판단부사가「질문」,「의구심」,「확인요구」,「행동요구」의 의미・용법을 지니는 의문 형식과 공기한다는 연구도 있다(이순형(李舜炯 : 2003) 참죄.

그러나 제2절에서 상세하게 논의하겠지만 이들 선행연구의 문제점은 모든 진위판단부사가「だろうか」혹은「부정 의문 형식」과 공기한다고는 할 수 없는 것, 그리고 명제 성립의 개연성이 낮은 모든 부사가 의문 형식과의 공기를 허용하는 것은 아니라는 것, 또한 모든 진위판단부사가 모든「질문」,「의구심」,「확인요구」,「행동요구」의 의미・용법을 지니는 의문 형식과 공기하지는 않는다는 것이다. 따라서 진위판단부사와 의문 표현과의 공기 제약을 설명할 수 있는 모종의 원리를 찾아낼 필요성이 요구된다.

제4장의 목적은 위에서 제시한 진위판단부사와 다양한 의문 형식 중에서 확인요구의 의미・용법을 지니는 의문 형식「～ダロウ, ～デハナイカ, ～ネ, ～ヨネ(↗)[1]」와의 공기 제약을 나타내는 예를 제시하고 그 공기 제약이 발생하는 이유를 설명하는 것이다.

---

1)「デハナイカ」는「ジャナイカ, ジャナイ?」,「ダロウ」의 경우는「ダロウカ, デショウ, ダロッ)」등의 변종도 포함한다. 또한 미야자키(宮崎 : 1998, 2000, 2002b)는 이 4개의 확인요구 의문 형식 외에도「ダロウネ, ンジャナカッタカ, ンジャナイダロウネ」를 제시하였는데 미야자키(宮崎) 연구 이외에 종래의 연구에서 그다지 다루어지지 않은 복합적인 표현은 논외로 한다.

2. 문제의 소재

진위판단부사와 의문 형식과의 공기 관계를 고찰한 연구는 수많이 존재하는데, 주요 선행연구에 의해서 밝혀진 논점을 정리하면 다음과 같다.

(1) a. 진위판단부사는 의문 형식과 공기하지 않는다
: 나카우(中右 : 1980), 사와다(澤田 : 1993)

   b. 진위판단부사 「だろうか」 또는 「부정 의문 형식」과 공기한다
: 아다치(安達 : 1992, 1999, 2002a), 장근수(張根壽 : 2001), 나카미치(中道 : 1991), 미야자키(宮崎 : 1990, 1998, 2001, 2002ab), 모리야마(森山 : 2000), 모리모토(森本 : 1994), 이노우에(井上 : 1996) · 황(黃).

   c. 명제 성립의 개연성이 낮은 부사 「もしかすると류」는 의문 형식과 공기한다
: 미야자키(宮崎 : 1997), 와사(和佐 : 2001)

   d. 「モシカスルト류」, 「マサカ」, 「タシカ」 등의 부사는 확인요구의 의미를 지니는 의문 형식과 공기한다
: 미야자키(宮崎 : 1997, 1998, 2002b)

   e. 진위판단부사는 개연성의 높고 낮음에 관계없이 다양한 의문 형식(질문, 의구심, 확인요구, 행동요구의 의미를 나타내는 의문 형식)과 공기한다
: 이순형(李舜炯 : 2003)

(1a)에 따르면 진위판단부사는 의문 형식과 절대로 공기해서는 안 된다. 그리고 (1b)에 따르면 진위판단부사는 당연히 「だろうか」 또는 부정 의문 형식과 공기를 허용한다. 또한 (1c)와 (1d)에 따르면 「モシカスルト

류」, 「マサカ」, 「タシカ」 등의 진위판단부사는 의문 형식이나 확인요구의 의문 형식과 공기를 허용해야 한다. (1ℓ)에 따르면 진위편단부사는 다양한 의미·용법을 지니는 의문 형식, 즉 질문의 의미·용법을 지니는 의문 형식, 의구심의 의미·용법을 지니는 의문 형식, 확인요구의 의미·용법을 지니는 의문 형식, 행동요구의 의미 용법을 지니는 의문 형식 등과 공기해야 한다.

그러나 제3장에서 확인한 바와 같이 진위판단부사는 다양한 의문 형식과 공기하며(표 6) 참고), 진위판단부사가 「だろうか」 혹은 부정 의문 형식과 공기하지 않는 경우도 있으며, 명제 성립의 개연성이 높은 부사이든 낮은 부사이든 의문 형식(질문, 의구심, 확인요구, 행동요구의 의미를 나타내는 의문 형식)과의 공기하거나 혹은 하지 않는 현상을 문제점으로 제기할 수 있다.

이들 문제점은 본장에서 실제로 수집한 데이터를 통해서도 확인이 가능하다. 예를 들면 다음의 예문 (2)와 (3)에서 보듯, 같은 의미 기능을 지니는 「～ダロウ」 혹은 「～ンジャナイカ」 등의 의문 형식은 명제 성립의 개연성이 높은 부사이든 낮은 부사이든 진위판단부사와의 공기를 허용하거나 하지 않거나 한다.

(2) 「この間、好きだって言ってたの、{モチロン・ゼッタイ・キット・オソラク・タブン/*タシカ *タシカニ *ドウヤラ}良介のことでしょう？」
「うん」

(3) 「{タシカ・マサカ/*タブン *ゼッタイ *モチロン *ドウモ *キット *タシカニ *ヨモヤ} 黒沢純君じゃない？中井だよホラ、小学校で一緒だった！」
「……中井君！」

대상 부사 : [ぜったい, 必ず, きっと, もちろん, さぞ, たしかに, たし
       か, おそらく, たぶん, まさか, どうも, どうやら, よもや]

위의 예는 작례인데, 다음의 예문 (4)-(8)에서 보듯 진위판단부사와 확
인요구의 의미·용법을 지니는 의문 형식과 공기하는 실제 예를 다수
확인할 수 있다.

(4) 都賀先生は**おそらく**ぼくのために正式の申込をして下すったの<u>じゃない</u>
<u>ですか</u>。

(焼跡)

(5) 「あなたさまのように一代にして財を築いた成功者となると、**さぞか**
し敵が多いこと<u>でしようね</u>」 そのように言われて老人は、全身を揺す
つて豪快に笑つた。

(1998.10.25.[文化])

(6) 和子：「私たちはいくらもらえるのかしら。**確か**、平均で月二十三万
円くらいだったわ<u>よね?</u>」
   恵：「それは、夫が四十年間、厚生年金に加入し、妻が専業主婦の
      世帯を想定した 「モデル年金」 のことよ。正確には約二十三
      万六千円。現役男性サラリーマンの手取り給与の59%が支給
      水準のめどになっているの。」

(2003.09.24.[文化])

(7) 「あなたがたは**もちろん**街の方<u>ですね?</u>」

(世界)

(8) ねじめ 「でも相撲は回しだもんね。褌でやったらとれちゃうんじゃ
ない(笑)。**きっと**そういうたとえ<u>じゃない?</u>他人の褌で相撲をとって
も相撲にならないとかさ(笑)」

(こいつら)

따라서 진위판단부사와 다양한 의문 형식과의 공기 제약 및 해당 제약이 발생하는 배경을 고찰할 필요성이 현저히 대두된다. 의문문 연구의 입장에서 보면 명제 성립의 개연성이 낮은 진위판단부사와 의문 형식「んじゃない, だろう」와의 공기 제약에 대해서 이미 미야자키(宮崎 : 1996, 2002a), 아다치(安達 : 1992) 등의 연구가 있기 때문에,[2] 본장에서는 부사 연구의 입장에서 명제 성립의 개연성의 높고 낮음을 고려하지 않고 진위판단부사와 확인요구의 의미 용법을 지니는 의문 표현「ダロウ(↗), デハナイカ, ネ, ヨネ」와의 공기 제약을 중심으로 고찰을 진행해 나가고자 한다.

3. 확인요구의 의미를 나타내는 다양한 의문 형식

확인요구의 의미를 지니는 의문 표현은 넓은 의미에서 청자에게 모종의 확인이나 동의를 구하는 표현 일반을 가리키는 것으로 일반적으로 알려져 있다. 확인요구란 글자 그대로 청자에게 확인을 요구하는 것인데, 그 확인이라는 것은 사건의 내용에 대해서 화자가 어느 정도 확신을 지

---

2) 미야자키(宮崎)와 아다치(安達) 등의 연구에서는「モシカスルト類」가 개연성이 낮은 진위판단부사임에도 불구하고 상승조의 인토네이션을 지니는「～ンジャナイカ」와는 자연스럽게 공기하는 것에 반해서「～ダロウ」문과는 공기하지 않는 사실을 지적한다.

  a. * ひょっとして、今日のコンパ、行くだろう? 미야자키(宮崎 : 1996, p.117)

  b. * もしかして、会議の日程が変更になった件、知ってるでしょう? 미야자키(宮崎 : 1996, p.118)

  c. ??もしかすると、彼、来ないだろう? 아다치(安達 : 1992, p.54)

  d. {もしかするとひょっとすると} 彼、来ないんじゃない? 아다치(安達 : 1992, p.54)

  e.*もしかして、君、宿題やってるだろうね。

  f. もしかして、君、宿題やってないんじゃないだろうね。 미야자키(宮崎 : 2002b, p.225)

니지만 완전한 자신은 없기 때문에 청자에게 물어 그 진위를 분명히 가리고자 하는 경우에 사용되는 표현이다.[3] 예를 들면 「傘持ってないでしょ?」, 「あなた何か悩み事でもあるんじゃない?」, 「発作が起きたときには、この病室にいらしたのですね」, 「子供って、みんなカレーが好きよね。」 등의 예가 있다. 이들 확인요구의 의문 형식은 상승조의 인토네이션을 동반한다.

하스누마(蓮沼 : 1995)와 미야케(三宅 : 1994, 1996) 등의 연구는 확인요구 표현의 용법 체계를 규명하고 「ダロウ」와 「ジャナイカ」가 그 안에서 우선 어떠한 용법을 지니는지 여부와 분포를 밝힘으로써 각 형식의 차이를 밝혔다.[4] 이 절에서는 미야케(三宅)와 하스누마(蓮沼)의 분류에 따라 확인요구의 의미 용법을 지니는 의문 형식과 용법을 정리한다.

우선 「ダロウ」, 「デハナイカ」, 「ネ」의 형식은 명제 확인의 요구라는 의미・용법을 지닌다. 이들 형식은 확인 대상(명제)이 참이냐 거짓이냐를 문제시하는 것으로 명제가 참인지 그 확인을 요구한다. 「ダロウ」가 나타난 예만을 보면 다음과 같다.[5]

---

3) 자세히는 이오리(庵功雄 : 2001)・다카나시(高梨信乃)・나카니시(中西久実子)・야마다(山田敏弘, p.254)를 참조하기 바란다.

4) 또한 미야자키(宮崎 : 2000)는 종래 그다지 주목을 받아오지 못했던 복합적 표현도 포함한 확인요구의 표현 「ンジャナイカ・ダロウ・ネ・ダロウネ・ノデハナイダロウネ・ヨネ・ノデハナカッタカ」의 체계성을, 용법 층위가 아니라 표현 자체의 의미 층위에서 명시적으로 기술하였다. 한편 모리야마(森山 : 1989), 아다치(安達 : 1991, 1999), 미야자키(宮崎 : 19931996), 정상철(鄭相哲 : 1994a, 1995) 등의 연구에서 확인요구의 의미를 지니는 의문 형식의 사용 조건, 담화 기능에 주목하여 정보의 형성 및 전달의 메커니즘이라고 하는 관점에서 형식의 성격을 설명하였다.

5) 예문 (9)-(12)는 미야케(三宅 : 1994, 1996), 예문 (13)-(18)은 하스누마(蓮沼 : 1995)에서 인용한 것이다.

(9)「金沢、寒かった<u>でしょう</u>」「ええ、雪がいっぱい降ってて。」

　예문 (9)는 확인요구에 해당하는 예인데, [金沢が寒かった]라고 하는 명제가 참인지 혹은 거짓인지를 화자가 청자에게 확인하는 것을 나타낸다.

　둘째,「ダロウ」,「デハナイカ」의 형식은 지식 확인의 요구라고 하는 의미・용법을 지닌다. 예를 들면 다음의 예문 (10)은 해당 지식을 청자가 가지고 있는지 그 확인을 요구하는 것이다.

(10)「あの人、奥さんも子供もいるんだぞ」「知ってる」「<u>不倫じゃないか</u>」

　셋째,「デハナイカ」,「ネ」의 형식은 약한 확인요구라고 하는 의미・용법을 지닌다. 예를 들면 다음의 예문 (11)은 화자에게 있어서는 확실히 참인 명제를 청자도 참이라고 인정하는지 확인을 소극적인 자세로 구한다고 하는 것을 나타낸다.

(11)「あなた変わったわ<u>ね</u>」「そうかもしれません。…」

　넷째,「ネ」의 형식은 동의 요구라는 의미・용법을 지닌다. 예를 들면 다음의 예문 (12)는 청자에게 확인을 구한다기 보다도 오히려 동의나 공감을 구하는 것을 나타낸다. 확인을 요구하는 성질은 거의 없는 것으로 생각된다.

(12)「チーズの塩気とピーマンの甘さがすごく合う<u>ね</u>」「うん、合う」

다섯째, 「ダロウ」, 「デハナイカ」, 「ヨネ」의 형식은 공통 인식의 환기라는 의미·용법을 지닌다. 인식적으로 우위를 차지하는 화자가 자신과 동등한 인식을 지니도록 청자(예문 (13))으로 말하면, 택시 운전수)를 재촉하는 의미·용법을 지닌다.

    (13) [タクシーの運転手に行く先を指示して]
        あそこに郵便ポストが {見える<u>でしょう</u>/見える<u>じゃないですか</u>/見えま
        す<u>よね</u>}。そのすぐ先の角を右に曲がってください。

여섯째, 「ダロウ」, 「デハナイカ」의 형식은 ＜인식 형성의 요청＞이라고 하는 의미·용법을 지닌다. 예를 들면 다음의 예문 (14)는 화자가 청자에게 상식을 인식해 줄 것을 나타낸다.

    (14) [帰りの遅い夫を非難して]
        妻：遅いじゃないの。
        夫：仕方がない {<u>だろう</u>/<u>じゃないか</u>/＊よね}。仕事が忙しいんだから。

일곱째, 「ダロウ」의 형식은 추량 확인이라는 의미·용법을 지닌다. 예를 들면 다음의 예문 (15)와 (16)은 청자의 지식·감정·판단 등 본래적으로 청자에게 귀속되는 정보(청자가 지쳐 있는 것, 그녀와 걷고 있었던 것)을 나타낸다.

    (15) 疲れた {でしょう/＊じゃないの/＊よね}。
    (16) きのうの夕方、三宮センター街を彼女と歩いていた {だろう/＊じゃ
        ないか/??よね}。

여덟째,「デハナイカ」의 형식은 화자의 청자에 대한 인식 생성의 어필이라는 의미·용법을 지닌다. 예를 들면 다음의 예문 (17)은 개인적인 평가나 의견(잘 어울린다는 사실)을 화자가 청자에게 어필하는 경우에 사용되는 것이다.

(17) 妻：このジャケット素敵でしょ。
　　夫：うん、なかなか似合ってる{じゃないか/＊だろう/＊よね}。

마지막으로「ヨネ」의 형식은 상호이해의 형성 확인이라는 의미·용법을 지닌다. 예를 들면 다음의 예문 (18)은 화자와 청자가 약효가 있었다고 하는 사실을 서로 인식한다는 것을 나타낸다.

(18) 効いた {よね/＊でしょ/＊じゃない}、早めのパブロン。(風邪薬の
　　コマーシャル)

이상, 확인요구에 관련된 모든 용법을 정리하면 [표 8]과 같다.

[표 8] 확인요구 의문 표현의 제 용법

용법\요소	명제 확인의 요구	지식 확인의 요구	약한 확인의 요구	동의 요구	추측 요구	공통 인식의 환기	인식 형성의 요청	인식 생성의 어필	상호 이해의 형성 확인
화자의 정보량	○	○	○	○	?	◎	◎	○	○

청자의 정보량	◎	○	◎	○	◎	○	○	?	○
표현 형식	ダロウ ジャナ イネ	ダロウ ジャナ イ	ジャナ イネ	ネ	ダロ ウ	ダロウ ジャ ナイ ヨネ	ダロウ ジャ ナイ	ジャナ イ	ヨネ
요구의 대상	명제 진위 확인	해당 지식의 소유 확인	명제 수용 가능 여부 확인	지식 (정보) 의 동의	화자가 추측 하는 것의 타당성 확인	공통 인식에 대한 환기	동인식 형성	화자의 평가· 의견 어필	상호 이해의 형성에 대한 확인
인토 네이션	↗	↗	↗	↗	↗	↗	↗	↗	↗

【◎ : 완전히 가지고 있다, ○ : 어느 정도 가지고 있다, ? : 불명】

4. 공기 제약과 분석

진위판단부사는 통상 의문 형식과 공기하지 않는 것으로 알려져 있다. 예를 들면 「*あなたはきっとスペイン人ですか」가 바로 그 예이다. 이에 반해서 「この間、好きだって言ってたの、おそらく良介のことでしょう?」에서는 진위판단부사가 의문 형식과의 공기를 허용하는 것을 볼 수 있다. 따라서 진위판단부사와 의문 형식과의 공기 제약이 발생하는 이유를 고찰할 필요성이 대두된다.

본장에서는 우선 진위판단부사와 의문 형식과의 공기 제약을 [확실도]라는 개념으로 설명을 하고자 한다. [확실도]를 고려하는 이유는 많건 적건 의문문과 진위판단부사가 명제 내용의 진위와 관련이 있기 때문이다. 예를 들면「あなたは日本人ですか」라는 의문문의 경우, 화자에게 있어서 청자의 국적은 당연 미지의 사항이라고 할 수 있다. 따라서 의문문에 [−확실도]를 지정할 수 있다.

이것에 대해 진위판단부사는 어느 정도의 [확실도]를 내포하고 있다고 할 수 있다. 예를 들면「多分、あしたは雨が降るだろう」에서 보듯 화자는 그 나름의 경험이나 판단 기준(즉 기상관측 데이터)에 의거하여 이 문장을 발화한 것으로 생각할 수 있다. 따라서 진위판단부사에 [+확실도]를 지정할 수 있다. 단정형이 [++확실도]를 내포하는 것으로 본다면 진위판단부사에 [+확실도]를 지정하는 것에는 그리 문제가 없다고 생각된다. 이 점에서 진위판단부사와 의문 형식과의 공기 제약을 설명하는데에 [확실도]라는 개념은 유효하다고 할 수 있다.

즉 [표 8]에서 알 수 있듯이 특정한 진위판단부사와 확인요구의 의미 용법을 지니는 의문 형식과의 공기 제약을 어떻게 설명할 수 있는지, 또한 이들의 표현 형식의 상호 간의 공기 제약을 어떻게 예측할 수 있느냐 하는 의문이 대두된다. 이것에서 본장에서는 다음과 같은 가설을 제시하고 그 타당성을 검증하는 것에 의해 이들 의문에 대한 대답을 제시하고자 한다.

(19)【진위판단부사와 의문 형식과의 공기 제약】
    a. 특정한 진위판단부사가 의문 형식과 공기하지 않으면 그 진위판단부사는 [+확실도]이며, 그 의문 형식은 [−확실도]이다.

-공기 제약 1

 b. 특정한 진위판단부사가 의문 형식과 공기하면 그 진위판단부
　사 [+확실도]이며 의문 형식도 [+확실도]이다. 이때 의문
　형식은 진정 의문 형식의 용법(질문)에서 일탈한 것이다.

-공기 제약 2

 b'. 특정한 진위판단부사가 의문 형식과 공기하면 부사는 진위
　판단의 용법 이외의 용법을 지닌다. 의문 형식은 [+확실도]
　이다.

-공기 제약 3

　위에 제시한 가설은 모리야마(森山 : 1989)가 제안한 내용 판단 일관성의
원칙[6]을 기본적으로 따르고 있으며 일견 그 원칙에 따르지 않는 것처럼
보이는 현상도 설명할 수 있다고 하는 장점이 있다. 또한 이들 세 제약
은 진위판단부사와 확인요구의 의문 형식 사이에 생기는 공기 제약을 예
측할 수 있다.

---

6) 이 원칙은 모리야마(森山 : 1989, pp.75-94)에 따른다. 그에 의하면 「내용에 대
한 화자의 인식은 동일 문중인 한, 일관되어야 한다」는 것이다. 다음의 예문을
보자.
　a.??雨が降るかもしれませんか？
　b. 雨がふるかもしれない{だろう / じゃないか}？
즉 예문 (a)의 의문문은 화자에게 있어 그 사태에 대한 판단이 성립되지 않는
다는 것을 나타내는 한편, 예문 (b)의 인식적 모댈리티 형성은 그 사태가 불확
실하다는, 즉 판단의 성립을 나타낸다. 하나의 문중에서 판단의 성립·불성립
이 충돌해서는 안 된다는 것이 모리야마가 말하는 「내용 판단 일관성의 원칙」
인 것이다.

4.1 공기 제약 1

공기 제약1은 특정한 진위판단부사가 의문 형식과 공기하지 않으면 그 진위판단부사는 [+확실되]이고 그 의문 형식은 [-확실되]로 생각하는 것이다. 즉 진위판단부사에 지정되는 [+확실되]와, 의문 형식에 지정되는 [-확실되]가 의미적으로 서로 충돌하기 때문에 공기하지 않는 것으로 생각하는 것이다.

그러면 이러한 공기제약1을 지지하는 몇 가지 예를 살펴보도록 하자.[7]

> (20) *あなたは {絶対、必ず、きっと、もちろん、さぞ、たしかに、た
>   しか、おそらく、たぶん、まさか、どうも、どうやら、よもや}
>   日本人ですか。
>
> (21) *{絶対、必ず、きっと、もちろん、さぞ、たしかに、たしか、お
>   そらく、たぶん、まさか、どうも、どうやら、よもや}、あした
>   の試合は激しい展開になりますか。

예문 (20)은 화자에게 있어 청자가 일본인인 것이 미지의 사항이다. 예문 (21)은 내일의 시합이 어떻게 전개되느냐 하는 것은 화자에게 있어 전혀 예측이 불가능하다. 따라서 [-확실되]가 지정되는 의문문 형식과 [+확실되]가 지정되는 진위판단부사와 공기하지 않는 것으로 생각할 수 있다.

---

7) 예문 (20)과 (21), (23)~(25), (30)~(33)은 작례이다. 일본인 모어 화자 10명(남성 6명, 여성 4명)에게 판정을 의뢰하였다. 판정 결과를 근거로 공기가 가능한 부사에는 무표시 혹은 플러스(+)표시를 하였다. 공기가 불가능한 부사에는 별표(*) 혹은 마이너스(-)표시를 하였다. 판정이 어려운 경우는 (±)표시를 하였다. 10인 중에서 6인 이상이 공기한다고 판정한 경우는 무표시 혹은 플러스 표시를 하였다. 5인이 공기한다고 대답한 경우에는 (±)표시를, 5인 미만의 경우는 별표(*) 또는 마이너스(-)를 표시하였다.

이것을 지지하는 몇 가지 예를 더 살펴보도록 하자.

(22) a. *ひょっとして、今日のコンパ行くだろう?
b. *もしかして、会議の日程が変更になった件、知ってるでしょう。

미야자키(宮崎 : 1996, p.117)

예문(22a)와 (22b)도 「もしかして류」의 진위판단부사에 [+확실도]를, 의문 형식에 [-확실도]를 지정하는 것에 의해 양쪽 형식이 서로 공기하지 않는 이유를 설명할 수 있다고 생각된다. 예를 들면 예문 (22a)와 (22b)의 문말 형식 「だろう?」와 「でしょう」는 정보 요구의 기능을 지니는 상승조 인토네이션라고 생각된다.[8] 정보 요구가 상승조의 인토네이션을 통해서 행해진다는 것은 의문문의 본질적 기능이며 그 때문에 그것을 발화하는 화자에게 있어서는 불명확한 것이므로 그 의문 형식에 [-확실도]를 지정할 수 있는 것이다. 이들 예에 나타난 공기 제약1은 동일한 문장 속에 화자의 내용 판단의 일관성 원칙이 충실하게 반영되는 것을 뒷받침해주는 좋은 증거라고 하겠다.

4.2 공기 제약 2

공기 제약2는 특정한 진위판단부사가 의문 형식과 공기하면 그 진위판단부사는 [+확실도]이고 의문 형식도 [+확실도]로 생각하는 것이다. 다음의 예문을 보도록 하자.

---

8) 자세히는 미야자키(宮崎 : 1996, pp.117-118)를 참조하기 바란다.

(23) 太郎はこの事を(　　　)知らなかったん<u>ジャナイカ</u>。(명제 확인요구)

ぜったい	かならず	きっとん	もちろん	さぞ	たしかに	たしか	おそらく	たぶん	まさか	どうも	どうやら	よもや
−	−	±	−	−	+	−	+	+	±	±	+	−

[+ : 공기 가능, − : 공기 불가능, ± : 어느 쪽도 말할 수 없다(이하 동일)]

예문 (23)에서 「たしかに」, 「おそらく」, 「たぶん」, 「どうやら」는 사용이 가능하지만, 「ぜったい」, 「必ず」, 「もちろん」, 「さぞ」, 「たしか」, 「よもや」는 사용할 수 없다. 그런데 「きっと」, 「まさか」, 「どうも」는 판단이 어렵다는 결과가 나왔다.[9] 주어인 太郎의 상태(이것을 몰랐다고 하는 것)가 화자에 있어서 이미 아는 사항이기 때문이다. 따라서 의문 형식에 [−확실도]가 아닌 [+확실도]를 지정할 수 있는데, 이것은 진정 의문 표현(질문)에서 일탈한 것이라고 할 수 있다. 한편 그 의문 형식과 공기를 허용하는 진위판단부사에는 [+확실도]가 지정된다. 다음 예문을 보도록 하자.

(24) 「きみは、資産家に生まれたら一生気楽に生きていける、(　　) そう思ってる<u>だろう</u>?」
「ええ」(명제 확인요구)

---

9) 본장에서는 모든 부사가 보여주는 공기 제약을 설명하지 않는다. 따라서 이하에서는 해당 공기 제약1-3에 관련되는 부사만을 고찰한다.

ぜったい	かならず	きっと	もちろん	さぞ	たしかに	たしか	おそらく	たぶん	まさか	どうも	どうやら	よもや
+	-	+	+	-	+	+	-	+	+	-	-	-

예문 (24)는「きみは、資産家に生まれたら一生気楽に生きていけること」를 의문 형식으로 발화를 하고 있는데 그것은 일상생활 속에서 화자가 청자와 빈번히 접촉을 하면서 얻어진 정보이므로 의문 형식이기는 하지만 그것에 [+확실되를 지정할 수 있다. 이것도 역시 의문문의 본질에서 일탈한 것으로 생각할 수 있다. 따라서 원래 [+확실되가 지정되는 진위판단부사「ぜったい」,「きっと」,「もちろん」,「たしかに」,「おそらく」,「たぶん」와 의미적으로 충돌을 일으키지 않고 서로 공기를 허용한다고 생각할 수 있다.

예문 (25)에 대해서도 동종의 설명이 가능하다.

(25) [お酒を飲んで自分の顔が見えない状態で]
　　僕の顔、(　　　　)赤い*だろう*。(추량 확인요구)

ぜったい	かならず	きっと	もちろん	さぞ	たしかに	たしか	おそらく	たぶん	まさか	どうも	どうやら	よもや
+	-	+	-	+	±	-	+	+	-	-	-	-

4.1절에서는「もしかすると류」의 부사가 의문 형식과 공기할 수 없는

것은 양쪽 형식에 각각 [+확실도]와 [-확실도]가 지정되기 때문이라 주장
했는데 이것과는 반대로「もしかすると류」의 부사와 의문 형식이 서로
공기하는 예가 있다. 예를 들면 다음과 같은 예가 그것에 해당한다.

(26) もしかしたら、この刑事は自分のことを疑っている<u>のではないか/だろうか</u>。

미야자키(宮崎 : 2002a, p.138)

(27) あるいは、花子の恋人というのは、太郎な<u>のだろうか</u>。

미야자키(宮崎 : 2002a, p.146)

(28) ひょっとして、彼はもう来ない<u>だろうか</u>。

아다치(安達 : 2002, p.195)

(29) {もしかすると/ひょっとすると}彼、来ない<u>んじゃない</u>?

아다치(安達 : 1992, p.54)

예문 (26)-(29)의 예에서 보듯「もしかすると류」의 부사와 의문 형식이
공기하지만 이것도 [공기제약2]를 고려하는 것에 의해서 설명이 가능하
다고 생각된다. 즉「もしかすると류」의 부사에 [+확실도]를, 의문 형식에
[+확실도]를 지정하는 것이다. 예문 (26)-(29)의 의문 형식 [のではないか/
だろうか][んじゃないか] 등은 하강조의 자문적인 의문 형식으로 청자에게
정보를 요구하기보다는 화자 자신의 추량 판단이 미성립된 상태를 나타
내기 때문에(미야자키(宮崎 : 2002a), 아다치(安達 : 1992, 2002a) 참조) 진정 의문문
에서 일탈한 것으로 볼 수 있으며 그렇기 때문에 [+확실도]를 지정할 수
있다. 따라서「もしかすると류」부사에 [+확실도]를, 의문 형식에 [+확실
도]를 지정하는 것에 의해서 양 쪽 형식이 공기하는 이유를 설명할 수 있다.
얼핏 보아 공기 제약2는 모리야마(森山 : 1989)의 원칙에 반하는 것처럼
보이지만 의문문에 [+확실도]를 지정하는 것에 의해 그 원칙은 충실히

지켜지고 있는 것으로 생각할 수 있다.

4.3 공기 제약 3

마지막으로 공기 제약3은 특정한 진위판단부사가 의문 형식과 공기하면 그 의문 형식에는 [+확실도]가 지정되지만, 진위판단부사가 진위 판단 이외의 용법을 지니기 때문에 [확실도]가 지정되지 않는다고 생각하는 것이다.

예를 들면 예문 (30)에서는 「さぞ」 이외의 부사는 의문 형식과의 공기가 불가능하다.

(30)「金沢、(　　　　)寒かった<u>でしょう</u>」,「ええ、雪がいっぱい降ってて」

(명제 확인요구)

ぜったい	かならず	きっと	もちろん	さぞ	たしかに	たしか	おそらく	たぶん	まさか	どうも	どうやら	よもや
-	-	-	-	+	-	-	-	-	-	-	-	-

예문 (30)의 의문 형식은 명제 확인을 요구한다고 하는 의미·용법을 나타내는데 화자는 가나자와(金沢)의 겨울이 매우 춥다는 사실을 이미 알고 있다. 이와 같은 문맥에서 사용된 의문문에 [+확실도]가 지정되는 것은 당연할 것이다. 오로지 「さぞ」만이 의문 형식과 공기를 허용하는 점에서 그 부사에 [+확실도]를 지정하면 양쪽 형식이 공기하는 이유를 설

명할 수 있을 것 같시만 왜 「さぞ」만이 [+확실도]를 지정해야 하는가는 설명할 수 없다. 이때의 「さぞ」는 판단의 기능을 나타내기보다는 당시 청자의 화자가 공감하고자 하는 배려의 기능이 인정되기 때문에 확실도를 지정할 수 없게 되는 것이다. 그리고 예문 (31)~(33)에도 (30)과 동종의 설명이 가능하다. 즉 예문 (31)에서 의문 형식과 유일하게 공기하는 「まさか」에 「あんな狭いアパートにお手伝いさんがいること」을 인정하고 싶지 않다고 하는 화자의 심적 태도를 읽어낼 수 있다. 이것은 「まさか」가 판단의 기능에서 일탈해 있기 때문에 가능한 것이다.[10]

(31) 「へえ。いつからお姉ちゃんとこ、お手伝いさん置いたのかと思った」
   「(   )あんな狭いアパートにお手伝いさんがいるわけないでしょ」

(지식 확인요구)

ぜったい	かならず	きっと	もちろん	さぞ	たしかに	たしか	おそらく	たぶん	まさか	どうも	どうやら	よもや
−	−	−	−	−	−	−	−	−	+	−	−	−

다음의 예문 (32)를 보도록 하자.

(32) 「これ、(   )おいしいね」、「そうでしょ」

(약한 확인요구)

---

10) 왜 (30)에서는 「さぞ」가 배려의 기능을 지니며 (31)~(33)에서는 그 기능을 지니지 않느냐는 반론이 쉽사리 예상되는데, 그것은 각 부사가 판단 이외의 기능을 지닐 수 있는 문맥적 환경이 제각각 다르기 때문이다. 즉 진위판단부사의 문체적 특징이 각각 다르다는 것이다.

ぜったい	かならず	きっと	もちろん	さぞ	たしかに	たしか	おそらく	たぶん	まさか	どうも	どうやら	よもや
−	−	−	−	−	+	−	−	−	−	−	−	−

약한 확인요구를 나타내는 종조사「ね」와 유일하게 공기하는「たしかに」는 화자의 단정을 강하게 나타내는 부사라고 생각된다. 여기에서 부사「たしかに」는「言われたとおり，ほんとうに」，「あなたの言うとおり，ほんとうに」라고 하는 의미를 지니며「おいしい」라고 하는 명제 내용이 거의 사실에 가까운 것을 나타내는「ね」와 공기하기 때문이다. 따라서「たしかに」는 판단의 색채가 가장 옅은 부사로 생각할 수 있다.

예문 (33)에 대해서도 동종의 설명이 가능하다.

(33) お母さん、(　　　)遊びに行ってもいい<u>でしょう</u>。

(추량 확인의 요구)

ぜったい	かならず	きっと	もちろん	さぞ	たしかに	たしか	おそらく	たぶん	まさか	どうも	どうやら	よもや
±	−	−	+	−	−	−	−	−	−	−	−	−

이상의 공기 제약 양상은 [표 9]와 같이 정리할 수 있다.

[표 9] 진위판단부사와 확인요구의 의문 형식과의 공기 제약

확인요구의 의미·용법과 형식	부사	ぜったい	かならず	きっと	もちろん	さぞ	たしかに	たしか	おそらく	たぶん	まさか	どうも	どうやら	よもや
명제 확인의 요구	ダロウ	+	-	+	+	+	+	+	+	+	-	-	-	-
	デハナイカ	+	-	+	±	+		+	+	+	+	-	+	-
	ネ	+	-	+	+	-	+	+	+	+	±	-	-	-
지식 확인의 요구	ダロウ	+	+	-	+		+	+		-		+		
	デハナイカ	+	-	±	-		+							
약한 확인요구	デハナイカ	-	-	-	-		+						+	
	ネ	+	-	+	-		+	-	±	+	-		+	
동의 요구	ネ						+					+	+	
공통 인식의 환기	ダロウ	+	+	+	±	+	+	+	±	+	-			
	デハナイカ	+	+	±	±	+	+	+	±	+				
	ヨネ	+	+	+	+		+	+		+				
인식 형성의 요청	ダロウ	-	-	-	-		±							
	デハナイカ	-	-	-	-		±							
추량 인식	ダロウ	+	-	+	+	+	+	+	+	+	-		±	
인식 생성의 어필	デハナイカ	-	-	-	±	-	+						±	
상호 이해의 형성 확인	ヨネ	+	-	+			+	+	+					

[+ : 공기 가능, - : 공기 불가능, ± : 어느 쪽이라 말할 수 없다]

5. 마치며

진위판단부사가 의문 형식과 공기하지 않는다고 하는 언어 현상은 진위판단부사의 중요한 통사적 특성으로 알려져 왔다(나카우(中右 : 1980), 사와다(澤田 : 1993)). 그러나 미야자키(宮崎 : 1997)과 와사(和佐 : 2001)에 의해서「モシカスルト류」의 진위판단부사가 의문 형식과 공기하는 것, 아다치(安達 : 1992, 1999, 2002b) 등의 성과에 의해 진위판단부사와「だろうか」, 진위판단부사와 부정 의문 형식과 공기하는 것이 밝혀졌다. 이것에 더해 이순형(李舜炯 : 2003)에 따라 진위판단부사가 질문의 의미를 나타내는 의문 형식, 의구심의 의미를 나타내는 의문 형식, 확인요구의 의미를 나타내는 의문 형식, 행동요구의 의미를 나타내는 의문 형식 등과 공기하는 예가 확인되었다.

진위판단부사가 질문의 의미를 나타내는 의문 형식, 의구심의 의미를 나타내는 의문 형식, 확인요구의 의미를 나타내는 의문 형식, 행동요구의 의미를 나타내는 의문 형식 등의 형식과의 공기를 허용하는 것은 유표지(marked)의 언어 현상이며 그 때문에 해당 언어 현상이 왜 발생해야 하는지, 또는 일어나지 않느냐라는 의문에 해답을 제시할 필요가 있었다. 이에 본장에서는 [확실되]라고 하는 개념에 의거하여 특정한 진위판단부사와 확인요구의 의미를 나타내는 의문 형식과의 공기 제약이 발생하는 배경과 공기 제약을 예측할 수 있도록 공기 제약1, 2, 3을 제안하고 타당성을 검토하였다. 본장에서 행한 고찰은 부사 연구, 의문문 연구, 부사와 의문문 연구에 크게 도움이 될 것이라는 점에서 나름 의미 있는 성과를 기대하고 있다.

제5장 진위판단부사와
행동요구 표현과의 공기 제약

1. 시작하며

일본어 문법 연구에 있어 일본어 문장이 계층적 구조를 이룬다고 하는 생각은 지금까지 미나미(南 : 1974), 기타하라(北原 : 1981b), 데라무라(寺村 : 1982), 마스오카(益岡 : 1987), 사와다(澤田 : 1993), 닛타(仁田 : 1989, 2002b) 등 많은 연구자들에 의해서 제창되어 왔다. 그중에서 사와다(澤田 : 1993)에 의하면 일반적으로 일본어 문장은 다음과 같은 중층구조를 지니는 것으로 알려져 있다.[1]

 (1) たぶん今頃夕食を食べている*だろう*ね。

---

1) 사와다(澤田 : 1993, p.214)에서는 예문(1)과 같은 중층구조를 들어 다양한 성질의 일본어 문장을 설명하고 있다.

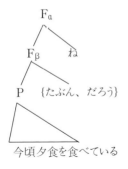

F_α : 수행층(performative stratum)

F_β : 태도층(attitudinal stratum)

P : 명제 내용층(propositional stratum)

F : 발화 내 힘 지표(illocutionary force indicator)

　　예문 (1)은 어느 개념「今頃夕食を食べている」과 화자의 태도·판단을 나타내는「たぶん, だろう」그리고 청자에 대한 화자의 확인을 나타내는 의미·용법을 지니는「ね」의 중층구조로 구성되어 있다는 사실을 나타 낸다. 즉 예문 (1)은 명제 내용층(P)과 태도층(F_β)으로 표시된 발화 내 행위 (판단)와 수행층(F_α)에 속하는 청자 지향(전달)의 발화 내 행위로 구성되어 있다.

　　사와다(澤田：1993)과 사카구치(坂口：1996) 등에 의하면 태도층에 속하는 진위판단부사의 주요한 통사적 특징으로 행동요구 표현(명령, 의뢰, 권유, 금지 등)과 공기하지 않는다는 점을 지적한다. 다음의 예문을 보도록 하자.

　　(2) a. *ひょっとして早く芽を出せ、柿の種。

　　　　b. *もしかして道路に飛び出すな。車は急に止れない。

　　　　c. *キャ!もしかして命ばかりはお助け!

사와다(澤田：1993, p.240)

　　　　d. *きっと/??必ずやってみなさい。

　　　　e. *きっと/*必ず/*絶対それやったら。

사카구치(坂口：1996, p.6)

예문 (2b)로 말하자면 진위 판단을 나타내는 부사의 경우, (3)과 같은 통사 구조는 허용되지 않는다.

(3) *もしかして飛び出すな。

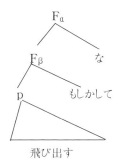

선행연구에서 밝혀진 (1)~(3)은 다음의 (4)와 같이 요약할 수 있다.

(4) a. 진위판단부사는 태도층을 행동요구역으로 한다. (예문1)
　　b. 진위판단부사는 수행층(F_α)에 그 영향력을 미치지 않는다.
　　　(예문2)

이 분석은 제4절에서 상세히 논의하겠지만 본장의 고찰 대상인 진위판단부사가 모두 이러한 통사적 제약을 받지는 않는다는 것을 미리 언급해 둔다.

본장의 목적은 우선 첫째로 진위판단부사와 행동요구 표현과의 공기 제약을 고찰하는 것에 의해 (4)의 타당성을 검토하는 것이다. 둘째로, 진위판단부사와 행동요구 표현과의 공기 제약이 어떠한 배경으로 인해 발생하는지를 규명하는 것이다.

2. 문제의 소재

선행연구에 의해서 밝혀진 진위판단부사와 행동요구 표현과의 공기
제약은 다음과 같다.

(5) a. 진위판단부사는 행동요구 표현과 공기하지 않는다.
: 고바야시(小林 : 1992b), 사와다(澤田 : 1993), 사카구치(坂口
: 1996)

b. 진위판단부사 중에서 「きっと」, 「必ず」, 「絶対」, 「もちろん」는
행동요구표현과 공기한다.
: 구도(工藤 : 1982, 2000), 모리타(森田 : 1989), 사지(佐治 :
1992), 모리모토(森本 : 1994)

우선 첫째로 (5a)부터 보도록 하자. 다음의 예문은 (5a)의 사실을 뒷받
침하는 예이다.

(6)＝(2) a.*ひょっとして早く芽を出せ、柿の種。

b.*もしかして道路に飛び出すな。車は急に止れない。

c.*キャ!もしかして命ばかりはお助け!

사와다(澤田 : 1993, p.240)

d.*きっと/??必ずやってみなさい。

e.*きっと/*必ず/*絶対それやったら。

사카구치(坂口 : 1996, p.6)

(5a)를 주장하는 대표적인 연구로 우선 고바야시(小林 : 1992)를 들 수 있
다. 고바야시의 연구는 진위판단부사가 단순히 행동요구 표현과의 공기

제약을 설명하기 위해서가 아니라「必ず, 確かに, 確か, きっと, ぜひ」에 내포되어 있는 의미의 차이를 규명하였다. 사카구치(坂口 : 1996)는 부사의 어휘적 의미가 통사적 현상에 미치는 영향을 조사하기 위하여 부사「ぜひ, どうか, きっと, 必ず, 絶対」와 행동요구문과의 제약을 고찰하였다. 예를 들면「必ず」가 부정적인 행동요구 표현과의 공기가 허용되지 않는 것은「あいつから*きっと/*必ずものをもらうな」에서 보듯 부정적인 행동요구문이 사태의 비실현을 나타내는 한편,「必ず」는 100%의 확실함으로 실현되는 것을 나타내게 됨으로써 결과적으로 의미상 서로 충돌하기 때문이라고 하였다.

그러나 사카구치(坂口)의 연구는「きっと, 必ず, 絶対, ぜひ, どうか」의 유의어적인 의미의 차이점을 규명하기 위한 것이지 진위판단부사와 행동요구 표현 전반을 원리적으로 설명하기 위한 연구는 아니라는 점에서 본 연구와 근본적 차이가 있다. 또한 사와다(澤田 : 1993)는 본장과 같은 관점을 취하지만 그 내용에 있어서 반드시 본장과 일치하는 것은 아니다. 사와다(澤田)는 진위판단부사(문장부사)가 명령 형식의 행동요구역에 포함되지 않는 것은 태도층(F$_\beta$)에 속하는 진위판단부사가 수행층(F$_\alpha$)으로의 층전이[2]를 허용하지 않기 때문이라고 하였다. 그러나 진위판단부사 중에는 행동요구 표현과의 공기를 허용하는 것도 다수 발견된다.[3]

둘째, (5b)는 진위판단부사 중에서「きっと」,「必ず」,「絶対」,「もちろん」이 행동요구 표현과 공기한다는 것이다. 예를 들면 다음의 예문 (7)−(11)이 그것에 해당한다.

---

2) 사와다(澤田 : 1993, p.244)는 층 전이(level shift)가 도키에다(時枝 : 1941)가 일관되게 주장하는「詞―辞의 전환」, 즉,「표현의 전환」에 해당한다고 한다.
3) 이 점에 대해서는 제4절 이하에서 상세하게 논의하겠다.

(7) きっと/必ず/ぜったい/もちろん来てください。 : 모리타(森田 : 1989), 모리모토(森本 : 1994), 구도(工藤 : 1982, 2000), 사지(佐治 · 1992)

(8) きっと糾明しましょう。 : 구도(工藤 : 1982, 2000), 사지(佐治 : 1992)

(9) この面、頭に叩き込んで、必ず、ひっ捕えて来い・・いいな : 구도 (工藤 : 1982, 2000), 고바야시(小林 : 1992)

(10) きっと/必ず絶対聞いたほうがいい。 : 사카구치(坂口 : 1996)

(11) 絶対来ないでください。 : 사지(佐治 : 1992), 사카구치(坂口 : 1996)

모리타(森田 : 1989)는 「～てください」와 공기하는 「きっと」의 의미・용법이 「必ず」의 의미・용법에 대응한다고 하였다. 그러나 「にちがいない/はずだ/する/だろう/ます/～てください」 등의 문말 형식과 부사들과의 공기 관계를 한정적으로 예시했음에 불과하기 때문에 부사와 행동요구 표현의 공기 관계를 체계적으로 규명하였다고는 할 수 없다.

그 밖에도 모리모토(森本 : 1994)는 예문 (7)을 근거로 화자 자신의 의뢰에 청자가 따를 것이라는 점이 전제가 될 경우, 「～てください」와 공기하는 부사들을 통해서 그 행위의 실현을 확인하고자 할 때에 사용할 수 있다고 주장하였다. 그러나 본장에서와 같이 각각의 부사와 「～てください」와의 공기 제약을 근본적으로 고찰한 연구는 아니다.

구도(工藤 : 1982, 2000)는 인식적인 서법부사로 취급한 「きっと」가 의뢰・명령・의지라고 하는 ≪바램(願望)-의지적 서법≫과 공기하는 용법이 44례, 「必ず」가 의지나 희구(希求)와 공기하는 예가 9개 있다고 지적하였다. 이 중에서 「きっと」는 아직 실현되지 않는 사항이 확실히 실현되기를 기대하는 화자의 감정이라고 하는 의미・용법을 지니므로 명령이나 의뢰 등의 표현 형식과 공기할 수 있다고 하였다. 그러나 수집한 예를 통해서

개개의 부사가 지니는 공기 제약을 구체적으로 분석하지 않았다는 점에 문제점을 지적할 수 있다.

또한 사지(佐治 : 1992)는 「必ず」의 공기 조건을 설명하기 위해 「きっと」, 「絶対に」, 「どうしても」와의 대비를 통하여 다양한 문말 형식과의 공기 관계를 조사하였다. 그러나 「～来てくださいね」의 형식과, 「きっと, 必ず, 絶対に」가 공기한다고 지적은 하면서도 그 배경에 관한 설명은 전혀 없었다는 점을 문제점으로 지적할 수 있다.

종래의 연구에 있어서는 위에서 제시한 예문 (7)~(11)에서 보듯 진위판단부사가 행동요구 표현과 공기하는 예를 나열은 하고 있지만, 유의관계를 지니는 부사 간의 의미적 차이를 지적하는 데에만 머무르고 있을 뿐이다. 따라서 본장에서는 이들 선행연구에서 지적된 (5a)와 (5b)와 같은 공기 제약들이 어떠한 이유에서 발생하는지, 그리고 동시에 그 배경은 무엇인지에 주목하여 논의를 진행해 나가고자 한다.

3. 행동요구 표현(働きかけ表現)의 종류와 기능

이 절에서는 진위판단부사와 행동요구 표현과의 공기 제약을 고찰하기 위한 예비단계로 선행연구에서 정리된 행동요구 표현의 종류와 기능에 관해서 살펴보고자 한다.

닛타(仁田 : 1991)는 행동요구를 화자의 요구가 실현되도록 화자 자신이 상대인 청자에게 영향력을 가하는 발화 전달적인 태도를 나타내는 것이라고 하였다. 즉 청자에게 모종의 행위가 실행되도록 명령하거나 의뢰하는 등의 발화 행동을 말한다. 본장에서는 행동요구 표현의 정의를 전적으로 닛타(仁田 : 1991)에 따른다.

행동요구 표현의 종류에 관한 연구로서는 국립국어연구소(国立国語研究所 : 1960)를 위시하여 닛타(仁田 : 1991), 아다치(安達 : 2002b) 등의 연구를 들 수 있다. 국립국어연구소(国立国語研究所, 1960)는 행동요구 표현을 질문적인 표현과 명령적인 표현으로 나누고, 다시 명령적인 표현은「～しましょう, ～していただきましょう, ～しなくちゃだめじゃないか」등의 소극적 행위 요구 표현과「～してください, ～しなさい, ～してくれ」등의 적극적 행위 요구 표현으로 하위분류하였다. 또한 닛타(仁田 : 1991)는 행동요구 표현을 크게 대타명령(対他命令)과 자기포괄명령(自己包括命令)으로 분류하였다. 대타명령 중에는「～やれ, ～しなさい, ～してください, ～してちょうだい」등의 긍정의 행동요구과「～やるな, ～やりなさるな, ～やらないでちょうだい」등의 부정적인 행동요구과「～お待ち, やって, やるように」등의 행동요구를 형성하는 그 밖의 형식과「～すればいい, ～しなければだめだ, ～ことだ, ～しないほうがいい, ～しないか, ～しないでくれるか」등의 행동요구로 이행 및 파생을 하는 표현 등이 포함된다고 하였다. 또한 자기 포괄 명령에는「ましょう」,「しょうか」등의 권유 표현 형식이 포함된다고 하였다.

아다치(安達 : 2002b)는 행위 요구의 기능을 명령, 의뢰, 권유, 금지로 나누었다. 또한 이러한 행위 요구의 기능을 지니는 문장을 본래적으로 행위 요구 기능을 지니는 것, 본래는 다른 기능을 지녔지만 행위 요구의 기능으로 이행하여 그 기능이 정착한 것으로 생각되는 것, 상황에 의존하여 행위 요구의 함의를 파생하는 것이 있다고 상정하고 각각의 형식에 대해 구체적으로 분석하였다.

이상, 국립국어연구소, 닛타, 아다치 등의 연구에서 규명된 내용을 요약하면 다음과 같다.

[표 10] 행동요구 표현의 유형[4]

기능	문장의 종류	형식
명령	명령문	しろ、しろよ、しなさい、したまえ、お〜なさいね、お〜なさい、お〜なさいませ 등
	서술형, 명사화 형식	する、した、のだ、ことだ、こと 등
	부정 의문문	しないか 등
의뢰	명령문	おくれ、てくれたまえ、てくださいせ、お〜くださいませ、て、てください、てくれ、お〜ください、ください、てね、てくださいね、てよね、お＋連用形 등
	의문문	てくれないか、てくれるか、てもらえないか、てもらえるか、てくれる? 등
권유	희망문	てほしい、てもらいたい、ないでほしい、ていただく 등
	평가를 나타내는 문장	たらどうか、といい、ほうがいい、しないほうがいい、ばいい、たらいい、がいい、ば、たら、ように 등
	권유를 나타내는 문장	ましょう、しようか 등
금지	금지문	するな、お〜なさるな、お〜なさいますな、てくださるな、おくださるな、お〜くださいますな、ないでね、ないでくれ、ないでくれたまえ、お〜ないでください、お〜ないでくださいませ、ないでちょうだい、ないでください、ないこと、ないことだ 등
	평가를 나타내는 문장	てはいけない、たらだめだ、てはいけません 등
	불가능을 나타내는 문장	可能動詞の 否定形, ことができない 등

---

4) 기본적으로 아다치(安達 : 2002b, p.44)의 분류법을 따랐지만, 행동요구 표현 유형의 범주 내에서 처리하는 편이 유효하다고 판단된 형식도 들어가 있다는 점을 유념해 주길 바란다.

제4절에서는 신위판난부사와 위에서 제시한 행동요구 표현과의 공기 제약에 대해 논의하고자 한다.

4. 공기 제약

다음 예문은 진위판단부사와 행동요구 표현이 공기하는 경우와 공기하지 않은 경우를 예시한 것이다.[5]

(12) 文書は「このコピーを必ず携帯すること」,「できるだけ多くの方に配布して知らせてください」などと書かれ、山口や大阪、神戸など車のナンバーを三十種類ほど列記している。

(2003.10.25.[社会])

(13) 私は教職員に『見知らぬ人を見かけたら必ず声を掛けるように』と話している。

(2001.06.09.[総合])

(14) FW、BKで走る15人ラグビーで、昨年準優勝の先輩を超えようと約束し花園に乗りこんだ。「よく頑張ったやんか」。ただ一人、涙を見せずにフィフティーンを励ましていた大坪主将は「来年、再来年きっと優勝してくれ」と、夢を後輩に託した。

(2002.01.04.[スポーツ])

---

5) 용례의 출전이 명기되어 있지 않은 예문은 작례이다. 작례는 일본어 모어 화자 10명(일본어 연구자・일본어교육 연구자, 남성 3명, 여성 7명)에게 앙케트 조사를 실시하여 진위판단부사와 행동요구 표현과의 공기 가능 여부에 대해 판정을 받았다. 조사 결과를 바탕으로 공기 가능한 예문에는 무표시 또는 +를 표시하였다. 공기 불가능한 예문에는 */-를 붙였다. 판정 근거는 10명 중에서 과반수를 기준으로 하였다.

(15) ＊「まあ、まさか何か注文<u>しろよ</u>」

(16) ＊「あなた、今朝は恐らく<u>おやすみなさいね</u>」

(17) ＊「余計なこと、もしかして<u>しないでくれ</u>。」

　위에 제시된 사실을 통해서 진위판단부사와 행동요구 표현과의 공기 제약이 발생하는 이유와 그 배경은 도대체 무엇이냐는 의문이 대두된다. 이러한 의문에 직면하여 대답을 제시한 연구는 아직 보이지 않는다. 진위판단부사와 행동요구 표현과의 공기 제약이 발생하는 이유와 배경을 규명함과 동시에 그러한 공기 제약을 예측할 수도 있어야 한다. 본장에서는 위에 제시한 공기 제약은 진위판단부사의 계층 범위가 제각각 다른 데에서 비롯되는 가설에 바탕을 두고 있다. 즉 다음의 (18)에서 보듯 각각의 진위판단부사들이 각 층, 즉 수행층, 태도층, 명제 내용층 등으로의 층 전이가 발생하여 공기 제약이 발생하는 것으로 보았다.

(18) 진위판단부사 ──▶ F$_\alpha$(수행층) →「働きかけ」, 「よ」 등

　　　　　　　　　　▲ F$_\beta$(태도층) →「かもしれない, だろう, にちがいない」 등

　　　　　　　　　　▲ P(명제 내용층) → 판단이 배제된 객관적 사실

　이하의 절에서는 가설 (18)의 타당성을 검증하는 방식으로 논의를 전개하고자 한다.

4.1 신위판단부사와 행동요구 표현

이 절에서는 행동요구 표현 중, 명령, 의뢰, 금지, 권유 형식의 순서로 진위판단부사와의 공기 제약을 고찰하고자 한다. 우선 첫째로 명령 형식 과 진위판단부사가 공기하는 예와 공기하지 않는 예를 제시하면 다음과 같다.

(19) 十歳で親元を離れることになった「**絶対に**頑張ってきなさい」と応 援してくれた。

(2003.06.07.[総合])

(20) 余命二週間と宣告されていたが見かねた主治医がそのことを野沢さ んに伝えたのだ。それを知った野沢さんは、その子に「夏に劇場 で待ってるゾ、**きっと**来いよ！」とメッセージをおくった。

(2001.11.26.[ひろば])

(21) 「取り逃がすと変な前例になる。**必ず**捕そくしてくれ」

(2001.12.23.[総合])

(22) *「おれの言うことを**たぶん**守れ」、「守れなかったらおまえなんかい らなくなる」、「海に浮かべてやる」などと脅迫。

(23) *「夏に劇場で待ってるゾ、**ひょっとして**来いよ！」

(24) *「**あるいは**頑張ってきなさい」

위에 제시한 예문 이외의 공기 제약을 정리하면 다음의 [표 11]과 같다.

[표 11] 진위판단부사와 명령 표현과의 공기 제약

기능	명 령								
문장 종류	명 령 문							서술형, 명사화 형식	
부사 \ 형식	しろ	しろよ	しなさい	したまえ	お~なさいね	お~なさい	お~なさいませ	こと	のだ
ぜったい	+	+	+	+	+	+	+	+	+
かならず	+	+	+	+	+	－	－	+	+
きっと	+	+	+	－	－	－	+	+	+
もちろん	+	+	－	+	－	+	－	+	+
さぞ	－	－	－	－	－	－	－	－	－
たしかに	－	－	－	－	－	－	－	－	－
たしか	－	－	－	－	－	－	－	－	－
おそらく	－	－	－	－	－	－	－	－	－
たぶん	－	－	－	－	－	－	－	－	－
まさか	－	－	－	－	－	－	－	－	－
どうも	－	－	－	－	－	－	－	－	－
どうやら	－	－	－	－	－	－	－	－	－
よもや	－	－	－	－	－	－	－	－	－
あるいは	－	－	－	－	－	－	－	－	－
もしかして	－	－	－	－	－	－	－	－	－
ひょっとして	－	－	－	－	－	－	－	－	－

[표 11]을 보면 「絶対, 必ず, きっと, もちろん」를 제외한 다른 부사는

명령 표현과 공기하지 않는 것을 알 수 있다.

둘째, 의뢰 표현과 진위판단부사와 공기하는 예와 공기히지 않는 예를
제시하면 다음과 같다.

> (25) 窓会を企画してくれた友達の顔が、幼顔で浮かんでくる。「絶対来
> てよね」と何度もＴＥＬをくれた友。 本当は行けない理由が三つ
> あつたのよ。
>
> (2001.01.28.[文化])
>
> (26) 日本原子力発電(原電)の鷲見禎彦社長は十三日、同社が福井県敦賀
> 市で増設計画中の敦賀原発３、４号機(ともに改良型加圧水型軽
> 水炉、百五十三万八千キロワット)での将来のプルサーマル?実施
> について、「(プルサーマル用燃料の検査データねつ造が発覚した)
> 関西電力高浜原発の問題などが解決すれば必ずやらせていただきた
> い」と述べた。
>
> (2001.06.14.[社会])
>
> (27) 歩きながらの喫煙や、車からのポイ捨てはもちろんやめてほしい」と
> 訴えていた。
>
> (2003.10.17.[地方])
>
> (28) *「検査目的の献血はたしかやめて」
>
> (29) *もしかして日本一になってください。僕らも障害に勝ちたいんや」

그 밖의 진위판단부사와 의뢰 표현과의 공기 관계를 제시하면 다음과
같이 정리할 수 있다.

[표 12] 진위판단부사와 의뢰 표현과의 공기 제약

기능	의뢰																											
문장의 종류	의뢰문																						의문문			희망문		
형식 \ 부사	おくれ	てくれたまえ	てくれたまませ	お～くださいませ	て	てくれ	てください	てくれ	お～ください	ください	てね	てくださいね	てよね	ないでね	ないでくれ	ないでくれたまえ	お～ないでください	お～ないでくださいませ	お～くださるな	お～くださいますな	ないでちょうだい	ないでください	てくれないか	てくれる？	てくれないかな	てほしい	ていただきたい	ないでほしい
ぜったい	+	+	+	+	+	+	+	+	+	+	+	+	+	+	+	+	+	+	+	+	+	+	+	+	+	+	+	+
かならず	+	+	-	+	+	+	+	-	+	+	+	-	-	-	-	-	-	-	-	-	-	-	+	+	+	+	+	-
きっと	-	-	-	+	+	+	+	-	-	+	+	-	-	-	-	-	-	-	-	-	-	-	+	+	+	+	+	-
もちろん	-	-	-	+	+	+	-	+	-	+	-	+	+	-	+	+	+	+	-	+	-	-	+	-	+	-	+	+
さぞ	-	-	-	-	-	-	-	-	-	-	-	-	-	-	-	-	-	-	-	-	-	-	-	-	-	-	-	-
たしかに	-	-	-	-	-	-	-	-	-	-	-	-	-	-	-	-	-	-	-	-	-	-	-	+	-	-	-	-
たしか	-	-	-	-	-	-	-	-	-	-	-	-	-	-	-	-	-	-	-	-	-	-	-	-	-	-	-	-
おそらく	-	-	-	-	-	-	-	-	-	-	-	-	-	-	-	-	-	-	-	-	-	-	-	-	-	-	-	-
たぶん	-	-	-	-	-	-	-	-	-	-	-	-	-	-	-	-	-	-	-	-	-	-	-	-	-	-	-	-
まさか	-	-	-	-	-	-	-	-	-	-	-	-	-	-	-	-	-	-	-	-	-	-	-	-	-	-	-	-
どうも	-	-	-	-	-	-	-	-	-	-	-	-	-	-	-	-	-	-	-	-	-	-	-	-	-	-	-	-
どうやら	-	-	-	-	-	-	-	-	-	-	-	-	-	-	-	-	-	-	-	-	-	-	-	-	-	-	-	-
よもや	-	-	-	-	-	-	-	-	-	-	-	-	-	-	-	-	-	-	-	-	-	-	-	-	-	-	-	-
あるいは	-	-	-	-	-	-	-	-	-	-	-	-	-	-	-	-	-	-	-	-	-	-	-	+	-	-	-	-
もしかして	-	-	-	-	-	-	-	-	-	-	-	-	-	-	-	-	-	-	-	-	-	-	-	-	-	-	-	-
ひょっとして	-	-	-	-	-	-	-	-	-	-	-	-	-	-	-	-	-	-	-	-	-	-	-	-	-	-	-	-

명령 표현과 마찬가지로 「絶対, 必ず, きっと, もちろん」은 의뢰 표현과 공기를 허용한다. 따라서 나음의 (30)과 같이 일반화를 도출할 수 있다.

> (30) 「絶対, 必ず, もちろん, きっと」는 수행층으로의 층 전이를 허용하는 부사이다.

명령의 의미를 나타내는 형식과 의뢰를 나타내는 형식의 핵심은 화자의 존재를 전제로 한다는 데에 있다. 그러면 (30)과 같은 일반화가 화자의 존재를 전제로 하는 금지 표현에도 그대로 적용될 수 있느냐 하는 의문이 대두된다. 다음의 예문은 진위판단부사와 금지의 의미를 나타내는 형식이 서로 공기하는 예와 공기하지 않은 것을 나타낸 것이다.

> (31) 練習後に「自分の立てた目標に絶対に妥協するな」とげきを飛ばした王監督。
>
> (2001.03.24.[スポーツ])
>
> (32) 「(入学試験で)試験終了です。これ以降は絶対/もちろん訂正できません。これから答案用紙を回収します」
>
> (33) 「こんな所に絶対/もちろん入ったらだめだ。」
>
> (34) *「何をおっしゃるんです。たぶんそんなことお考えになってはいけません。先生なんか、まだまだお若いですよ」
>
> (35) *「工事にどうやら入れるな。」
>
> (36) *「こんな所にひょっとして入ったらだめだ。」

위의 예문 이외에도 진위판단부사와 금지 표현과의 공기 관계를 정리하면 다음과 같다.

[표 13] 진위판단부사와 금지 표현과의 공기 관계

기능	금 지								
문장의 종류	금 지 문					평가 표출 문장			불가능 표출 문장
형식 부사	する な	ない こと	ない こと だ	ない でね	ない でく れ	お~ くださ るな	てはい けませ ん	たらだ めだ	ことができ ない
ぜったい	+	+	+	+	+	+	+	+	+
かならず	–	–	–	–	–	–	–	–	–
きっと	–	–	–	–	–	–	–	–	–
もちろん	+	+	+	+	+	+	+	+	+
さぞ	–	–	–	–	–	–	–	–	–
たしかに	–	–	–	–	–	–	–	–	–
たしか	–	–	–	–	–	–	–	–	–
おそらく	–	–	–	–	–	–	–	–	–
たぶん	–	–	–	–	–	–	–	–	–
まさか	–	–	–	–	–	–	–	–	–
どうも	–	–	–	–	–	–	–	–	–
どうやら	–	–	–	–	–	–	–	–	–
よもや	–	–	–	–	–	–	–	–	–
あるいは	–	–	–	–	–	–	–	–	–
もしかし て	–	–	–	–	–	–	–	–	–
ひょっと して	–	–	–	–	–	–	–	–	–

[표 13]에서 「絶対, もちろん」은 금시 표현과의 공기를 허용하는 것에 반해 「必ず, きっと」는 금지 표현과의 공기를 허용하지 않는 사실을 확인할 수 있다. 따라서 [표 13]은 (30)의 일반화에 대한 반례로 생각될지도 모른다. 그러나 이것은 「必ず, きっと」가 수행층으로의 층 전이를 허용하지 않기 때문이 아니라 「絶対, もちろん」와는 달리 부정적인 행동요구 표현과의 공기 제약에 그 원인이 있다고 생각된다. 사카구치(坂口：1996)에 의하면 「必ず」가 부정적인 행동요구 표현과 공기하지 않는 것은 부정적인 행동요구문이 사태의 비실현을 나타내는 반면에, 「必ず」는 100％의 확실함으로 사태가 실현된다고 하는 의미적 충돌이 발생하기 때문이라고 한다. 따라서 [표 13]은 (30)의 반례로 생각해서는 안 된다.

마지막으로 권유의 의미를 나타내는 형식과 진위판단부사와의 공기 제약을 예시하는 예문을 보도록 하자.

(37) 私が一番に退院、リーダーのおばちゃんが最後に退院。「**きっと会いましょう**」の約束通り、真夏の第一回の外食が、毎月会うことになり、正月に七回目を終わりました。

(2004.02.07.[文化])

(38) 無党派の諸君、今の日本を変えるためにも、**必ず投票へ行こうではないか**。昔だったら、農民一揆(いっき)が発生してもおかしくない状況である。(1998.07.09.[ひろば])

(39) ＊「嫌いなら**よもや止めるといい**」

(40) ＊「打ちたいよね。**さぞ打てた方がいい**」

(41) ＊「いろいろと政治に対して文句を言う前に、各党ならびに各候補者の政策や主張を比較して、**おそらく投票所に足を運ぼう**」

위의 예문에서 드러난 공기 제약 외에 다음의 [표 14]와 같은 다양한 제약도 확인할 수 있다.

[표 14] 진위판단부사와 권유 형식과의 공기 양상

기능	권유							
문장의 종류	평가를 나타내는 문장					권유를 나타내는 문장		기타
부사＼형식	たらいい	といい	がいい	たら	たほうがいい	ましょう	ようよ	ように
ぜったい	-	-	-	-	+	+	+	+
かならず	-	-	-	-	-	+	+	+
きっと	-	-	-	-	+	+	+	+
もちろん	+	+	-	-	+	+	+	+
さぞ								
たしかに	-	-	-	-	+	-	-	-
たしか	-	-	-	-	-	-	-	-
おそらく	-	-	+	-	-	-	-	-
たぶん	+	-	-	-	-	-	-	-
まさか	-	-	-	-	-	-	-	-
どうも	-	-	-	-	-	-	-	-
どうやら	-	-	-	-	-	-	-	-
よもや	-	-	-	-	-	-	-	-
あるいは	-	-	-	+	-	-	-	-
もしかして	-	-	-	+	-	-	-	-
ひょっとして	-	-	-	+	-	-	-	-

[표 14]를 보면 권유를 나타내는 문장에서는 (30)의 일반화가 충실히게 지켜지는 반면에 평가를 나타내는 문장에서는 그렇지 않은 것을 알 수 있다. 평가를 나타내는 문장에서 (30)의 일반화가 지켜지지 않은 이유로 2가지의 가능성을 예측할 수 있다. 하나는 평가를 나타내는 문장이 행동요구(働きかけ)의 기능에서 일탈한 문장(행동의 의미가 남아 있다고 하더라도)일 가능성과 다른 하나는 (30)의 일반화가 타당하지 않을 가능성이다. 「絶対, 必ず, きっと, もちろん」이 명령 표현, 의뢰 표현, 권유 표현 등과 일관된 공기 제약을 나타내는 점을 고려하면 (30)의 일반화가 타당하지 않을 가능성은 매우 낮다고 생각된다. 따라서 평가를 나타내는 문장이 행동요구의 기능에서 일탈했을 가능성을 고려해 볼 수 있다.

즉 평가를 나타내는 문장은 다음 예문 (42)-(44)에서 보듯 「～と思う」와 공기하므로 그 문장이 태도층(판단)에 속한다는 사실에 우선 주목할 필요가 있다.

(42) ～たらいいと思う。
(43) ～がいいと思う。
(44) ～たほうがいいと思う。

예문 (42)-(44)에 보이는 사실은 다른 행동요구문에 비해 평가를 나타내는 문장이 행동요구의 색채가 가장 옅은 문장임을 시사하는 것이다.[6]

---

6) 이것은 닛타(仁田 : 1991)에 의해서도 뒷받침된다. 닛타(仁田 : 1991, p.255)는 「すればいい, したらいい, するがいい, したほうがいい, しなければならない(だめだ), ことだ」 등의 표현에 대해 본래행동요구 표현 이외의 형식이 어느 조건하에서 행동요구로 이행 및 파생한 것이라고 하였다. 행동요구의 기능은 하지만 표현 자체는 사태가 실현되는 것에 대한 호악, 바람직함 또는 바람직하지 않음, 필요 및 불필요 등이라는 화자의 가치 판단을 나타내는 것이라 지적하였다.

즉 평가를 나타내는 것은 행동요구의 기능을 지니는 경우는 수행층에 속하지만, (42)~(44)에서 보듯 판단을 나타내는 경우는 태도층에 속한다.

4.2절에서 설명하지만, 진위판단부사는 화자의 판단을 나타내는, 즉 태도층에 속한다고 하는 기본적인 특성을 지닌다. 그러나 여기에서 중요한 것은 「きっと, 必ず, 絶対, もちろん」 등의 부사가 [표 14]에서 보듯 왜 평가를 나타내는 문장과는 공기하지 않느냐는 것이다. 이것은 평가를 나타내는 문장과 같이 행동요구와 판단의 양쪽 의미 기능을 공유하는 문장보다는 「～たほうがいい」를 포함한 행동요구문과 같이 타인에 대한 행동요구의 힘이 분명히 드러나는 문장에 한해서 「きっと, 必ず, 絶対, もちろん」 등의 부사가 층 전이를 허용하기 때문으로 생각된다. 이러한 사실에서 다음과 같은 부사의 통사적 특징을 정리할 수 있다.

(45) a. 수행층으로 층 전이를 허용하는 부사(행동요구 표현과 공기를 허용하는 부사) : ぜったい, かならず, きっと, もちろん
　　 b. 수행층으로 층 전이를 허용하지 않는 부사(행동요구 표현과 공기를 허용하지 않는 부사) : さぞ, たしか, たしかに, おそらく, たぶん, どうも, どうやら, あるいは, もしかして, ひょっとして

4.2 진위판단부사와 문말의 추량 표현

진위판단부사가 화자의 판단을 나타내는, 즉 태도층에 속한다고 하는 기본적인 특성을 지니는 점을 명확히 검토하기 위해 이 절에서는 진위판단부사가 추량 표현과 공기하는 점을 살펴보기로 한다. 다음의 예문을 보도록 하자.

(46) もし気づいていたとしたら、彼は**絶対**にそのことを私に耳打ちしていた<u>はずだ</u>。

(世界)

(47) これから先も、内藤と一緒にいれば、**必ず**ぶつかる局面<u>に違いなかった</u>。

(一瞬)

(48) 聖フランシスコ師以来、我々の幾多の先輩たちが彼等に**きっと**これらの言葉を教えられた<u>に違いありません</u>。

(沈黙)

(49) 基一郎先生なら**もちろん**そう命令を下される<u>はずだ</u>」

(楡家)

(50) 「仮に立場を変えて、他の者が聯合艦隊司令長官で、ミッドウェーの失敗をやったら、山本は**さぞ**、こっぴどい批判を浴びせた<u>にちがいない</u>」

(山本)

(51) 「**確か**六七人もあった<u>でしょう</u>」

(歌行灯)

(52) それは**確か**に落下傘<u>に違いなかった</u>。

(黒い雨)

(53) **おそらく**砂を流すため<u>だろう</u>。

(砂の女)

(54) **たぶん**母は表面はよろこんで迎えてくれる<u>だろう</u>。

(冬の旅)

(55) 一層悴がないものと極ったら、たよる処も何にもない、六十を越した人を、**まさか**見殺しにはしない<u>だろう</u>。

(歌行灯)

(56) ここを出て真面目にやって行く者もいますが、以前暴力団にいた者は、**どうも**再びその世界に戻って行く<u>よう</u>ですね。

(冬の旅)

(57) そのなかの一人が、膝の上でくるくるまわしているのは、**どうやら**
双眼鏡らしい。

(砂の女)

(58) けれども、真っ昼間、自分の想いをかけた女と、雨降りでもあるま
いのに白い日傘の相合い傘で、**よもや**その街をあるくことに**なろう**
とは、夢にも想わなかっただけである。

(塩狩峠)

(59) 若し彼に細君がなかったらそれは**或いは**もっと進んだ**かも知れない**。

(小僧)

(60) 「ボートをやってみる？**もしかしたら**水泳の方がいい**かも知れない**わね」

(あすなろ)

(61) どうして？**ひょっとしたら**探し出せる**かもしれない**よ。

(草の花)

위의 예문을 보면 진위판단부사가 다양한 추량 표현과 공기하는 것을
볼 수 있다. 이것은 명제 성립에 대한 화자의 판단을 나타내는 추량 표
현과 진위판단부사의 기능이 기본적으로 합치한다는 것을 말해주는 것
이다. 따라서 진위판단부사는 태도층(F$_\beta$층)에 속하는 부사라는 귀결을 얻
을 수 있다.

(62) 태도층(F$_\beta$층)에 속하는 부사 : ぜったい, かならず, きっと, もち
ろん, さぞ, たしか, たしかに, おそらく, たぶん, まさか, どうも,
どうやら, よもや, あるいは, もしかして, ひょっとして

4.3 진위판단부사와 명제 내용

이 절에서는 진위판단부사 중에서 수행층으로의 층 전이가 가능한 부사가 있는 것과는 별도로 명제 내용층으로 층 전이도 가능한 부사가 있다는 점을 살펴보기로 한다. 공기하는 부사가 명제 내용층에 속하는지 여부를 살펴보기 위해 문장 대명사화[7]테스트를 실시해 보았다. 문장 대명사화가 들어간 다음의 예를 보도록 하자.

(63) A：ひょっとして老人はライオンの夢を見ていたんだよ。

B：それ本当の話？

사와다(澤田：1978, p.25)

(64) A：かれはたぶん泳げるでしょう。

B：それは知りませんでした。

사와다(澤田：1993, p.185)

위의 예문 (63)과 (64)에서 부사「ひょっとして」와「たぶん」는「それ」가 나타내는 내용 속에 들어가지 않는다. 이와 같이 문장 대명사의 지시 범위에 들어가느냐 여부를 알기 위한 테스트를 실시해보면 부사마다 다른 결과를 보이는 것을 알 수 있다.

(65) A：夜、役員の仕事があるときなどでも、夕ご飯はぜったい作って

---

7) 문장 대명사화(sentence pronominalisation)란 영어의「so」,「thtat」또는 일본어의 日本「そんなの」,「そう」,「それ」등의 대용형(pro-form)이 문장 전체 또는 일부로 지시하는 현상을 가리키는 것을 말한다. 사와다(澤田：1978, pp.23-25)는 영어의 문장부사도 일본어의 문장부사류도 문장 대명사의 문장 대명사의 지시 범위(scope)에 들어가지 않는다고 지적하였다.

くれますよ。

　　　B：それは本当ですか。

(66)　A：遺族らで組織する日本遺族放送会会長だった中井澄子ら幹部に

　　　　電話し「八月十五日に、**必ず**靖国神社に参拝する」と伝えた

　　　　よ。

　　　B：それは本当ですか。

(67)　A：今の通話は**恐らく**チェチェン人だ。

　　　B：それは本当ですか。

(68)　A：彼は短髪でひげもなく、物静か。**まさか**テロ組織の幹部だったと

　　　　はね。

　　　B：それは本当ですか。

　위에 제시한 예문 (65)와 (66)에서는 문장 대명사「それ」가 가리키는 범위에「絶対」와「必ず」는 들어가지만, (67)과 (68)의「恐らく」,「まさか」는 들어가지 않는다. 예는 생략하지만「ぜったい」와「必ず」이외의 부사는 모두「それ」가 가리키는 범위에 들어가지 않는 사실이 판명되었다.

　문장 대명사의 지시 범위에 들어가느냐 여부를 기준으로 다음과 같은 부사가 명제 내용층에 속한다는 사실이 판명되었다.

　　　(69) 명제 내용층(P층)에 속하는 부사：ぜったい, かならず

5. 마치며

　이상 본장에서는 행동요구 표현과 진위판단부사의 공기 제약이 발생하는 배경에 관해 고찰을 하였다. 우선 행동요구 표현과 진위판단부사「ぜ

ったい、かならず、きっと、もちろん」이 공기하는 이유는「絶対、必ず、きっと、もちろん」이 수행층(F_α層)으로 층 선이를 허용하기 때문인 반면에「絶対、必ず、きっと、もちろん」이외의 부사가 행동요구 표현과 공기하지 않는 이유는 이들 부사가 수행층으로 층 전이를 허용하지 않고 그대로 태도층(F_β층)에만 머물러있기 때문이다. 또한 명제 내용층(P층)으로의 층 전이를 허용하는 진위판단부사도 존재하는 것이 확인되었다. 즉「絶対、必ず」는 세 개의 모든 층에 전이가 가능한 부사이며,「きっと」와「もちろん」은 수행층, 태도층으로 전이한 부사이다. 나머지 부사는 태도층에만 속하는 부사이다. 이것을 요약하면 다음과 같다.

(70) F_α(수행)층에 속하는 부사 : ぜったい、かならず、きっと、もちろん

(71) F_β(태도)층에 속하는 부사 : ぜったい、かならず、きっと、もちろん、さぞ、たしか、たしかに、おそらく、たぶん、まさか、どうも、どうやら、よもや、あるいは、もしかして、ひょっとして

(72) P(명제내용)층에 속하는 부사 : ぜったい、かならず

이들 부사를 표로 정리하면 다음과 같다.

[표 15] 진위판단부사와 각 계층과의 공기 제약

부사 \ 계층	명제 내용층 (P)	태도층 (F_β)	수행층 (F_α)
ぜったい	+	+	+
かならず	+	+	+
きっと	-	+	+
もちろん	-	+	+

さぞ	－	＋	－
たしかに	－	＋	－
たしか	－	＋	－
おそらく	－	＋	－
たぶん	－	＋	－
まさか	－	＋	－
どうも	－	＋	－
どうやら	－	＋	－
よもや	－	＋	－
あるいは	－	＋	－
もしかして	－	＋	－
ひょっとして	－	＋	－

이와 같이 본장에서는 진위판단부사와 행동요구 표현과의 공기 제약이 발생하는 배경을 고찰하였다. 이에 궁극적으로 부사의 의미 파생을 예측하고 분석함에 있어 특정한 부사의 의미·용법 차이가 발생하는 이유 등에 대해 논거가 되는 배경 설명도 당연히 이루어져야 하는데, 이 점에 대해서는 제6장에서 상술하도록 하겠다.

제6장 유의관계에 있는
진위판단부사의 충 전이 제약

1. 시작하며

부사에 관한 선행연구는 주로 유의관계에 있는 부사를 부사 상호 간의 의미적 공통점이나 차이점을 명확히 하려는 연구가 주류를 이룬다. 예를 들면 다음 예문 (1)과 (2)에서 볼 수 있듯이 「絶対に, 必ず, きっと, 恐らく, 多分」 등의 진위판단부사들이 유의관계에 놓여 있는 것에 주목하여 각 부사들이 어떠한 점에서 의미적 공통점을 지니고 또한 어떠한 점에서 차이점을 지니는지를 고찰하였다.

(1) 彼らは{絶対に/きっと/必ず/恐らく/多分}来ると思います。
(2) 彼らは{絶対に/きっと/必ず/恐らく/多分}来る。

대표적인 선행연구로 고바야시(小林 : 1980, 1992b), 구도(工藤 : 1982, 2000),

야마다(山田 : 1982), 모리모토(森本 : 1994), 사가구치(坂口 : 1996), 오주희(呉珠熙 : 1999), 장근수(張根壽 : 2002), 미야자키(宮崎 · 1990), 스기무라(杉村 : 1996, 1997) 등의 연구를 들 수 있다.

이들 선행연구는 일본어 부사 연구에 있어 큰 비중을 차지하고 있으며 이들 연구에 의해서 제안된 연구 방법, 즉 유의관계에 있는 부사의 의미적 공통점이나 차이점을 규명하고자 한 연구 방법은 부사 연구에 공헌한 바가 매우 크다고 하겠다.

본장에서는 층 전이(level shift)에 의거하여 보다 간결한 분석을 시도하는 것에 의해 선행연구에서 볼 수 없었던 진위판단부사「絶対に, 必ず, きっと, 恐らく, 多分」의 의미·용법상의 차이점과 공통점이 발생하는 이유와 배경을 설명하고자 한다.

고찰의 순서는 다음과 같다. 우선 제2절에서는 선행연구에서 규명된「絶対に, 必ず, きっと, 恐らく, 多分」등의 진위판단부사들이 어떠한 점에서 유의관계를 지니는지를 살펴볼 것이다. 제3절에서는 앞에서 제시한 5개의 진위판단부사의 의미·용법을 분석한 선행연구를 개관하고 이들 부사와 관련한 용법들을 정리하고자 한다. 제4절에서는 분석의 도구가 되는 사와다(澤田 : 1993)가 밝힌 문장의 계층구조를 소개하고자 한다. 제5절에서는 문장의 계층구조에 의거하여 본장의 고찰 대상인 진위판단부사들 간의 의미·용법상의 공통점과 차이점이 발생하는 이유와 배경을 어떻게 설명할 수 있는지를 논의하고자 한다. 제6절에서는 결론을 말할 것이다.

2. 문제의 소재

[표 16]에서 알 수 있듯이 「絶対に, 必ず, きっと, 恐らく, 多分」 등의 진위판단부사들은 선행연구에서 대부분 유의어로 다루어져 왔다.

[표 16] 5개의 진위판단부사의 사전상의 의미·용법1)

絶対に	• 話者が非常に強い確信をもっている様子を誇張的に表す。 • 肯定的な内容の場合には、「ぜったい」は「かならず」, 「きっと」に似ているが、「かならず」は例外なく一定の結果になるという法則性を元にした確信を暗示し、「きっと」は主観的で確信の程度はやや低い。
必ず	• 確実である様子を表す。 • 断定や意志の表現を伴って用いられることが多い。 • 「きっと」に似ているが、「きっと」は話者の主観的な確信だけを暗示し、法則性の暗示はない。 • まちがいなくきっとそうなるはずだという話し手の強い断定を表すようになる。
きっと	• 確信をもっている様子を表す。 • 話者が確信をもって推量する様子を表し、しばしば後ろに推量の表現を伴う。 • 話し手が自信を持って、まちがいなくそうなると推し量る気持ちを表す。 →かならず、きまって • 「必ず」, 「まちがいなく」とほぼ同じぐらいはっきりと言い切る判断で、推量より断定に近い。他者に対する推量的断定のほか、自身の強い決意を表す。
恐らく	• 可能性の高いことを推量する様子を表す。 • 述語にかかる修飾語として用いられるが、述語部分を省略することもある。 • 述語部分には推量の表現を伴うことが多い。 • 「きっと」に比べて弱い推量を表す。

---

1) [표 16]에 제시된 부사 각각의 의미·용법은 『現代副詞用法辞典』, 『基礎日本語辞典』에서 인용한 것이다.

多分	• 可能性が高いことを推量する様子を表す。 • しばしば推量の表現を伴う。 • 話者の主観にもとづく可能性の推量を表し、客観的な根拠は暗示されない。 • この「多分」は「恐らく」や「きっと」「どうやら」などに似ているが「恐らく」はややかたい文章語であらたまった発言などによく用いられ、ふつうあまり好ましくない事柄について「多分」よりは高い可能性での推量を表し、結果に対する危惧や疑問の暗示を伴う。

위의 [표 16]의 밑줄 친 부분을 보면 각 부사들의 의미·용법상의 차이가 명확하게 제시되어 있지 않은 것을 알 수 있다. 그 결과 일본어학 및 일본어교육 연구자들에 의해 부사 각각의 의미·용법이 서로 어떻게 차이가 나는지에 많은 관심이 쏠리게 되었다고 판단된다.

위의 표를 보는 한, 각 부사들 간의 의미·용법의 차이를 인식하기란 결코 용이하지 않다. 예를 들면「명제 내용에 대한 화자의 강한 기분이나 확신」이라는 설명은 대부분의 부사의 설명과 중첩된다. 이것은「絶対に, 必ず, きっと, 恐らく, 多分」등의 부사들이 강한 유의관계를 형성하고 있다는 것을 말해 주는 것이다.

부사들이 지니는 의미·용법의 모호성은 사전에서 뿐만 아니라 일본어 연구자들의 설명에서도 찾을 수 있다. 예를 들면 아래의 [표 17]에서 보듯, 구도(工藤 : 1982, 2000), 모리모토(森本 : 1994), 사카구치(坂口 : 1996)의 연구에서도「絶対に, 必ず, きっと, 恐らく, 多分」등이 추량, 단정이라고 하는 의미·용법을 공유하는 것으로 보는데, 이것은 선행연구에서도 부사들 간의 의미적 차이점보다 공통점에 더 큰 관심을 두고 있다는 것을 말해 준다.

[표 17] 유의관계에 있는 진위판단부사의 유사점

용법＼부사	絶対に	必ず	きっと	恐らく	多分
추 량	+	+	+	+	+
단 정	+	+	+	+	+

[표 17]을 보면 「絶対に, 必ず, きっと, 恐らく, 多分」 등의 모든 부사들이 추량, 단정의 의미·용법을 공유한다는 것을 알 수 있다. 나타날 수 있다는 사실을 나타낸다. 다음의 예문 (3)-(7)은 「絶対に, 必ず, きっと, 恐らく, 多分」 등의 부사가 추량, 단점의 표현과 공기하는 예이다.

(3) 彼らは{絶対に/きっと/必ず/恐らく/多分}来ると思います。

(4) 胎児は{きっと/ゼッタイニ/カナラズ/オソラク/タブン}もっと長いはずですから。

(元気)

(5) 校長先生が{きっと/ゼッタイニ/カナラズ/オソラク/タブン}いい結果を生むに違いない。

(窓ぎわ)

(6) 彼は{絶対に/必ず/きっと/恐らく/多分}来る。

(7) 太郎も{絶対に/必ず/きっと/恐らく/多分}行くだろう。

위의 예문에서도 「絶対に, 必ず, きっと, 恐らく, 多分」 등의 진위판단부사들이 서로 유사한 의미·용법을 지닌다는 것을 알 수 있다. 그러나 「絶対に, 必ず, きっと, 恐らく, 多分」 등의 진위판단부사가 반드시 유사한 의미·용법만을 지니는 것은 아니다. 다음의 [표 18]을 보면 구도(工藤: 1982, 2000), 모리모토(森本: 1994), 사카구치(坂口: 1996) 등의 연구에서 밝

혀진 사실을 요약한 것인데 각 부사에 부여된 의미·용법이 서로 나른
것을 알 수 있다. 이 점은 다음의 예문 (8)~(13)을 통해서 쉽게 확인할 수
있다.

(8) あした、{きっと/ゼッタイに/カナラズ}来ておくれ。

(小僧)

(9) 「いろいろと政治に対して文句を言う前に、各党ならびに各候補者の
　　政策や主張を比較して、{必ず/ゼッタイニ/キット}投票所に足を運
　　ぼう」

(2003.10.31.[ひろば])

(10) おめえはいつでも呼べば、{必ず/ゼッタイニ/キット}来るのか。

(走れ)

(11) 年寄の冷水と若い奴の冷水とは、{きっと/？ゼッタイニ/カナラズ/オ
　　ソラク/タブン}温度が違うんでしょうね。

(こいつら)

(12) 石だって今度で懲りたでしょうよ、もうあんなうそは{きっと/ゼッタ
　　イニ/オソラク/タブン}つきませんよ。

(小僧)

(13) 私は絶対に/必ず父の帰りを門の前で待った。

[표 18] 유의관계에 있는 진위판단부사의 의미·용법상의 구분[2]

용법＼부사	絶対に	必ず	きっと	恐らく	多分
명　령	+	+	±	−	−
권　유	+	+	+	−	−
부　정	+	−	+	+	+

| 과 거 | + | + | − | − | − |
| 질 문 | + | + | + | − | − |

이상의 사실에서 「絶対に, 必ず, きっと, 恐らく, 多分」이 반드시 유의 관계에 놓여 있는 것은 아니라는 것을 알 수 있다. 따라서 이들 부사들이 왜 서로 의미·용법상의 차이점과 공통점을 지니느냐는 의문을 제기할 수 있다. 선행연구에서는 이들 5개 부사들이 통사적으로, 의미적으로 어떻게 공통점을 지니며 또 어떻게 차이점을 지니는지에 대해서 기술하였지만, 그 이유나 배경을 원리적으로 설명하지 않았다는 문제점이 있다. 이하 본장에서는 이것을 중심으로 논의를 진행해 나가도록 하겠다.

---

2) [표 18]에서는 「きっと」가 명령의 의미·용법에서(±)로 표시되지만 이것은 사카구치(坂口 : 1996)를 따른 것이다. 사카구치(坂口, 1996 : p.6)는 다음 예문과 같이 명령, 의뢰의 용법을 나타내는 문장에 「必ず」와 「絶対」가 나타나는 것에 대해 「きっと」는 명령과 의뢰의 의미·용법에 나타나기 어렵다. 이 점에서 다른 2개의 부사와 차이가 난다고 지적하였다.

　a. 三時半までに{*きっと/必ず/絶対} 戻ってきなさい。(명령)
　b. {??きっと/必ず/絶対}この荷物を届けてください。(의뢰)

또한 예문 (10)과 같은 「질문」의 의미를 나타내는 경우, 미야자키(宮崎 : 1990, pp.66-67)는질문의 의미를 나타내는 부사 「きっと, 恐らく, 多分」과의 호응 관계에 대해 다음과 같이 설명하였다.

　a. { * 多分 / * 恐らく /??きっと}地球の人口はまだまだ増え続けるでしょうか?/かな?
　b. {多分 / 恐らく / きっと} 地球の人口はまだまだ増え続けるよね?

예문 (a)와 같은 질문 또는 의구심을 나타내는 문장에서는 진위판단부사를 사용할 수 없지만 예문 (b)와 같은 동의·확인요구의 표현의 경우는 사용이 가능하다고 지적하였다. 예문 (b)는 「多分, 恐らく, きっと」 등의 부사가 화자가 자신의 판단을 확신한다는 조건하에서 그 성립이 가능하다는 것이다. 그러나 화자에게는 정보가 없으며 청자에게 그 정보를 구하는 (10)과 같은 질문문의 경우는 「多分, 恐らく」는 사용이 불가능하다고 지적하였다.

3. 진위판단부사의 의미・용법상의 이동(異同)

이 절에서는 선행연구에서 기술된 진위판단부사「絶対に, 必ず, きっ
と, 恐らく, 多分」의 의미・용법을 살펴보고자 한다. 그다음에는 모든 선
행연구에서는 각 부사들의 의미・용법상의 차이점과 공통점이 발생하는
이유에 대해서 전혀 분석을 하지 않았다는 점을 논의할 것이다.

진위 판단을 나타내는 5개 부사의 의미・용법을 고찰한 연구로서는
고바야시(小林 : 1980), 구도(工藤 : 1982, 2000), 야마다(山田 : 1982), 미야자키(宮
崎 : 1990), 고바야시 노리코(小林典子 : 1992b), 모리모토(森本 : 1994), 사카구치
(坂口 : 1996), 스기무라(杉村 : 1996, 1997), 오주희(呉珠熙 : 1999), 장근수(張根壽 :
2002) 등이 있다.

우선 고바야시(小林 : 1980)은 5개의 진위판단부사「おおかた」,「恐らく」,
「きっと」,「さぞ」,「多分」들의 의미・용법과 공기 양상을 설명하였다.
그 공기성의 범위 및 의미특징을 설명하였다.「おおかた」와「さぞ」는 본
고찰의 대상이 아니므로 논외로 한다. 우선「恐らく」는 주관적인 추량문,
판정문, 의문문에 생기하며,「多分」은 주관적인 추량문, 단정문에 생기
하지만,「きっと」는 그렇지 않다고 하였다. 그리고「恐らく」는 어느 사
항에 대한 화자의 소극적인 판단을 나타내며「多分」은 어느 사항에 대
한 화자의 단순한 판단을 나타내는 반면에「きっと」는 어느 사항에 대한
확신에 찬 적극적인 판단이라는 의미・용법을 지닌다고 하였다. 이러한
고바야시(小林)의 연구는 연구 방법에 있어 객관적인 자료를 바탕으로 한
분석이라고는 할 수 없지만 추량 표현에 한해서는 문말 표현과의 공기
가능성의 여부를 비교적 상세하게 설명하였다는 점에서 평가를 할 만하다.

구도(工藤 : 1982, 2000)는 약 200여 개의 진위판단부사(서법부사)를 명령・

의뢰·추량·조건 형식들과의 공기 관계를 근거로 「絶対に, 必ず, きっと, 恐らく, 多分」은 인식적인 서법부사에 속하는 것이며 그중에서 「絶対」, 「必ず」, 「きっと」는 확신을, 「恐らく」, 「多分」은 추측을 나타낸다고 하였다. 구체적인 내용을 보면 다량의 수집 예를 바탕으로 명령, 추량 등의 모댈리티 형식과의 공기 관계를 다루면서 전체적인 서법부사들의 공기 관계 양상 및 체계적인 하위분류를 시도하였다.

야마다(山田 : 1982)는 「キット」와 「カナラズ」를 분석하는 전단계로써 하나의 문장에는 화자의 태도를 나타내는 부분(심적 태도)과 그 대상이 되는 부분(명제)과의 구별이 있다고 하였다. 그리고 객관적 태도를 P, 명제를 Q, 「성립한다」를 「である」로 환언하여 나타내면 「명제Q는 일반적으로 「{Q이다」라고 하는 구조를 지닌다」고 규정한 뒤, 「キット」와 「カナラズ」는 어느 쪽이나 명제가 성립하는 정도에 대한 화자의 주장을 나타낸다고 하였다. 또한 「キットQ」의 의미는 「주관적 근거에 의거하여 P이다」이며, 「カナラズQ」의 의미는 「P가 아닌 것이 있을 수 없다」라고 규정하였다. 그리고 「キットQ」는 기존의 일회적 사실을 나타내는 명제로 사용할 수 있지만 「カナラズQ」는 사용할 수 없다고 하였다.

한편 미야자키(宮崎 : 1990)는 부사적 수식 성분, 그중에서도 특히 「きっと, 恐らく, 多分」은 크게 언표사태(言表事態)의 층에서 행동요구하는 것과 언표사태 외부(언표태도층)에서 행동요구하는 것이 있다고 하였다. 또한 이들 부사에 대해서 <판단의 모댈리티> 및 <전달의 모댈리티>와의 호응 제약을 설명하였다. 그 근거로 이들 부사가 판단의 모댈리티 중에서는 확정, 추량, 전문(伝聞), 단정 표현과 공기하고, 전달의 모댈리티 중에서는 진술(述べ立て), 질문(問いかけ) 표현과 공기하는 것을 들고 있다.

고바야시 노리코(小林典子 : 1992b)는 외국인 일본어 학습자가 오용을 범

하기 쉬운 부사로「必ず, ぜひ, きっと, 確かに, たしか」를 들고, 어떻게 지도하면 오용을 피할 수 있는지를 상구한 결과, 학습자들이 오용을 범하지 않도록 하기 위해서는 각 부사와 문말과의 형태적인 공기 관계를 철저히 지도해야 한다는 결론을 내렸다.

모리모토(森本 : 1994)는 화자의 주관을 나타내는 부사(SSA부사)들의 다양한 의미・용법을 고찰하였다. 그중에서「絶対, 必ず, きっと, 恐らく, 多分」등의 부사를 동작이나 사건, 상태의 표현에 관한 개연성 판단을 나타내는 것으로 규정하였다. 그다음으로 문장 속에 있어 부사의 위치와 기본적인 문장 유형(평서・명령・의문/だろう・らしい/う・よう)과의 공기 관계, 문장 대명사화를 통해 부사의 의미를 분석하였다.

사카구치(坂口 : 1996)는 행동요구 표현(명령, 의뢰, 권유 등)에 사용된「ぜひ」, 「どうか」,「きっと」,「必ず」,「絶対」의 부사와 긍정적 행동요구문과 부정적 행동요구문의 문말 표현과의 공기 양상을 고찰하였다. 예를 들면「必ず」가 부정적인 행동요구문에 나타나지 않는 것은 부정적인 행동요구문이 사태의 비실현을 나타내는 반면,「必ず」는 100%의 확실함으로 사태의 실현을 나타내기 때문이라고 하였다.

스기무라(杉村 : 1996, 1997)는「キット」,「カナラズ」모두 개연성과 관련을 지니지만 그 호응하는 성분의 모댈리티 계층은 다르다고 하였다. 즉「キット」는 화자의 판단과 관련을 지니며「カナラズ」는 명제 내용과 관련을 지닌다고 생각한 것이다. 이 주장은 본장과 깊은 관련이 있는데 그러나 이 주장만으로는 해결할 수 없는 문제점이 있다.

오주희(吳珠熙 : 1999)는「きっと」가 사태가 실현할 가능성이 높은 명제 내용에 사용되며,「かならず」는 사태가 반복적으로 실현되는 명제 내용에 사용되는 점에서 차이가 있다고 하였다. 그리고「必ず」가「사태 실현」

을 100%의 확률로 나타내는 반면에「きっと」는 사태 실현의 가능성은 비록 높지만 어디까지나 하나의 가능성으로써 사태 실현을 나타낸다고 지적하였다.

마지막으로 장근수(張根壽 : 2002)는「きっと」,「必ず」,「絶対に」가 연체절 속에서 각각의 부사가 어떠한 용법에 어느 정도로 사용되는가를 조사하였다. 그 결과 부사에 내재된 용법들이 실제로 골고루 존재하는 것이 아니라 편중되어 있다는 것으로 밝혀졌다. 즉 종래의 연구에서는「확신·확률」이라는 기본적인 의미를 이들 부사가 가지는 것으로 보아왔지만, 장근수(張根壽)는「확신」보다는「희구(希求)」,「필요」,「기타(주로 부정 표현과 공기)의 용법이 연체절에 사용되는 비율이 높다는 사실을 밝혀낸 것이다. 또한 부사「きっと」,「必ず」,「絶対に」는 서로 의미적으로 중첩되는 연속적인 관계를 보이는 한편, 개개의 부사들이 지니는 기본적인 의미는 다르다는 점도 지적하였다.

이상의 선행연구에 의해서 밝혀진「絶対に, 必ず, きっと, 恐らく, 多分」의 의미·용법을 알기 쉽게 표로 나타내면 다음과 같다.

[표 19] 유의관계에 있는 진위판단부사의 용법과 공기 양상[3]

용법 \ 부사	絶対に	必ず	きっと	恐らく	多分
명 령	+	+	+	−	−
의 뢰	+	+	+	−	−
권 유	+	+	+	−	−
금 지	+	−	−	−	−
질 문	+	+	+	−	−
필요·의무	+	+	±	−	−
의지·희망	+	+	+	−	−

단정 · 추량	+	+	+	+	+
화자의 확인이 끝난 확실한 사태	+	+	-	-	-

위의 [표 19]에서 보듯 선행연구에서는 각 부사들의 다양한 의미·용법을 기술하지만 「絶対に, 必ず, きっと, 恐らく, 多分」 등의 부사들이 어떠한 이유로 의미·용법상의 공통점과 차이점을 지니는지를 고찰한 연구는 스기무라(杉村 : 1996, 1997) 외에는 보이지 않는다. 한편 스기무라(杉村)는 「きっと」와 「必ず」의 모댈리티 계층이 다르다는 점을 생각하여 「きっと」, 「必ず」의 의미·용법상의 차이를 설명할 수 있다. 그러나 의미·용법상의 공통점이 발생하는 이유나 배경에 대해서 전혀 설명을 하지 못한다는 약점이 있다. 또한 「絶対に, 恐らく, 多分」과의 의미적 차이도 설명할 수 없다. 따라서 진위판단부사의 의미·용법상의 제약을 설명할 수 있는 보다 근본적인 통사적, 의미적 본질의 존재를 고려할 필요가 있다. 즉 위의 표에 제시된 각 부사들의 의미·용법상의 제약을 합리적으로 설명할 수 있는 통일적이고 원리적인 설명이 필요하다.

---

3) 앞에서 언급한 바와 같이 사카구치(坂口 : 1996)는 「きっと」가 명령, 의뢰의 용법을 나타내는 문장에는 나타나기 어렵다고 하였지만, 이순형(李舜炯 : 2004b)에 의해 부사 「きっと」가 명령, 의뢰, 권유의 행동요구 표현과 자연스럽게 공기하는 것이 밝혀졌기 때문에 여기에서는 (+)로 표기한다. 또한 필요·의무의 기능과 부사 「きっと」의 공기에 관해서 장근수(張根壽 : 2002)는 「명령」, 「희구(希求)」, 「필요」의 용법에서는 「きっと」가 출현하기 어렵다고 지적하였는데 후술하지만 예문 (59)-(61)에서 보듯 「필요·의무」, 「의지·희망」의 용법에서도 나타나기 때문에 (±)로 표기한다.
또한 [표 18]에서는 선행연구에 의거하여 5개 부사가 의미적으로 차이점을 지닌다는 사실을 강조하기 위해 부정이라는 의미 항목을 넣은 반면에 [표 19]와

4. 문장과 부사의 계층구조

이 절에서는 진위판단부사가 문장 속에서 어떠한 계층구조를 이루는 지를 살펴보고자 한다.

사와다(澤田 : 1978)에 의하면 임의의 발화문(U)는 기저 층위에 있어 「발화내 힘의 지표(illocutionary force indicator)」(=F)[4]와 「명제 내용으로 된 추상적 복합체(propositional content)」(=P)로 구성된다고 한다. 예를 들면 예문 (14)의 「昨日火事があったらしいね」라고 하는 발화(U)는 F에 해당하며 F는 「수행적 (performative)」인 계열(F_α)과 「태도적(attitudinal)」인 계열(F_β)로 이분된다고 한다.[5]

[표 20]에는 부정의 의미 항목을 넣지 않은 것은 부정이 명제 내용층에 속하는 것이기는 하지만 부정이라는 의미 항목 자체가 사태의 미실현을 전제로 하는 반면에 5개의 부사는 대부분 사태의 실현을 전제로 하기 때문에 의미적으로 충돌하므로 공기하지 않는다는 사실을 설명해야 하기 때문이다. 상세하게는 이 순형(李舜炯 : 2004b)을 참조하기 바란다. 또한 부정과 금지는 형태적으로 유사 하지만 의미적으로 후자의 금지 쪽은 청자 지향적이므로 부정과 금지 표현은 제각각 다른 문장 계층에 속하는 항목이라고 할 수 있다.

4) 사와다(澤田 : 1978, pp.28-29)는 「illocutionary force」를 화자가 명제 P를 발화할 때의 「전달적」, 「심리적」 태도를 나타내는 비명제적(non-propositional) 의미의 집합으로 정의하였다. 이는 기본적으로는 전통적 국어학에서 말하는 「진술(의 힘)」과 유사한 것이다. 또한 자연언어에 있어 F가 실현되는 형식은 다음과 같은 것이 있다고 한다.

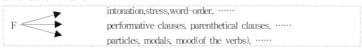

5) 이와 같은 사고법은 이미 하가(芳賀 : 1954)에서도 찾아볼 수 있다. 즉 일본어에 는 (a)「언어 사용자 지향의 주체적인 행동요구」를 나타내는 것과 (b)와 같이 「사 항의 내용에 관한 화자의 태도」(단정, 추량, 결의, 감동, 영탄 ect)를 나타낸다고 하는 2종류의 진술이 있다고 하였다.

(14) 昨日火事があったらしいね。

사와다(澤田 : 1978, p.28)

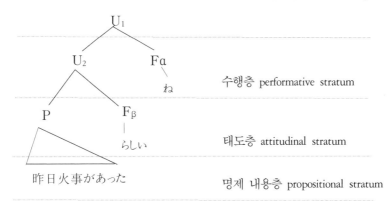

즉 (14)의 예에서 태도층은 「昨日火事があった」라고 하는 명제 내용에 대한 화자의 태도(판단)가 드러나는 부분이며, 수행층은 청자에 대한 명제 전달이 이루어지는 부분이다. 명제 내용층은 「昨日火事があったこと」라고 하는 추상적 복합체를 지시하는 부분이다. 따라서 피라미드 구조를 이루는 (14)는 각 층의 의미적 역할이 다르기 때문에 「기능적 성층(functional stratification)」을 이루고 있다고 생각된다.

또한 본장의 고찰 대상인 진위판단부사 「絶対に, 必ず, きっと, 恐らく, 多分」는 「らしい」와 마찬가지로 태도층의 영역에 속하는 것으로 생각할 수 있다. 왜냐하면 이들 부사는 명제 내용에 대한 화자의 판단을 나타내기 때문이다. 이들 부사는 기본적으로 태도층의 영역에 속하면서 청자 지향의 주체적 행동요구 등의 표현, 예를 들면 질문(問いかけ), 명령 등과 같은 수행층과는 당연히 구별된다고 할 수 있다. 진위판단부사가 들어간 문장을 수형도의 형태로 나타내면 (14)와 같다.

(15) たぶん今頃夕食を食べている*だろうね*。(＝제5장 예문(1))

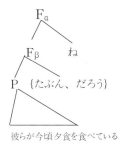

F_α : 수행층(performative stratum)
F_β : 태도층(attitudinal stratum)
P : 명제 내용층(propositional stratum)
F : 발화 내 힘의 지표(illocutionary force)

5. 계층별로 본 진위판단부사의 의미·용법

제4절에서 상술한 문장 계층구조에 의거하여 이 절에서는 고찰의 대상인 진위판단부사의 계층구조를 P(명제 내용)층, F_α(수행)층, F_β(태도)층으로 분류하여 특정한 부사에 층 전이가 발생하는 것을 논증한다. 그리고 이것이 어떻게 각 부사들이 지니는 의미·용법상의 공통점 및 차이점을 설명할 수 있는지를 고찰하고자 한다.

수행층은 통상 「명령, 의뢰, 금지, 질문(問いかけ), 확인, 주장」 등을 내포하지만, 그 이유는 이들 용법이 모두 청자 지향을 전제로 하기 때문이다. 즉 이들 수행층에 속하는 요소는 청자의 존재를 고려하지 않고서는 성립하지 않는 것이다. 태도층은 「판단(추량·추정), 가치 판단(의무, 당위, 필연, 필요, 희망)」 등을 포함하지만, 이들 용법은 모두 명제 내용에 대한 화자의 판단을 전제로 하고 있으며 청자 지향의 기능은 인정되지 않는다.

한편 명제 내용층은 「상태, 태, 시제(과거, 현재), 상(아스펙트)」 등을 포함하지만, 화자의 판단이 배제된, 있는 그대로의 객관적인 사실을 전제로

한다. 따라서 「絶対に, 必ず, きっと, 恐らく, 多分」의 의미·용법을 고찰한 선행연구에 의해 제안된 「명령」, 「의뢰」, 「권유」, 「금지」, 「질문」 등은 수행층에, 「단정」, 「추량」은 태도층에, 「객관적 사실」은 명제 내용층에 속하는 것으로 생각할 수 있다. 이러한 사고법에 의거하면 [표 19]는 다음의 [표 20]과 같이 정리할 수 있다.

[표 20] 각 계층별로 본 유의관계에 있는 진위판단부사의 의미·용법

계층	용법＼부사	絶対に	必ず	きっと	恐らく	多分
수행층	명　령	+	+	+	-	-
	의　뢰	+	+	+	-	-
	권　유	+	+	+	-	-
	금　지	+	-	-	-	-
	질　문	+	+	+	-	-
태도층	필요·의무	+	+	±	-	-
	의지·희망	+	+	+	-	-
	단정·추량	+	+	+	+	+
명제 내용층	객관적 사실, 사태, 사건	+	+	-	-	-

이하의 절에서는 각 부사들이 지니는 의미·용법상의 제약이 발생하는 이유와 배경에 대해서 논의하고자 한다.

5.1 명제 내용층에 속하는 부사의 의미·용법

명제 내용과 부사의 상관관계를 검토하는 데에 문장 대명사화 테스

트6)라는 것이 있다. 이것은 지시대명사의 수식 범위 내에 특정한 부사가 들어가면 그 부사는 명제 내용층에 속하는 것으로 보는 것이다. 다음의 예문 (16)-(19)에서 보듯 「絶対」, 「必ず」는 지시대명사의 수식 범위에 들어가지만, 예문 (20)-(22)에서 보듯 「きっと」, 「恐らく」, 「多分」은 들어가지 않는 사실이 밝혀졌다.7) 따라서 「絶対」, 「必ず」는 명제 내용층에 속하는 것으로 볼 수 있다.

(16)　a：夜、役員の仕事があるときなどでも、夕ご飯は**ぜったい**作ってくれますよ。

(2004.4.1[情報])

　　b：<u>それ</u>は本当ですか。

(17)　a：遺族らで組織する日本遺族放送会会長だった中井澄子ら幹部に電話し「八月十五日に、**必ず**靖国神社に参拝する」と伝えたよ。

(2004.5.9[総合])

　　b：<u>それ</u>は本当ですか。

(18)　a：さんぽに行くときは、**ぜったい**シーとミニーがけんかをします。

(1999.12.14[情報])

　　b：<u>それ</u>は本当ですか。

---

6) 사와다(澤田 : 1978, pp.23-25)는 문장 대명사화(sentence pronominalization)에 대해 영어의 「so, that」 또는 일본어의 「そんなの, そう, それ」 등의 대용형(pro-form)이, 문장 전체 또는 일부를 지시하는 현상을 말한다. 사와다는 영어의 문장부사나 일본어의 문장부사류는 문장 대명사의 「scope」에 포함되지 않는다고 지적하였다. (16)-(22)에서 행한 방법은 사와다(澤田 : 1978)에서 가져온 것이다.

7) 이 결과는 일본어 모어 화자 10명(일본어교육·일본어 연구 관계자, 연령 20대~40대, 남성 3명, 여성 7명)에 앙케트 조사를 실시해서 얻어진 것이다. 지시대명사의 수식 여부에 대한 판정은 10명의 과반수 이상 또는 미만을 기준으로 하였다.

(19) a：「揺れるのが嫌いなら、前に座っちゃだめなんだ。私は必ず後ろ。」

(2004.08.07.[文化])

b：それは本当ですか。

(20) a：「森さんはきっと夢のメジヤーデビユーを成し遂げるよ。」

(2004.3.26.[文化])

b：それは本当ですか。

(21) a：今の通話は恐らくチェチェン人だ。

(2001.10.18.[国際])

b：それは本当ですか。

(22) a：多分お母さんは夜二時ごろにねます。

(1997.11.23.[情報])

b：それは本当ですか。

　위의 예 (16)–(19)의 경우, 「それ」가 가리키는 범위에 「絶対」, 「必ず」는 들어가는 반면에, (20)–(22)의 경우는 「きっと」, 「恐らく」, 「多分」는 들어가지 못하는 점에서 아래와 같은 수형도를 생각할 수 있다.

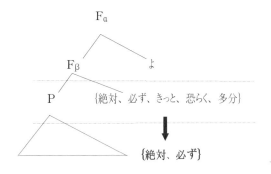

위의 수형도에 나타난 사실에서 화자의 판단이 배제된 객관적 사실을 나타내는 명제 내용층으로「絶対, 必ず」는 층 전이를 하지만,「きっと」,「恐らく」,「多分」은 명제 내용층으로 층 전이를 하지 않는다는 것을 알 수 있다. 따라서「絶対」,「必ず」가 다른 부사들에게 볼 수 없는 독특한 의미·용법을 지니는 것은 다른 부사들과는 달리 명제 내용층으로 층 전이를 하기 때문인 것으로 생각할 수 있다.

5.2 수행층에 속하는 부사의 의미·용법

행동요구와 질문의 기능을 지니는 표현은 전형적인 청자 지향의 표현 기능을 담당하는 것으로 알려져 있다.8) 왜냐하면 이들 표현은 필연적으로 청자의 존재를 전제로 하기 때문이다. 따라서 이하의 예문에서 보듯 이들 표현 형식과 공기하는 부사는 수행층에 속하는 부사로 볼 수 있다.

(23) その福間監督は芦刈戦のポイントを次ほう戦とにらんだ。「中堅・原崇寛で１勝。他の３人は引き分けるかもしれない」。次ほうの木村知寛を呼び、「きょうはお前がキーマン。絶対取って<u>こい</u>」と試合に送りだした。

(2003.7.30.[スポーツ])

(24) 告は女性が逃げようとすると「おれの言うことを絶対<u>守れ</u>」,「守らなかったらおまえなんかいらなくなる」,「海に浮かべてやる」などと脅迫。

(2000.3.4.[社会])

---

8) 상세하게는 닛타(仁田, 1993 : pp.21-27, 46-52)를 참조하길 바란다.

(25) ぜったいに動かさんように……よう看病したげて下さい」

(雁の寺)

　예문 (23)-(25)는 부사「絶対(に)」가「～てこい」,「守れ」,「～ように」
등의 행동요구 표현과의 공기를 나타내고 있다. 다음의 예문을 보도
록 하자.

(26) 去年の十二月初めに、「原さん、一月の佐賀新聞社杯、必ず見に来
てくださいね」と、約束しておりましたが、はかない夢となってしま
いました。

(2001.2.9.[ひろば])

(27) 暗闇に向かって走りだした愛犬ベッシーを追おうとしたその時「ベッ
シーを追い掛けるときは必ず銃を持て」　という父の教えを思いだ
し、傍らの散弾銃をとっさにつかんだ。

(2002.11.19.[国際])

(28) そして、どんな遠くへ行ってもかならず帰って来たまえ。

(焼跡)

(29) 「かねての打ち合せのとおり、事をはこぶつもりゆえ、明朝はかな
らず道場へ出ていてもらいたい」

(剣客)

(30) ただね、会長、スパーリングをやったら次は俺とやるっていう一札
を、必ず取っておいてほしいんだ」

(一瞬)

(31) そうしたら私が迎いに来るから、それまで必ず何処へも出さずに置
いてくれること。

(痴人)

(32) 基一郎は看護人たちに、かげでも患者を呼び捨ててはいけない、必ず患者さんと言い<u>なさい</u>、とこればかりは口やかましく繰返していたものであった。

(楡家)

또한 예문 (26)-(32)는 부사「必ず」가「～てください」,「～て」,「たまえ」,「～てもらいたい」,「～てほしい」,「～こと」,「なさい」등의 행동요구 표현과 공기하며, 그 귀결로「絶対」와 함께「必ず」도 수행층에 속하는 부사인 것을 보여준다. 또한 다음의 예문 (33)-(39)는 부사「きっと」가「～てくれ」,「～てね」,「来いよ」,「～てくださいね」,「なさい」,「ましょうね」,「くださいましね」등의 행동요구 표현과 공기하고 있기 때문에「きっと」도 수행층에 속하는 것을 나타낸다.

(33) ただ一人、涙を見せずにフィフティーンを励ましていた大坪主将は「来年、再来年きっと優勝し<u>てくれ</u>」と、夢を後輩に託した。

(2002.1.4.[スポーツ])

(34) 「これからは羽を休めながらの長い旅になるのよ。みんなはぐれないで元気にお帰り。かわいいツバメさん。来年はお色直しをして、きれいになってきっと戻ってき<u>てね</u>」いつの間にかツバメたちは去っていく。

(1999.9.10.[ひろば])

(35) 「おい加藤、二次会を逃げちゃあいけないぞ、あとできっとあそこへ<u>来いよ</u>」

(孤高)

(36) ほんとに、きっと誘って<u>下さいね</u>。

(青春)

(37) 「きっといい女医者になり<u>なさい</u>」

(花埋み)

(38) でもまたきっと会いましょうね。

(若き)

(39) きっとお返事を下さいましね。

(錦繍)

　그런데「恐らく」,「多分」는 행동요구 표현과 공기하지 않는다. 그것에 해당하는 예로, 다음 예문 (40)-(42)를 들 수 있는데, 부사「恐らく」,「多分」가「守れ」,「てはいけません」,「(お)う」 등의 행동요구 표현과는 공기하지 않는 것을 볼 수 있다. 이상의 제약에서「恐らく」,「多分」는 수행층으로는 층 전이를 하지 않는 것으로 생각할 수 있다.

(40) *「いろいろと政治に対して文句を言う前に、各党ならびに各候補者の政策や主張を比較して、恐らく投票所に足を運ぼう」。

(41) *「何をおっしゃるんです。多分そんなことお考えになってはいけません。先生なんか、まだまだお若いですよ」

(42) *「おれの言うことを多分守れ」、「守れなかったらおまえなんかいらなくなる」、「海に浮かべてやる」などと脅迫。

　위에서 언급한 내용은 다음과 같이 정리할 수 있다.「絶対」,「必ず」,「きっと」는 명령문과 의뢰문 등과 공기하지만「恐らく」와「多分」은 그렇지 않다. 이러한 점에서「絶対」,「必ず」,「きっと」는 수행층으로 층 전이를 허용하는 부사이지만「恐らく」,「多分」은 그렇지 않은 것을 알 수 있다.
　이와 같이 생각하면 다음의 [표 21]에서 보듯,「명령, 의뢰, 권유 표현」등은「絶対, 必ず, きっと」과 공기하지만,「恐らく, 多分」은 공기하지 않는 이유를 설명할 수 있다. 그것은 바로「絶対, 必ず, きっと」는 태도층에서 수행층으로 층 전이를 허용하지만「恐らく, 多分」은 그것을 허용하지 않기 때문이다.

[표 21] 유의관계에 있는 진위판단부사와 행동요구 용법과의 공기 양상[9]

용법 \ 부사	絶対に	必ず	きっと	恐らく	多分
명 령	+	+	+	−	−
의 뢰	+	+	+	−	−
권 유	+	+	+	−	−
금 지	+	−	−	−	−

위에서 확인된 사실에서 다음과 같은 수형도를 생각할 수 있다.

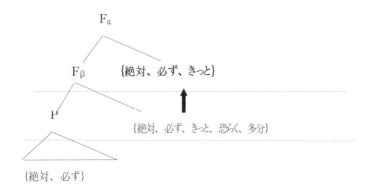

---

9) 한편「금지」표현은「絶対に」와의 공기를 허용하지만, 그 밖의 부사와는 공기를 허용하지 않는다. 이것은「絶対に」를 제외한 각각의 부사가 긍정적인 사태의 표현을 나타내는 것에 반하여 금지문은 사태의 비실현을 기술하는 것에서 발생하는 의미적 충돌이 그 원인이라고 생각된다. 즉 이들 현상은 각 부사의 기본적인 의미에 관여하는 것이므로 층 전이와는 관계가 없다고 생각된다.

이것은 다음의 예문 (43)에서 보듯 「질문」의 경우도 행동요구 표현과 마찬가지로 「絶対, 必ず, きっと」와는 공기하지만, 「恐らく, 多分」과는 공기하지 않는 점에서도 뒷받침된다. 이것은 「질문」이 「행동요구」 표현과 마찬가지로 청자 지향을 전제로 하는 수행층으로 층 전이를 하는 사실에서 얻어지는 당연한 귀결이다.

(43) 「{ぜったい/必ず/きっと/*恐らく/*多分}駅まで乗せてってくれる?」

[표 22] 유의관계에 있는 진위판단부사와 질문 용법과의 공기 양상

용법 \ 부사	絶対に	必ず	きっと	恐らく	多分
질문	+	+	+	−	−

이상의 사실을 근거로 「絶対, 必ず, きっと」가 태도층에서 수행층으로 층 전이를 허용하는 것에 반해, 「恐らく, 多分」은 그것을 허용하지 않는 것으로 결론지을 수 있다.

5.3 태도층에 속하는 부사의 의미·용법

다음의 예문 (44)−(58)에서 보듯이, 「絶対」, 「きっと」, 「必ず」, 「恐らく」, 「多分」 등의 부사는 진위판단부사라는 의미적인 특성을 지니므로 화자의 태도(판단)을 나타내는 판단 형식과 자연스럽게 공기한다. 이것은 「단정」, 「추량」의 의미·용법을 나타내는 「だ(する·した), はずだ·だろう·にちがいない·かもしれない」 등의 형식이 지니는 단정, 추량의 의미·

用法과 진위판단부사의 용법이 기본적으로 합치하기 때문이다.

(44) そこで、「白石にも世界一のプラネタリウムがあるぞ」と言ったが、
「**絶対ウソだ**」 と信じなかった。その晩、ふろ上がり裏庭へ連れて
でた。満天の星空だった。

(2003.9.23.[ひろば])

(45) 8人家族です。それと、犬が1ぴきいます。その犬は、ごはん前や
さんぽ前に、**かならず**ほえます。それをうるさいと言つて止める
のは、おばあちゃんです。

(2004.5.20.[情報])

(46) 敵は**きっと私だ**。

(2003.3.2.[ひろば])

(47) 春から秋にかけての夕刻に、市街地や住宅地の上空を右に左に翻り
ながら軽やかに飛翔(ひしょう)する生物を見たことはありません
か。それは**恐らくアブラコウモリです**。

(2004.03.07.[特集記事])

(48) **多分**、香港に敬意を表しての選曲だ。

(2000.10.08.[文化])

(49) その一歩から踏み出して、あなただからできることが**絶対にあるはず**。

(2001.01.01.[特集記事])

(50) また、安楽にしても、この件に関しては**絶対に賛成しないだろう**。

(人民)

(51) 君もやってみれば、**必ず経験するだろう**。

(檸檬)

(52) 使命さえはたせば**かならず帰ってくるにちがいない**のだから、何か故
障があったに相違ない。

(ビルマ)

(53) きっと彼らはだまっていられなくなって子供に干渉しはじめる<u>にちが</u><u>いない</u>。

（パニック）

(54) 「きっと能島さんは、宇品に船を着ける<u>だろう</u>。

（黒い雨）

(55) 恐らく女とはそういうもの<u>かもしれない</u>。

（聖少女）

(56) 恐らく推定は正しい<u>であろう</u>。

（モオ）

(57) 足跡のくぼみにそって、めくれた砂が、渦をまく。昨夜、女を襲って、しばり上げたのは、たしかあの辺だ……スコップも、多分、そのあたりに埋まっている<u>にちがいない</u>。

（砂の女）

(58) たぶん爆弾が落ちたとき思わずバケツを持って、そのまま持ちつづけて来たもの<u>だろう</u>。

（黒い雨）

따라서 「絶対」, 「必ず」, 「きっと」, 「多分」, 「恐らく」를 태도층에 속하는 부사로 규정할 수 있다. 이것을 도식화하면 다음과 같다.

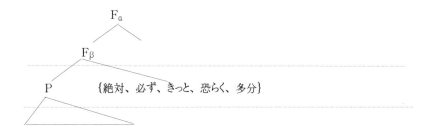

위의 도식을 비탕으로 좀 더 설명하면 태도층에 관련된 「단정, 추량, 필요, 의무, 의지, 희망」 등의 의미·용법 중에서 「단정, 추량」의 경우, 5개 부사가 모두 공기한다고 할 수 있다. 이것은 이들 5개 부사가 기본적으로 태도층에 속하는 부사라는 것을 단적으로 말해 주는 것이다.

[표 23] 유의관계에 있는 진위판단부사와 단정·추량 용법과의 공기 양상

용법 \ 부사	絶対に	必ず	きっと	恐らく	多分
단정·추량	+	+	+	+	+

그런데 같은 태도층에 속하는 「필요, 의무」, 「의지, 희망」 표현은 「단정, 추량」과는 달리, 「絶対, 必ず, きっと」만이 공기 가능하다. 이것과 관련하여 다음 예문을 보도록 하자.

(59) 「地域にとりましては高速道路は<u>きっと</u>皆さん<u>必要</u>だって言うんです。」

(平成16年03月15日[予算])

(60) 「いまはまだひと桁の足し算がやっとですが、私は<u>きっと</u>清高を、いつの日か、正常な人と同じくらいの人間にして<u>みせます</u>。」

(錦繍)

(61) 「もうじきまた美しい花を咲かせるだろう。私も今は負けているが、いつか<u>きっと</u>花を咲かせ<u>たい</u>」と考えている。

(1999.11.29.[ひろば])

(62) 藪野祐三氏(九大教授、福岡)基本計画を国会報告にするのは、行政に白紙委任を与えるようで疑義を感じる。国会は<u>必ず</u>行政の上にある<u>べきだ</u>。

(1999.04.15.[総合])

(63)「プロが代表に入ったからには、必ず五輪の切符を持って帰り<u>たい</u>」と
　　　意気込んだ。

(1999.09.11.[スポーツ])

(64)「道元禅師全集」の一部で、「正法眼蔵」全九巻のうち一巻目が
　　　やっと出たところである。必ず完成させ<u>てほしい</u>と、水野氏には
　　　心より願う次第である。

(2002.12.29.[文化])

(65)　最年少のワリは十二歳、初挑戦だ。「怖くて飛べなかったけど参加
　　　できて満足。次は必ず飛ん<u>でみせる</u>」と強がって見せた。

(2003.10.21.[特集記事])

(66)　これに対し、五〇年に中国を承認していた英国のバトラー外相も「**絶
　　　対**極秘扱いにし<u>てほしい</u>が、英国としても台湾を中共と別個の存在
　　　として残す必要性を感じている。(省略)」と強調した。

(2003.12.24.[総合])

(67)「その前の打席で凡退していたので、**絶対に**ランナーをかえす<u>つもり
　　　だった</u>。打ったのはストレート。」

(2000.08.17.[スポーツ])

(68)　渡辺局長は川辺川ダムについて「住民の生命、財産を守るためダ
　　　ムは**絶対に**<u>必要だ</u>」と述べた。

(2002.08.18.[論説])

(69)　危険性が増すとして、「空で働く人すべてが意に反して戦争の協力
　　　者にされてしまう。**絶対に**阻止し<u>なければならない</u>」と訴えた。

(2002.05.23.[社会])

이상의 예를 통해서 다음과 같은 표를 만들 수 있다.

[표 24] 유의관계에 있는 진위판단부사와 필요 · 의무, 의지 · 희망 용법과의 공기 양상

용법 ＼ 부사	絶対に	必ず	きっと	恐らく	多分
필요 · 의무	+	+	±	−	−
의지 · 희망	+	+	+	−	−

즉 예문 (44)~(58)에서 보듯 동일한 태도층에 속하는 「단정」, 「추량」의 경우는 모든 부사가 사용되는 것에 반해 (59)~(69)에서 보듯 「필요 · 의무」, 「의지 · 희망」의 경우는 「絶対に, 必ず, きっと」만이 사용되는데, 이 이유를 설명할 필요가 있다. 환언하면 동일한 태도층에 속하는 「필요 · 의무」, 「의지 · 희망」의 경우, 「恐らく, 多分」을 사용할 수 없는 이유를 설명해야 하는 것이다. 결국 「필요 · 의무」, 「의지 · 희망」은 특정 명제에 대한 화자의 판단이 행동 요구한다는 점에서 태도층에 속하는 것과는 별도로 특정한 명제 내용에 대한 판단이 청자의 행위를 재촉할 수 있다는 점에서 수행층에도 속할 가능성을 고려해볼 필요가 있다. 이것은 「필요 · 의무」, 「의지, 희망」의 의미 · 용법 자체가 층 전이를 허용한다는 의미이다. 즉 이것은 다음의 예문 (70)에서 보듯 「필요, 의무」, 「의지, 희망」의 형식과 「~と思う」의 형식이 공기하는 점에서, 그리고 예문 (71)과 같은 청자의 발화를 유도한다는 점에서 충분히 뒷받침된다.[10]

---

10) 닛타(仁田 : 1991, pp.255~257)도 행동요구 표현 이외의 표현, 예를 들면 당위 및 판단을 나타내는 「しなければならない, するべきだ, する必要がある」 등의 표현이 2인칭 주격을 취하며 화자의 판단을 나타낸 부분을 비과거로 하는 등 모종의 조건하에 있어 행동요구 표현으로 이행 · 파생되어 갈 수 있다고 지적한다.

(70) a. 〜必要だと思う。

　　b. 〜すべきだと思う。

　　c. 〜なければならないと思う。

　　d. 〜しようと思う。

　　e. 〜したいと思う。

(71) a：君はすぐに行く必要がある/行くことが必要だ。　a'：はい、わ

　　　かりました。

　　b：君はすぐに行くべきだ。　　　　b'：はい、わかりました。

　　c：君はすぐに行かなければならない。c'：はい、わかりました。

　　d：もう一度仕事をしてみるつもりさ!　d'：じゃあ、私も手伝います。

　　e：冷たいビールが飲みたい!　e'：買ってきます。

　　이와 같이 「필요・의무」, 「의지・희망」표현 형식은 태도층에 속하는
영역임에도 불구하고 수행층으로 전이를 허용한다. 따라서 태도층에서
수행층으로 층 전이를 허용하는 「絶対に, 必ず, きっと」는 태도층에서 수
행층으로 층 전이를 허용하는 「필요・의무, 의지・희망」 표현 형식과
의미적으로 융화하는 것이다. 이러한 사실에서 「恐らく, 多分」은 판단의
색채가 가장 진한 전형적인 태도층에 속하는 부사로 생각할 수 있다.

6. 마치며

지금까지 논의를 해 온 내용을 정리하면 다음과 같다.

　　F_α(수행층) : 必ず, 絶対, きっと

　　F_β(태도층) : 必ず, 絶対, きっと, 恐らく, 多分

P(명제 내용층) : 必ず, 絶対

위의 요약을 도식화하면 다음과 같다.

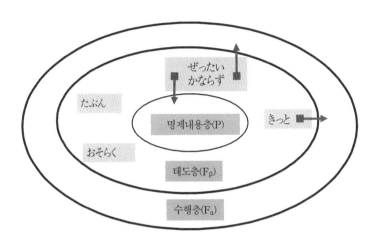

「絶対, 必ず, きっと, 恐らく, 多分」은 진위 판단의 부사라는 이름에 걸맞게 태도층에 속하는 부사이다. 또한 「絶対, 必ず」는 태도층에서 수행층으로도 명제 내용층으로도 층 전이를 하여 어느 층에도 존재할 수 있다. 즉 모든 층으로 전이(shift)가 가능하다. 「きっと」는 태도층에서 수행층으로만 층 전이할 수 있다. 그 때문에 「絶対, 必ず」는 「きっと」와 다른 의미·용법을 지닌다. 그러나 「恐らく, 多分」은 태도층에만 속한다. 즉 다른 층으로 전이가 불가능하다. 이러한 이유로 태도층에서 수행층으로 층 전이를 하는 「きっと」와는 다른 의미·용법을 지닌다. 여기에서 「恐らく」, 「多分」은 전형적인 진위판단부사로서 부동의 기능을 준수한다고 할 수 있다. 이와 같이 각 부사의 층 전이 제약을 생각하는 것에 의해 각

부사의 의미·용법상의 제약이 발생하는 이유와 배경을 설명할 수 있다.

　이상 고찰해 온 바와 같이 진위판단부사가 태도층에 속하고 층 전이를 하지 않는다고 하는 사와다(澤田 : 1978, 1993)의 주장에 대한 반례가 되므로 매우 중요하다. 한편 지금까지의 분석 결과는 각 부사가 지니는 의미·용법상의 공통점과 차이점이 발생하는 이유와 배경을 설명할 수 있기 때문에 당연히 스기무라(杉村 : 1996, 1997)의 연구에서 지적된 다양한 문제점도 자연스럽게 해결할 수 있었다고 생각한다.

제7장 가정 조건절 내부에 있어 진위판단부사의 생기 제약

1. 시작하며

일본어 진위판단부사는 몇 가지 통사적 특징을 지니는데 그중에서 예문 (1)에서 보듯 진위판단부사가 가정 조건절인「と」,「ば」,「たら」,「なら」절 내부에 생기하지 않는다는 제약이 있다. 대표적인 연구로는 미나미(南：1974, 1993), 사와다(澤田：1993), 야마오카(山岡：1995), 미야자키(宮崎：1997), 장근수(張根壽：2004) 등을 들 수 있다.

> (1) a. ただおぼろげに、**きっと[ああ云うスタイルなら]**手足の恰好も悪くは
>   なかろうと、着物の着こなし工合から想像していただけでした。
>
> (痴人) [2/7/3]1)

---

1) 예문 오른쪽에 명기한 숫자, 예를 들어 [1/2/3]은 진위판단부사가 가정 조건절에 걸린다고 대답한 사람이 1명/주절에 걸린다고 대답한 사람이 2명/양쪽 모두 걸린다고 대답한 사람이 3명인 것을 나타낸다. 예문을 판정해 준 일본어 모어

b. **たぶん**[わが子が健常児だったら]、私もそんなぜいたくを言ってい
たでしょうね。

(1b)로 말하면 진위판단부사「たぶん」은 가정 조건절「たら」에 걸리는 것처럼 보이지만 일본어 모어 화자의 판정이 뒷받침하듯 실제로는 가정 조건절을 뛰어넘어 주절에 걸려버린다.

이와 같은 진위판단부사의 통사적 특징은 과연 타당한 것일까? 이 의문의 타당성은 제3절 이하에서 그 반례가 보이기도 하고 혹은 보이지 않는다는 점에서 뒷받침된다. 따라서 진위판단부사의 통사적 제약이 어떠한 조건하에서 발생하는지 혹은 발생하지 않는지를 고려할 필요가 있다.

본장의 목적은 우선 첫째로, 위에서 언급한 진위판단부사의 통사적 제약을 지니거나 혹은 지니지 않는 실제 예를 제시하는 것, 둘째, 진위판단부사의 통사적 제약이 어떠한 조건하에서 발생하는지 혹은 발생하지 않는지를 고찰하는 것이다. 셋째로 본장의 고찰이 일본어의 복문 연구에 어떻게 기여할 수 있는지를 논의하는 것이다.

본장의 구성은 다음과 같다. 제2절에서는 진위판단부사와 가정 조건절과의 통사적 제약을 논의한 선행연구를 검토하고 문제를 제기한다. 제3절에서는 가정 조건절 내부에 포함되는 진위판단부사와 포함되지 않는 부사의 실제 예를 제시하고 통사적·의미적 관점에 의거하여 진위판단부사와 가정 조건 형식과의 통사적 제약이 발생하는 이유를 설명한다.

화자(언어연구자, 일본어교육 종사자)는 모두 12명(남성 3명, 여성 9명)이며 연령은 20대에서 30대까지이다. 특정한 가정 조건절에 걸리느냐 여부는 과반수를 기준으로 하였다.

제4절에서는 실제 예를 통해서 가정 조건 형식의 차이에 의한 진위판단 부사의 생기 제약에 관해서 고찰을 한다. 제5절에서는 본장의 결론과 본장의 고찰이 일본어 복문 연구에 어떻게 기여할 수 있는지를 논의한다.

2. 문제의 소재

미나미(南 : 1974, 1993)에 의하면 문장은 이하의 4단계의 계층구조를 지닌다고 한다.

> (2) A단계 : ①명사 + 「が」이외의 격조사 ②정태부사・정도부사 ③ A류 종속구
>
> B단계 : ①격조사 「が」가 나타난다. ②「시간」, 「장소」에 관한 수식어 ③부정 관계의 수식어(けっして, ろくに) ④「実に, とにかく, 誠に, やっぱり」등의 단어 ⑤평가적 의미를 지닌 수식어 「幸いにも, 残念にも」 ⑥B류의 종속구
>
> C단계 : ①주제어 「～は」②소위 진술부사 중의 「おそらく, たぶん, まさか」③C류의 종속구
>
> D단계 : ①상대에 대한 호칭어 ②접속사와 간투사(間投詞) ③「なに」, 「だれ」, 「いつ」, 「どこ」, 「なぜ」등의 의문사 ④「ぜひ, どうぞ」등의 부사

위에 제시한 각 단계를 보면 각각의 종속절(미나미(南)의 용어로는 「종속구」)은 가장 사항적인 A의 단계에서 가장 모댈리티적인 C단계까지 분포해 있는 것을 알 수 있다. 그리고 D의 단계에서는 종조사까지 포함할 수 있

는 종속질은 인용의 「～と」뿐으로 최대의 층위이다. 특히 진술부사는 B의 단계에서 D단계까지 각각 산재해 있는 것을 알 수 있다. 그리고 미나미(南 : 1974, 1993)는 각 단계에 분포해 있는 종속절 형식을 다음의 A, B, C 어느 것을 항으로 교체하느냐에 따라 각각 A류, B류, C류로 분류하고 있는데 이것을 정리하면 다음과 같다.

> (3) A류 : ～て(양태), ながら(동시동작), つつ/ために(목적), まま/ように(목적) 등
>
> B류 : ～て(이유・시간), ～たら, ～と, ～なら,～ば, ～ので, ～から(행동의 이유), ために(이유), ～ように(비교 설명) 등
>
> C류 : ～て(병렬), から(판단の근거), が(しかし의미), ～けれど, ～し 등

본장의 고찰 대상인 가정 조건 형식 「と」, 「ば」, 「たら」, 「なら」는 B류에 해당되는 것을 볼 수 있다.

사와다(澤田 : 1993)는 미나미(南 : 1974, 1993)에 따라 내부 요소를 형성하는 성분의 범위차에 따라 술어와 문장을 수식하는 연용수식 성분(부사)을 다음과 같이 분류하였다.

> (4) (연용수식 성분의 계층)
>
> Class I : 장소의 부사류, 수단의 부사류, 양태의 부사류, 술어 보충 성분
>
> Class II : 평가의 문장부사류(幸い, めずらしく, …), 시간의 부사류
>
> Class III : 추량의 문장부사류(たぶん, おそらく, …)

본장에서 취급하는 진위판단부사는 C류에 속한다. (3)과 (4)의 분류를 통해서 사와다(澤田 : 1993)는 다음의 (5)와 같이 미나미(南)의 주장을 구체화하여 (6)과 같은 일반화를 제시하였다.

(5) a. Class Ⅰ에 속하는 종속절 보문부에 포함되는 성분은 Class Ⅰ의 성분에 한한다.

　　b. Class Ⅱ에 속하는 종속절의 보문부에 포함되는 성분은 Class Ⅰ 과 Class Ⅱ의 성분에 한한다.

　　c. Class Ⅲ에 속하는 종속절의 보문부에 포함되는 성분은 Class Ⅰ ~Class Ⅲ의 성분이다.

(6) 종속절 계층의 조건 : Class m계층의 종속절 중에는 Class n의 성분이 포함되어서는 안 된다. (m < n)

모리모토(森本 : 1993, p.147)

(6)의 조건을 지킨다고 생각되는 예를 보면 다음과 같다.

(7)　┌ 残念にも
　　(│ 幸い　　　雨が降ったので)、遠足は中止になった。
　　　│ *たぶん
　　　│ *おおかた
　　　└ *きっと

사와다(澤田 : 1993, p.150)

우선 첫째로, 위의 예문 (7)에서 보듯, 「残念にも」, 「幸い」와 같이 2류의 부사(평가부사)는 B류에 속하는 종속절 「ので」의 보문부에 포함되지만 「たぶん」, 「おおかた」, 「きっと」와 같이 3류부사(진위판단부사)는 B류의 「の

で」종속절의 보문부에 포함되지 않는 점을 들 수 있다.

둘째, 다음의 예문 (8)에서 보듯 3류의 부사는 C류에 속하는 종속절「し」, 「から」, 「が」 종속절 내부에 포함된다.

(8) ┌ たぶん   し、……
（│ おおかた   太郎は昨日その試合に負けただろう）   から、
     └ おそらく   が、

사와다(澤田 : 1993, p.151)

이들「たぶん」,「おおかた」,「おそらく」등의 부사는 본장의 진위판단 부사(C류)에 해당하므로 당연히「と, ば, たら, なら」등과 같은 B류의 종속절 내부에 포함되지 않을 것으로 예측된다. 왜냐하면 이들 문장 요소가 (6)의 조건을 위반하기 때문이다. 동종의 주장이 야마오카(山岡 : 1995)와 미야자키(宮崎 : 1997), 장근수(張根壽 : 2004) 등에서도 찾아볼 수 있다.

(9) たぶん、太郎が行ったら、花子は喜びますよ。

야마오카(山岡 : 1995, p.318)

야마오카(山岡)는 예문 (9)가 (6)의 조건을 위반하지 않는 것으로 보지만, 주절에「だろう」등의 추량 모댈리티 형식이 없는 경우라도 3류의 부사「たぶん」은 조건 가정절을 뛰어 넘어 주절에 걸리는 것이 올바른 해석이라고 하였다. 또한 미야자키(宮崎 : 1997)와 장근수(張根壽 : 2004)에서도「きっと」,「多分」등의 부사를 사용하여 동종의 주장을 하였다. 다음 예문을 보도록 하자. 예문 (10)과 (11)은 당연히 (6)의 조건을 위반하므로 비문이

되는 것을 나타내어 주고 있다.

(10) *{おそらく/たぶん/きっと}彼が来たら、先に行ったと伝えて下さ
い。

미야자키(宮崎 : 1997, p.8)

(11) {*きっと/*たぶん}彼がいなければ、うちのチームが負けるだろう。

장근수(張根壽 : 2004, p.99)

그런데 문제는 우선 (6)의 조건이 과연 타당하냐는 것이다. 왜냐하면 다음 절 이하에서 살펴보겠지만 (6)의 조건을 위반하는 예도 존재하기 때문이다. 이하의 예에서 보듯 미야자키(宮崎 : 1997), 장근수(張根壽 : 2004)에서도 (6)의 조건을 위반하는 것으로 생각되는 예를 제시하지만 왜 (6)의 조건이 「もしかして」에만 지켜지지 않느냐는 점에 대한 논의는 보이지 않는다.[2]

(12) 「もしかして主上のご竜愛をうけられるようなことになれば、万事休す、どんな求婚者も、すごすこと引き下がらねばならぬことになる」

미야자키(宮崎 : 1997, p.7)

(13) 「そうでございますねえ……もしかして、適当な折がございましたらお知らせしましょう。…」

장근수(張根壽 : 2004, p.99)

---

2) 또한 나지마(名嶋 : 2003)는 「厳密に言うと」, 「正確に言えば」 등의 부사구(문장부사)가 조건절 내부에 포함되는 것은 해당 문장부사가 종속절의 일부로 기능하기 때문이라 하였다. 그러나 나지마의 연구는 진위판단부사와 가정 조건절과의 상호 작용을 관찰한 것은 아니다.

세 번째의 문제는 다음 절에서 설명하지만 같은 「もしかして」와 「ひょっとして」라도 (6)의 조건이 지켜지는 이유는 무엇이냐는 것이다.

이와 같이 (6)의 조건이 지켜지는 것과는 반대로 지켜지지 않는 경우도 있는데 이와 같은 불규칙성이 어떠한 이유에 의해서 발생하는지를 고찰하는 것은 매우 중요하다. 왜냐하면 이 이유를 철저히 규명하는 것에 의해 진위판단부사와 가정 조건절의 통사·의미적 특징, 그리고 진위판단부사와 가정 조건절 상호 간의 통사·의미적 관계가 규명될 것으로 생각되기 때문이다.

3. 진위판단부사와 가정 조건 형식의 통사·의미적 제약

이 절에서는 우선 가정 조건절에 진위판단부사가 걸리는 것처럼 보이는 진위판단부사와 그렇지 않은 진위판단부사를 예시한다. 그다음으로 가정 조건절에 걸리거나 걸리지 않는 진위판단부사도 예시하여 그러한 통사적 불규칙성이 발생하는 이유를 통사적·의미적 제약을 통해 설명하고자 한다.

3.1 층 전이에 의한 제약

이하의 예문은 진위판단부사가 가정 조건절에 걸리는 것처럼 보인다.

> (14) この時代の女は家に嫁ぐのであり、華岡家の長男が<u>必ず</u>帰ってくるの
ならば留守中に迎えられても嫁の座は不安定なものではなかった。
>
> (華岡青) [10/2/0]

(15) 新幹線建設に**絶対に**[在来線の経営分離が伴う]**なら**、もう少し強く
言えないか。

[12/0/0]

위의 예문의「必ず」,「絶対に」는 가정 조건절에 걸리는 것처럼 보인
다. 예를 들면 (14)의「必ず」는 가정 조건절「帰ってくるのならば」에 걸
리는 것처럼 보인다. 그러나 이들 두 개의 부사는 가정 조건절에 걸리는
것이 아니라 가정 조건절 내부에 있는 명제 내용층에 걸리는 점에 유의
할 필요가 있다. 이 해석의 타당성은 10명의 원어민의 판정을 통해 뒷받
침된다.

이순형(李舜炯 : 2004b, 2005a)에서 이미 언급한 바와 같이 우선 이것은「必
ず, 絶対に」가 태도층에서 명제 내용층으로 층 전이(level shift)를 허용하는
것과 관계가 있다. 사와다(澤田 : 1993)에 의하면 일반적으로 일본어 문장은
다음과 같은 중층구조를 지닌다고 한다.

(16) たぶん今頃夕食を食べている**だろうね**。(＝제5장 예문 (1))

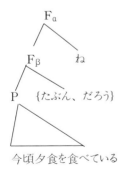

F_α : 수행층(performative stratum)
F_β : 태도층(attitudinal stratum)
P : 명제 내용층(propositional stratum)
F : 발화 내 힘의 지표(illocutionary
force indicator)

위에 제시한 수형도는「たぶん今頃夕食を食べている**だろうね**。」의 문장

이「今頃夕食を食べている」라는 명제 내용층과 화자의 태도·판난을 나타내는「たぶん, だろう」, 그리고 ' 정자 지향」을 선세로 하는「ね」라고 하는 중층구조로 구성되는 것을 나타내고 있다.

본장에서 고찰의 대상으로 하는 부사는 원래 화자의 태도·판단을 나타내는 태도층에 속하는 부사이지만 이순형(李舜炯 : 2004b, 2005a)에서 밝혀졌듯이「必ず, 絶対に」는 태도층에서 명제 내용층으로 층 전이를 허용하는 부사이다. 이에 반해서 가정 조건 형식은 복문 마커이므로 (16)의 어느 층에도 속하지 않는다. 따라서 (14)와 (15)에서 사용된 부사는 가정 조건 형식에 걸리는 것이 아니라 가정 조건 형식을 제외한 나머지 부분, 즉 명제 내용층「長男が帰ってくること」,「在来線の経営分離が伴うこと」에 걸린다.

3.2 주절의 추량 형식에 의한 제약

이하의 예문은 진위판단부사가 가정 조건절을 수식 범위로 하지 않는 것을 나타낸다.

(17) a. **確かに**[欧米の空港で荷物を待っていると、]ソフトバッグの多さに驚かされる。

(2004.07.17.[文化) [0/8/4]

→ b. [欧米の空港で荷物を待っていると、]**確かに**ソフトバッグの多さに驚かされる。

(18) a.「いや、**さぞかし**[焼いたら]うまかろうと思うんだ」

(太郎) [0/10/2]

→ b.「いや、[焼いたら]**さぞかし**うまかろうと思うんだ」

(19) **おそらく**[利害が一致すれ<u>ば</u>、]彼らは火星での開催にだつてゴーサインを出す<u>だろう</u>。

(1996.10.20.[文化]) [2/7/3]

(20) **たぶん**[わが子が健常児だっ<u>たら</u>、]私もそんなぜいたくを言っていた<u>でしょうね</u>(=1b) [0/8/3]

(21) **どうやら**、[文月のけだるい風も風鈴という物体に触れ<u>たら</u>、]涼風に変身する<u>らしい</u>。

(2000.07.19.[ひろば]) [1/8/3]

위의 예문 「確かに」, 「さぞかし」, 「おそらく」, 「たぶん」, 「どうやら」 등은 가정 조건절을 수식 범위로 하지 않는다. 예를 들면 (18a)의 「さぞかし」는 가정 조건절 「焼いたら」를 수식 범위로 하기보다는 주절의 술어 부분 「うまかろう」를 수식 범위로 한다.

그러면 이들 부사는 「必ず, 絶対に」 등의 부사와는 달리 왜 주절의 술부를 수식 범위로 하는 것일까? 그 이유는 이들 부사가 술부의 추량 형식과 호응하는 태도층의 부사이기 때문이다. 즉 (18a)로 말하면 「さぞかし」는 태도층의 부사이므로 같은 태도층에 속하는 주절의 문말 형식 「う(よう)」와 호응하게 되는 것이다. (19)~(21)에 대해서도 동종의 설명이 가능하다.

이러한 설명은 (17b)과 (18b)에서 보듯 「確かに」, 「さぞかし」, 「おそらく」, 「たぶん」, 「どうやら」 등의 부사류가 주절의 전방으로 이동시킬 수 있는 점에서도 뒷받침된다. 여기서는 제시하지 않았지만, (19)의 「おそらく」, (20)의 「たぶん」, (21)의 「どうやら」 등의 부사도 주절의 전방으로 이동할 수 있는 것을 확인하였다.

3.3 낮은 확실도의 진위판단부사와 높은 확실도의 주절에 의한 제약

다음의 예문 (22)-(23)에서 보듯「もしかしたら」,「ひょっとすると」등의 부사는 가정 조건절을 수식 범위로 하거나 혹은 하지 않거나 하는 것을 볼 수 있는데, 이와 같은 불규칙적인 통사적 제약이 발생하는 이유는 무엇일까? 우선 가정 조건절을 수식 범위로 하는 예부터 보도록 하자.

> (22) 召集中の息子が、**もしかして[**帰ってきたら]食べさせたいと言っていた。
>
> (1998.07.25.[文化]) [12/0/0]
>
> (23)　ただ一つだけ、**ひょっとして[**キナ臭い動きがあるとすれば、]野党が会
> 期末に橋本首相や自民党を追いつめた場合だ。
>
> (1998.05.15.[社会]) [10/1/1]

예문 (22)와 (23)의「もしかして」,「ひょっとして」는 가정 조건절을 수식 범위로 하고 있다.

모리모토(森本 : 1994)와 이순형(李舜炯 : 2004a)에서 밝혀졌듯이 진위판단부사「もしかすると」,「ひょっとすると」류에 포함되는 확실도는 낮다. (22)로 말하자면 확실도가 낮은「もしかして」는 현실에서 독립한 가정적인 사태 간의 의존관계를 기술하는, 즉 판단이 성립하지 않은「たら」와 결속할 수밖에 없게 되는 것이다.

3.4. 낮은 확실도의 진위판단부사와 낮은 확실도의 주절에 의한 제약

3.3절에서 언급한 것과는 반대로 이 절에서는 다음 예문 (24)-(26)에서 보듯「あるいは」,「もしかしたら」,「ひょっとすると」등의 부사는 가정 조

건절을 수식 범위로 하지 않는다.

(24) a. **あるいは**、[ファイトマネーに関してだけ<u>なら</u>]内藤の言う通りかも
しれない。

(一瞬) [3/7/2]

→ b. [ファイトマネーに関してだけ<u>なら</u>]**あるいは**、内藤の言う通り
かもしれない。

(25) a. 自分は**もしかしたら**、[小さいとき、他の姉弟と比べる<u>と</u>、]とても
聞き上手な子供だったのかもしれない。

(錦河) [0/8/4]

→ b. 自分は、[小さいとき、他の姉弟と比べる<u>と</u>、]**もしかしたら**とて
も聞き上手な子供だったのかもしれない。

(26) a. **ひょっとすると**[審議委員になっていなけれ<u>ば</u>]国会議員でも読んで
いないのかもしれない。

(2002.11.20.[ひろば]) [1/8/3]

→ b. [審議委員になっていなけれ<u>ば</u>]**ひょっとすると**国会議員でも読ん
でいないのかもしれない。

(24a)의「あるいは」는 가정 조건 형식「なら」를 수식 범위로 하지 않는
데 이것은 주절의「かもしれない」와 진위판단부사「あるいは」가 추량,
판단 형성의 과정을 나타낸다는 점에서 서로, 낮은 확실도를 공유하기
때문에 친화력을 가지고 그 결과 가정 조건 형식「なら」를 뛰어넘어 주
절에 걸리는 것으로 생각된다. 이 사실은 (24b)를 통해서도 확인할 수 있
다. (25)와 (26)에 대해서도 동종의 설명이 가능하다.

4. 가정 조건 형식에 의한 진위판단부사의 생기 제약

제3절에서는 진위판단부사를 중심으로 가정 조건 형식과의 공기 제약을 고찰하였지만 이 절에서는 가정 조건 형식을 중심으로 진위판단부사와의 공기 제약을 고찰하고자 한다. 다음의 예문 (27)~(29)에서 보듯「と」절 형식은 진위판단부사의 수식 범위에 들어가지 않지만,「ば, たら, なら」절 형식은 예문 (30)~(48)에서 보듯「と」절과는 달리 진위판단부사의 수식 범위에 수의적으로 포함되는 것을 알 수 있다.

우선 첫째로 진위판단부사와「と」절과의 관계를 나타내는 다음 예문을 보도록 하자.

(27) a. **確かに**[欧米の空港で荷物を待っていると、]ソフトバッグの多さに驚かされる。

(=17) [0/8/4]

→ b. [欧米の空港で荷物を待っていると、]**確かに**ソフトバッグの多さに驚かされる。

(28) a. **おそらく、**[この食事が終ると、]あとは一度湯を沸かして飲むことのできるていどの石油しか残らないものと推測された。

(孤高) [1/8/2]

→ b. [この食事が終ると、]**おそらく、**あとは一度湯を沸かして飲むことのできるていどの石油しか残らないものと推測された。

(29) a. **どうも**[きみの様子を見ていると、]その最も忙しい時期が一生涯つづいてしまいそうだな。

(人間) [3/7/2]

→ b. [きみの様子を見ていると、]**どうも**その最も忙しい時期が一生涯つづいてしまいそうだな。

위의 예문 (27)-(29)에서 보듯 왜「と」절은「ば, たら, なら」절과는 달리 진위판단부사의 지시 범위에 포함되지 않는다는 엄격한 제약을 지니는 것일까?

진위판단부사와 주절의 문말 형식이 서로 화자의 판단을 나타낸다는 점에서는 서로 의미적으로 친화력을 지닌다. 그래서 진위판단부사와「と」절 형식이 진위판단부사의 작용역에 포함되지 않는 이유를 설명할 수 있다. 요구역에 포함되지 않는 이유를 설명할 수 있다고 생각된다. 이것은 (27b)-(29b)에서 보듯「確かに」,「おそらく」,「どうも」가 주절의 전방으로 이동이 가능한 점에서도 뒷받침된다.

둘째,「ば」절이 진위판단부사의 행동요구역에 포함되지 않는 경우와 포함되는 경우가 있는데 우선「ば」절이 진위판단부사의 행동요구역에 포함되지 않는 경우부터 보도록 하자.

(30) a. **さぞ**、[秋になれ<u>ば</u>]虫の音誘うことであろう。

(新橋) [0/10/2]

→ b. [秋になれば]**さぞ**、虫の音誘うことであろう。

(31) a. **もちろん**、[金さえ借りられれ<u>ば</u>、]孝造に文句のあろうはずはない。(女社長) [1/7/4]

→ b. [金さえ借りられれば、]**もちろん**、孝造に文句のあろうはずはない。

(32) a. **おそらく**[利害が一致すれ<u>ば</u>、]彼らは火星での開催にだってゴーサインを出すだろう。

(=19) [2/7/3]

→ b. [利害が一致すれば、]**おそらく**彼らは火星での開催にだってゴーサインを出すだろう。

(33) a. ひょっとすると[審議委員になっていなければ]国会議員でも読んでい

　　　　ないのかもしれない。

(＝26a) [1/8/3]

→ b. [審議委員になっていなければ]ひょっとすると国会議員でも読んでい

　　　　ないのかもしれない。

　위의 예문 (30)~(33)의 「ば」절은 진위판단부사의 행동요구역에 포함되지 않는다. 이것은 진위판단부사와 「ば」절이 의미적으로 친화력을 지니지 못하기 때문이다. 이것을 좀 더 상세하게 설명하도록 하자.

　우선 (30a)으로 말하자면 「さぞ」는 추량을 나타내는 부사이고 「秋になれば」는 법칙적인 조건을 기술한다. 주절은 「ば」절의 법칙성이 전제된후, 발생할 수 있는 사태를 추량하므로 진위판단부사와 같은 태도층에속한다고 볼 수 있다. 이것은 (31b)와 같이 진위판단부사가 주절의 문두로 이동이 가능한 것에서도 확인할 수 있다. 따라서 진위판단부사는 「ば」절을 넘어 주절을 수식 범위로 하는 것이다. 예문 (32)와 (33)에 대해서도동종의 설명이 가능하다.

　그러면 다음의 예문 (34)와 (35)에서 보듯 동일한 「ば」절이라도 진위판단부사의 행동요구역에 포함되는 이유는 어떻게 설명할 수 있을까?

(34) a. ひょっとして[逆転も亀井静香政調会長全員が分身として考えを訴

　　　　えてくれれば] 票が増える。

(2001.04.16.[総合]) [7/3/2]

　　 b. *[逆転も亀井静香政調会長全員が分身として考えを訴えてくれ

　　　　れば]ひょっとして票が増える。

(35) a. ただ一つだけ、ひょっとして[キナ臭い動きがあるとすれば、]野党

が会期末に橋本首相や自民党を追いつめた場合だ。

(＝23) [10/1/1]

b. *ただ一つだけ、[キナ臭い動きがあるとすれ<u>ば</u>、]ひょっとして野党
が会期末に橋本首相や自民党を追いつめた場合だ。

예문 (34)와 (35)의 구조를 보면 어느 쪽에서도 ＜「ひょっとして」＋「～ば」＋단정형＞의 구조를 지닌다. (34)로 말하자면 「逆転も亀井静香政調会長全員が分身として考えを訴えてくれれば」는 주절의 「票が増える」가 성립하기 위한 하나의 가능성으로 행동요구하므로 「ば」절을 「ひょっとして」와 마찬가지로 낮은 확실도를 지니는 것으로 간주할 수 있는 것이다. 따라서 양자가 의미적으로 결속하게 된다. 이것은 예문 (34b)와 (35b)에서 보듯 「ひょっとして」를 주절의 문두로 이동이 불가능한 사실에서도 입증된다. 이 점에서 「ひょっとして」와 「ば」절의 친화력이 강하다는 점을 도출해 낼 수 있다.

셋째, 「たら」절도 진위판단부사의 행동요구역에 포함되지 않는 경우와 포함되는 경우가 있다. 그러면 우선 진위판단부사의 행동요구역에 포함되지 않는 「たら」절부터 보도록 하자.

(36) たぶん[わが子が健常児だっ<u>たら</u>、]私もそんなぜいたくを言っていたで
しょうね」

(＝1b) [0/8/3]

(37) もちろん、[自分が調子がいいときのベストと比べ<u>たら</u>、]その結果は見
劣りするだろう。

(2003.09.09.[ひろば]) [0/8/3]

(38) どうやら、[文月のけだるい風も風鈴という物体に触れ<u>たら</u>、]涼風に変

身するらしい。

(=21) [1/8/3]

(39) 何週間か何カ月か、**ひょっとしたら**[何年か後、ふと手に取ってみ<u>たら</u>、]
面白くなって好きになることもある。

(2000.05.14.[文化]) [4/6/2]

위에서 본 예문은 모두 <진위판단부사+(～たら)＋판단 형식(추량형·
단정형)>의 구조를 취한다. 따라서 판단의 형성 과정을 거치는 진위판단
부사와 문말의 추량 형식이 서로 친화력을 지니므로「～たら」절이 진위
판단부사의 수식 범위에서 배제되는 것으로 생각할 수 있다.[3]

그 다음은 (40a)와 (41a)에서 보듯 진위판단부사의 행동요구역에 포함
되는「たら」절은 어떻게 설명할 수 있는지를 보도록 하자. (41)로 말하면
(41a)는 (41b)과 같이「もしかして」를 주절의「食べさせたい」앞으로 이동
할 수 없는 것을 볼 수 있는데 이것은 확실도라는 개념에 의거하여 진위
판단부사「あるいは」,「もしかして」와「～たら」절이 서로 낮은 확실도를
지니며 그 결과 강한 의미적 결속력을 지니기 때문으로 생각된다.

---

3) 그런데 미야자키(宮崎 : 1997, p.8)는 예문 (39)와 같은 문장에서「～たら」절이
진위판단부사의 수식 범위에 포함되지 않는 것은「ひょっとし<u>たら</u>」와「～たら」
의 형태가 중첩되어, 즉 단순히 이들 형태의 중첩을 피하고자 하는 이유 때문
이라고 하는데 본 연구자도 그의 의견에 찬성을 하지만, 그러나 아래의 예문에
서 보듯 원래부터 부사의 이동이 허용된다는 점에서 단순히 형태가 중첩되어
부사 이동이 허용되는 것이라고 보기에는 무리가 있다.

(ア) a.「いや、**さぞかし**[焼い<u>たら</u>]うまかろうと思うんだ」[0/11/1]
→ b.「いや、[焼いたら]**さぞかし**うまかろうと思うんだ」

(イ) a.**たぶん**、[落ちこんでいるときとか、この本を読ん<u>だら</u>、]楽しくなると思い
ますよ。[0/6/5]
→ b.[落ちこんでいるときとか、この本を読んだら、]**たぶん**、楽しくなると思い
ますよ。

(40) a. 面倒くさいから、**あるいは**[保身のために等閑視しているとし<u>たら、</u>]
それこそ理の通らないことである。

(1996.06.17.[ひろば]) [11/1/0]

b. *面倒くさいから、[保身のために等閑視しているとしたら、]**あ
るいは**それこそ理の通らないことである。

(41) a. 召集中の息子が、**もしかして**[帰ってき<u>たら</u>]食べさせたいと言って
いた。

(＝22) [12/0/0]

b. *召集中の息子が、[帰ってきたら]もしかして食べさせたいと言っ
ていた。

　마지막으로「なら」절도 진위판단부사의 행동요구역에 포함되지 않는
다. 다음 예문 (42)-(44)는「なら」절이 진위판단부사의 수식 범위에 포함
되지 않는 경우를 나타낸 것이다.

(42) a. **確かに**、[そういう意味なら、]世の中には本当の自由業、自由な
どあるはずがない。

(1997.12.04.[ひろば]) [2/7/2]

→ b. [そういう意味なら、]**確かに**、世の中には本当の自由業、自由
などあるはずがない。

(43) a. ただおぼろげに、**きっと**[ああ云うスタイル<u>なら</u>]手足の恰好も悪くは
なかろうと、着物の着こなし工合から想像していただけでした。

(＝1a) [2/7/3]

→ b. ただおぼろげに、[ああ云うスタイル<u>なら</u>]**きっと**手足の恰好も悪くは
なかろうと、着物の着こなし工合から想像していただけでした。

(44) a. **もちろん、**[内藤が心から柳と闘うことを望むのなら]、私はその試
合を作るための労力を惜しむつもりはなかった。

(一瞬) [1/7/2]

→ b. [内藤が心から柳と闘うことを望むのなら]、**もちろん、**私はその
試合を作るための労力を惜しむつもりはなかった。

위의 예문 (42b)~(44b)에서 보듯 진위판단부사가 주절의 문두로 이동
할 수 있는 점에서 진위판단부사와 주절과의 결속력이 강한 것을 알 수
있다. 이것은「なら」형식의 의미와도 관련이 있다. 즉「なら」절은 명제
내용에 대한 화자의 판단이 성립되지 않고 특정한 사태에 대한 진위 판
단을 보류한다는 기능을 지닌다는 점[4]에서 매우 낮은 확실도를 상정해
볼 수 있다. 그 결과 화자의 판단을 나타내는 진위판단부사와의 결속력
이 현저히 떨어지게 되는 것이다. 이와 같은 이유로 진위판단부사「必ず」,
「絶対」도「なら」절은 뛰어 넘어 주절에 걸린다.

그러면 이번에는「なら」절에 진위판단부사의 행동요구역에 포함되는
것처럼 보이는 경우를 살펴보도록 하자.

(45) この時代の女は家に嫁ぐのであり、華岡家の長男が**必ず**[帰ってく
るの]ならば留守中に迎えられても嫁の座は不安定なものではな
かった。

(＝14) [10/2/0]

(46) 「新幹線建設に**必ず**[在来線の経営分離が伴う]なら、もう少し強く言え
ないか」

(2004.05.07.[社会]) [12/0/0]

---

4) 마스오카(益岡 : 1993ab, 1997)에서 인용하였다.

(47) この時代の女は家に嫁ぐのであり、華岡家の長男が**絶対**[帰ってくる
の]**ならば**留守中に迎えられても嫁の座は不安定なものではなかった。

[10/0/1]

(48) 新幹線建設に**絶対に**[在来線の経営分離が伴う]**なら**、もう少し強く言
えないか。

(＝15) [12/0/0]

(45)~(48)에 제시된 부사는「なら」절을 수식 범위로 하는 것처럼 보이
지만 3.1절에서 언급한 바와 같이「必ず」,「絶対に」가 층 전이를 한 결
과 명제 내용층([ ])의 부분을 수식한 것으로 생각된다. 즉 (45a)로 말하
면「必ず」는 [ならば]에 걸리는 것이 아니라 명제 내용층「帰ってくるの」
부분에 걸린다.

5. 마치며

지금까지 일본어 진위판단부사가 가정 조건 형식「と」,「ば」,「たら」,「な
ら」절의 보문부에 포함되어서는 안 된다고 하는 기존의 통사적 제약에
대한 타당성을 검토하였다. 그 결과 우선 첫째로「必ず」,「絶対に」는 가
정 조건절에 포함되는 것처럼 보이지만 이들 부사는 가정 조건절이 아니
라 주절에 걸린다. 즉「必ず」,「絶対に」가 명제 내용층에 걸리는 것인데,
이것은「必ず」,「絶対に」가 태도층(F_β)에서 명제 내용층으로 층 전이를
하기 때문에 가능한 것이다.

둘째,「あるいは」,「もしかすると」류는 가정 조건절에 수의적으로 걸리
기 때문에 일본어 진위판단부사와 가정 조건절과의 통사적 제약이 불규

칙적으로 발생하는 것을 볼 수 있었다. 이것은 가정 조건절과 문말 형식 (추량형·단정형)과의 의미관계(낮은 확실도)가 관계되기 때문이라는 것이 밝혀졌다.

셋째, 「さぞかし」, 「きっと」, 「もちろん」, 「恐らく」, 「多分」, 「どうも」, 「どうやら」는 가정 조건절의 보문부에 포함되지 않는 사실에서 이들 부사에 한해서 가정 조건절과의 엄격한 통사적 제약이 유지되는 것을 알 수 있었다. 그 이유는 이들 부사가 판단의 기능을 하므로, 즉 태도층에 속하므로 같은 태도층에 속하는 주절과 강한 결속력을 지니기 때문이라는 사실이 밝혀졌다.

마지막으로「たら」, 「なら」, 「ば」절은 진위판단부사의 수식 범위에 속할 수 있지만「と」절은 어떠한 경우라도 진위판단부사의 수식 범위에 들어가지 않는 것을 알 수 있었다.

이와 같이 본장에서는 적어도 부사에 중점을 두는 것에 의해 데라무라 (寺村 : 1981), 닛타(仁田 : 1984, 2002b), 마에다(前田 : 1995), 마스오카(益岡 : 1987, 1993ab, 1997), 다쿠보(田窪 : 1987), 마스오카(益岡 : 1992)·다쿠보(田窪), 에구치 (江口 : 2000) 등으로 대표되는 일본어 복문 연구에 어느 정도 객관적인 시점을 부여할 수 있었다고 생각한다.

제8장 언어 내·외적 요인에 따른 진위판단부사와 의문 형식과의 공기 제약

1. 시작하며

제3장–제7장까지는 모두 언어의 내적 요인에 의거한 고찰이었지만 본장에서는 언어의 외적 요인에 의거하여 문법을 고찰하고자 한다. 그리고 언어 내적 요인을 근거로 기존의 문법 연구에서는 다루어지지 않았던 방법으로 진위판단부사의 문법적 특징을 고찰하고자 한다.[1] 본장의 분석은 문법 연구에 있어 새로운 방법론적 접근을 모색했다는 점에서 나름의 의의가 있다고 생각된다.

본장의 구성은 다음과 같다. 우선 제2절에서는 문제점을 제기한다. 제3절에서는 조사 개요를 언급한다. 제4절에서는 진위판단부사와 의문 형식과의 공기 제약을 검토하고 서로 공기 가능한 예와 공기가 불가능한

---

[1] 이러한 이유로 본장이 진위판단부사와 의문 형식과의 공기 제약을 고찰하고 있음에도 불구하고 제5장에서 다루지 않았다.

예, 조건부로 공기가 가능한 예를 제각각 제시함과 동시에 의문 형식과 공기하는 부사가 어떠한 의미를 나타내는지 그리고 부사와 의문 형식과의 공기에 관여하는 조건(시제, 인칭, 조사, 어순 등)과 같은 언어 내적 요인에 의거하여 고찰을 하고자 한다. 제5절에서는 남녀차와 지역차로 대표되는 언어 외적 요인에 의거하여 진위판단부사와 의문 형식과의 공기 제약을 고찰할 것이다. 제6절에서는 결론을 말한다.

2. 문제의 소재

부사와 의문 형식에 관한 연구로서 사와다(澤田 : 1978, 1993), 나카우(中右 : 1979, 1980) 등을 들 수 있는데 이들 연구에서는 명제에 대한 화자의 심적 태도를 나타내는 진위판단부사와 의문 형식이 서로 공기하지 않는다는 통사적 제약을 고찰하였다. 예를 들면 다음과 같은 예문이 그것에 해당한다.

> (1) a. *おそらく、母は夜なべをしているだろうか？
>
> b. *ひょっとすれば母は夜なべをしているかもしれないですか？
>
> c. {*多分/?ひょっとして} 次郎は道江に恋していたのですか？
>
> 사와다(澤田 : 1993, pp.211, 212, 238)
>
> (2) a. *Do they **surely** want him to be elected?
>
> b. *Did Frank **probably** beat all his opponents?
>
> 나카우(中右 : 1980, p.200)

그런데 모리모토(森本 : 1994)는 위의 예문 (1)과 (2)와 같은 사실을 인정하면서도 다른 한편으로 예문 (1)과 (2)와는 상반된 예를 분석하였다. 데이터를 분석하기 전에 모리모토(森本)는 자신을 포함한 5, 6명 정도의 일본인 모어 화자를 중심으로 예문 판정을 실시하였다. 그러나 모리모토(森本 : 1994)가 실시한 예문 판정에는 다음과 같은 몇 가지 문제점을 들 수 있다.

우선 첫째로 기존의 특정한 문장에 나타나는 특정한 통사적 현상은 주로 원어민(연구자 모리모토 자신을 포함하여)의 내성에 의지하는 경우가 대부분인데 이것이 과연 객관적일 수 있느냐는 문제점이 있다. 둘째, 모리모토(森本 : 1994)의 경우, 예문 판정을 의뢰받은 5, 6명의 일본 원어민 화자가 내린 판정 결과는 성별, 연령, 출신 지역까지 고려하면 다른 결과를 얻을 가능성이 있다는 문제점이 있다. 셋째, 모리모토(森本 : 1994)에서는 특정한 부사가 판단 이외의 의미로 사용되는 점에 대해서는 고찰을 하지 않았다는 문제점을 들 수 있다. 이것은 진위판단부사와 의문 형식과의 공기가 허용되는 이유를 설명할 수 있으므로 매우 중요하다. 마지막으로 특정한 부사의 사용에 있어 방언적인 사용, 고어, 일탈된 사용, 특별한 문학적 효과를 견준 비일상적 용법을 거두기 위해 사용되었을 가능성에 대해서는 일절 고찰하지 않았다는 문제점을 들 수 있다. 이들 문제점들을 해결해야 비로소 모리모토(森本 : 1994)의 연구적 타당성을 인정할 수 있을 것이다. 본장에서는 이들 문제를 해결하는 것을 목적으로 한다.

3. 조사 방법

3.1 조사 개요

본장에서는 진위판단부사와 의문 형식과의 공기 가능성 여부를 우선 조사할 것이다. 조사 항목으로 모리모토(森本 : 1994)가 제시한 예를 들면 다음의 (3)과 같은 예문을 들 수 있다.

(3) 「山田さんは絶対に行きますか。」

모리모토(森本 : 1994, p.35)

본장에서는 예문 (3)과 같은 부사 사용의 적부를 조사함과 동시에 부자연스러우면 어떠한 조건하에서 자연스러워지는지, 또한 각 부사의 사용이 올바른 경우라도 문장 의미 변화는 없는지를 조사할 것이다.[2]

조사는 2005년 7월 12일부터 19일 사이, 일본 도야마대학교(富山大学)의 대학생 남녀 56명을 대상으로 실시하였다. 조사 대상자의 성별, 평균 연령, 출신 지역, 12세까지의 주거주지, 현거주지 등을 제시하면 다음과 같다.

① 성별 : 남 14명/여 42명
② 평균 연령 : 18.4세
③ 출신 지역(출신지와 12세까지 거주한 지역이 일치하는 곳은 배경 색을 넣어 표시함)

---

2) 문장 판정에 있어서 각각의 부사를 넣어 문장이 문법적이면 ○, 문장이 비문법적이면 ×, 부자연스럽지만 조건부로 사용할 수 있으면 △형을 마크하도록 하였다.

출신지	青森県	千葉県	長野県	茨城県	愛知県	新潟県	石川県	三重県	山形県	富山県	福井県	大阪府	岐阜県	群馬県	京都府	地域不明	合計(명)
인원수	2	1	7	1	2	7	6	1	1	13	3	1	2	1	2	6	56

④ 12세까지 거주한 지역

거주지	青森県	東京都	長野県	宮城県	愛知県	新潟県	石川県	三重県	山形県	富山県	福井県	大阪府	群馬県	京都府	地域不明	地域不明	合計(명)
인원수	2	1	7	1	2	5	6	1	2	13	2	1	1	1	11	6	56

⑤ 현거주지

現居住地	富山県	石川県	現居住地不明	合 計(명)
인원수	48	4	4	56

3.2 조사 항목

조사 항목은 본장의 고찰 대상인 16개 부사와 「か, かな, よね」 등의 의문 형식이다. 그리고 부사와 의문 형식과의 공기 가능성 여부를 고찰하기 위해 다음과 같은 10개의 예문을 선정하였다.[3]

---

3) 1-6까지의 예는 모리모토(森本 : 1994)에서 인용한 것이며 7-10의 예는 작례이다.

1. 山田さんは＿＿＿＿東京へ行きますか?

2. 山田さんは＿＿＿＿東京へ行きませんか?

3. ジョンは＿＿＿＿＿成功しますか?

4. ＿＿＿＿＿あした来ますか?

5. P.＿＿＿＿あれは山田さんですか?　　　　　Q.はい、そうです。

6. P.あの人は＿＿＿＿＿＿警部さんですか　　　Q.はい、そうです。

7. 山田さんは＿＿＿＿＿＿東京へ行くだろうか?

8. 山田さんは＿＿＿＿＿＿東京へ行くかな?

9. 山田さんは＿＿＿＿＿＿東京へ行くでしょうか?

10. 山田さんは＿＿＿＿＿東京へ行くよね?

　　진위판단부사와 의문 형식과의 공기 가능성 여부를 조사하기 위해 다음과 같은 형식의 앙케트 조사를 하였다.

[조사표]

※まず、あなたご自身のことについてお答えください。
①性別　　　　男　　　　　　女
②年齢　　　（　　　　　　）歳
③現居住地　（　　　　　　）県、市　　　　　居住歴(　　　　)年
④12歳まで主に居住した都市・地域(　　　　　　　　　　)

※このアンケートは日本語の副詞が疑問表現をもつ文のなかで自然に使えるかどうかに焦点を当てた調査です。それぞれの文についての判定を○、△、×のどれかに印してください。なお、○の場合はその意味を、△の場合は条件を下記の例から選んでください。(複数選択可)

≪アンケート≫
※次の例文が自然であるかどうかを判断してください。

★判定の基準

（○）：自然である。→下記の例からその意味を選んでください。

（△）：条件付きで使用可能である。→下記の例からその条件を選んでください。

（×）：不自然である。

NO	例　　　文	○	○の場合 （意味）	△	△の場合 （条件）	×
1	山田さんは**ぜったいに**東京へ行きますか。					
2	山田さんは**かならず**東京へ行きますか。					
3	山田さんは**きっと**東京へ行きますか。					
4	山田さんは**もちろん**東京へ行きますか。					
5	山田さんは**さぞ**東京へ行きますか。					
6	山田さんは**たしかに**東京へ行きますか。					
7	山田さんは**たしか**東京へ行きますか。					
8	山田さんは**おそらく**東京へ行きますか。					
9	山田さんは**たぶん**東京へ行きますか。					
10	山田さんは**まさか**東京へ行きますか。					
11	山田さんは**どうも**東京へ行きますか。					
12	山田さんは**どうやら**東京へ行きますか。					
13	山田さんは**よもや**東京へ行きますか。					
14	山田さんは**あるいは**東京へ行きますか。					
15	山田さんは**もしかして**東京へ行きますか。					

| 16 | 山田さんは**ひょっとして**東京へ行きますか。 | | | | | |

※○の場合(意味)例	※△の場合(条件)例
a.[東京へ行く]という事実に対する推し量り	①(　　　　)地域の方言なら言える。 (　　　)の地域を直接記入してください。
b.実質的な質問に対する前置き	②山田さんが話し相手ではない第3者の場合なら言える。
c.[東京へ行く]という事実に対する確認	③[東京へ行く]という事実を前もって知っているなら言える。
d.[東京へ行く]という前提に対する念押し	④[東京へ行き**ました**か]なら言える。
e.その他　(直接記入してください)	⑤[山田さん**も**]なら言える。
	⑥[山田さん**が**]なら言える。
	⑦太文字の副詞を[山田さん]の前においたら言える。
	⑧太文字の副詞を[行きますか]の前においたら言える。
	⑨独り言なら言える。
	⑩その他 (直接記入してください)

　우선 원어민의 성별, 연령, 현재 거주하는 지역, 12세까지 주로 거주한 지역 등을 앙케트 조사지에 기입하도록 하였다. 또한 16개의 각각 다른 부사와 각각의 의문 형식과의 공기 제약을 체크하도록 함과 동시에 각 부사가 특정한 문장 중에서 어떠한 의미로 사용되는지, 또한 어떠한 조

건하에서라면 사용이 가능한지, 또는 사용이 불가능한지 등에 대해서도 대답을 하도록 하였다.

4. 언어의 내적 요인에 따른 결과 분석

4.1 단순한 공기 제약

이 절에서는 모리모토(森本 : 1994)의 주장에 상반되는 공기 제약을 보여 주는 예와 본장의 조사 결과를 서로 비교하면서 분석을 하고자 한다.

우선 모리모토(森本 : 1994)가 주장하는 내용을 중심으로 부사와 의문 형식과의 공기 관계를 정리하면 다음의 [표 25]와 같다. [표 25]를 보면 각 부사와 문말의 의문 형식과의 공기 제약이 다르게 나타나는 것을 알 수 있다. [+]는 공기가 가능한 것을, [??], [-]는 공기가 어렵거나 불가능한 것을 나타낸다.

[표 25] 모리모토(森本 : 1994)에 있어 부사와 의문 형식과의 공기 양상

疑問形式 / 副詞	1 ～行きますか	2 ～行きませんか	3 ～来ますか	4 ～成功しますか	5 ～山田さんですか	6 ～警部さんですか
絶対に	+	+	+	??	-	-
必ず	+	-	+	??	-	-
きっと	+	+	+	?	-	-
たしかに	+	+	+	-	-	+
ひょっとして	+	+	+	??	+	-
さぞ	-	-	-	-	-	-
たしか	-	-	-	-	-	-

たぶん	-	-	-	--	-	-
おそらく	-	-	-	-	-	-
まさか	-	-	-	-	-	-
どうも	-	-	-	-	-	-
どうやら	-	-	-	-	-	-

[표 25]를 통해서 다음의 사실을 알 수 있다. 모리모토(森本 : 1994)는 다음 예문 (4)에서 보듯 인식적인 기능(추량)을 지니는 진위판단부사는 그러한 기능을 지니지 않는 의문문에 나타나지 않는다(pp.179)고 주장하였다.[4]

이에 반해, 예문 (5)를 보면「ぜったい, かならず, きっと」등의 진위판단부사는 의문문에 나타난다. 즉 의문 형식과 공기하는 것을 알 수 있는데, 이것은 화자는 청자가 오는 것을 상정하거나 전제로 하는 문맥하게 상대에게 강한 동의나 확약을 받고자 하는 경우(p.177)는 진위판단부사가 의문문에 나타날 수 있다고 하였다.

(4) ジョンは?きっと成功しますか。

   ??かならず成功しますか。

   ??ぜったい成功しますか。

   ??ひょっとして成功しますか。

(5) {ぜったい/かならず/きっと}あした来ますか。

(6) P : ひょっとしたらあれは山田さんですか。

   Q : ええ、そうです。

모리모토(森本 : 1994, pp.177-178)

---

4) (6)의「ひょっとしたら」는「わたしはこれが正しいかもしれないと思うが、どうかわからないからあなたに真実かどうか判断してもらいたい」라고 하는 뜻이 되므로 의문문에 나타날 수 있다.

그러면 본장의 조사 결과와 모리모토 연구를 비교하면서 차이점을 고찰하도록 하겠다. 우선 첫째로 다음 [표 26]에서 알 수 있듯이 본 연구자가 조사한 바로는 「絶対に, 必ず, きっと, ひょっとして」 등의 부사는 물론, 「たしかに, もしかして, もちろん, おそらく, たぶん, まさか」 등의 부사도 의문 형식과 공기하는 사실이 밝혀졌다. 또한 「もちろん, たしかに, たしか, おそらく, たぶん, まさか, どうやら, よもや, あるいは, もしかして, ひょっとして」 등의 부사는 조건부로 공기를 허용하는 부사라는 점을 알수 있었다.

[표 26] 「ジョンは___成功しますか」 문장에 있어 부사의 공기 양상5)

NO	副詞＼判定	○		△		×	
		人数	%	人数	%	人数	%
1	絶対に	49	87.5	4	7.1	3	5.4
2	必ず	46	82.1	7	12.5	3	5.4
3	きっと	33	58.9	11	19.6	12	21.4
4	もちろん	16	28.6	16	28.6	24	42.9
5	さぞ	0	0	1	1.8	55	98.2
6	たしかに	33	58.9	15	26.8	8	14.3
7	たしか	1	1.8	16	28.6	39	69.6
8	おそらく	17	30.4	15	26.8	24	42.9
9	たぶん	17	30.4	12	21.4	27	48.2
10	まさか	17	30.4	21	37.5	18	32.1
11	どうも	1	1.8	10	17.9	45	80.4
12	どうやら	9	16	19	33.9	28	50
13	よもや	6	10.7	17	30.4	33	58.9
14	あるいは	10	17.9	12	21.4	34	60.7
15	もしかして	35	62.5	16	28.6	5	8.9
16	ひょっとして	35	62.5	17	30.4	4	7.1

5) 표 안의 배경색 부분은 수치가 과반수(50%)를 차지하거나 혹은 비교 대상(남녀별·지역별 등)과의 차이가 약 15%인 것을 나타낸다. 또한 수치가 20% 이상의 경우는 강조체로 표시하였다.(이하 동일).

둘째, 위의 예문 (5)에 상당하는 조사 결과를 표로 나타내면 [표 27]과 같다. [표 27]에서 진위판단부사「ぜったい, 必ず, きっと」는 모리모토(森本)의 주장대로 의문 형식과 공기할 수 있는 것을 알 수 있지만, 위의 [표 25]에서 제시한 진위판단부사「たしかに, ひょっとして」의 경우는 의문 형식과 공기할 수 없다고 한 모리모토(森本)의 주장과는 다른 결과가 나왔다. 즉 부사「たしかに(87.5%), ひょっとして(92.9%)」의 수치에서 알 수 있듯이 의문 형식과의 공기 허용도가 높다는 사실이 밝혀졌다.

[표 27]「＿＿＿＿あした来ますか」문장에 있어 공기 양상

NO	判定 副詞	○ 人数	%	△ 人数	%	× 人数	%
1	絶対に	52	92.9	0	0	4	7.1
2	必ず	52	92.9	1	1.8	3	5.4
3	きっと	38	67.9	3	5.4	15	26.8
4	もちろん	27	48.2	9	16.1	20	35.7
5	さぞ	0	0	0	0	0	35.7
6	たしかに	49	87.5	2	3.6	5	8.9
7	たしか	7	12.5	10	17.9	39	69.6
8	おそらく	10	17.9	10	17.9	36	64.3
9	たぶん	10	17.9	8	14.3	38	67.9
10	まさか	40	71.4	4	7.1	12	21.4
11	どうも	1	1.8	4	7.1	51	91.1
12	どうやら	4	7.1	9	16.1	43	76.8
13	よもや	20	35.7	1	1.8	35	62.5
14	あるいは	28	50.0	4	7.1	24	42.9
15	もしかして	53	94.6	0	0	3	5.4
16	ひょっとして	52	92.9	1	1.8	3	5.4

셋째, 위의 예문 (6)에 대한 판정 결과를 표로 나타내면 [표 28]과 같다. [표 28]에서 알 수 있듯이 [표 25]에서 제시한 모리모토(森本)의 주장대로 진위판단부사「ひょっとして(92.9%)」는 의문 형식과의 공기 허용도가 매우 높은 것을 알 수 있다. 그러나 모리모토(森本)의 주장과는 달리「ひょっとして」이외의「絶対に, きっと, もちろん, たしかに, たしか, おそらく, たぶん, まさか, どうやら, よもや, あるいは, もしかして」등의 부사도 의문 형식과의 공기를 허용하는 사실이 밝혀졌다.

[표 28] 「___あれは山田さんですか」 문장에 있어 부사의 공기 양상

NO	副詞 / 判定	○ 人数	%	△ 人数	%	× 人数	%
1	絶対に	51	91.1	1	1.8	4	7.1
2	必ず	8	14.3	6	10.7	42	75.0
3	きっと	14	25.0	7	12.5	35	62.5
4	もちろん	18	32.1	8	14.3	30	53.6
5	さぞ	0	0.0	1	1.8	55	98.2
6	たしかに	50	89.3	2	3.6	4	7.1
7	たしか	39	69.6	4	7.1	13	23.2
8	おそらく	19	33.9	11	19.6	26	46.4
9	たぶん	19	33.9	10	17.9	27	48.2
10	まさか	48	85.7	1	1.8	7	12.5
11	どうも	8	14.3	6	10.7	42	75.0
12	どうやら	19	33.9	8	14.3	29	51.8
13	よもや	23	41.1	2	3.6	31	55.4
14	あるいは	14	25.0	9	16.1	33	58.9
15	もしかして	52	92.9	0	0.0	0	0.0
16	ひょっとして	52	92.9	0	0.0	0	0.0

이상의 예문 (4)-(6)에 대한 판정 결과에서 문법성 판정을 할 때, 개인의 내성이나 적은 수의 원어민에 대한 판정보다는 많은 수의 앙케트 조사나 코퍼스에 의한 판정이 훨씬 객관적임을 알 수 있다.

4.2 진위판단부사의 의미에 의한 공기 제약

의문문에 있어 본래 명제 내용에 대한 진실 여부를 판단하는 것은 화자가 아니라 청자의 역할이라고 할 수 있다. 명제의 진위 판단을 나타내는 부사는 원칙적으로 화자의 주관적 태도를 나타내므로 진위 판단을 나타내지 않는 의문문과는 공기하지 않는다는 것이 일반적인 정설이었다. 그러나 4.1절에서 이미 본 것처럼 각각의 진위판단부사가 실제로는 의문 형식과의 공기를 허용하는 사실이 밝혀졌다. 모리모토(森本 : 1994)는 이것을 충분히 설명하지 않았다. 이 절에서는 진위판단부사가 지니는 본래의 의미·용법인, 즉 판단 이외의 의미가 존재할 가능성을 모색하는 것에 의해 의문 형식과 진위판단부사가 공기하는 현상을 고찰하고자 한다.

우선 첫째로 다음의 예문 (7)부터 보도록 하자.

(7) 「山田さんは_____東京へ行きますか。」

모리모토(森本 : 1994, p.35)

위의 예문 (7)의 판정 결과는 [표 25]에서 제시한 바와 같다. 모리모토 (森本 : 1994)는 「絶対に, 必ず, きっと, たしかに, ひょっとして」 등의 부사가 의문 형식과 공기가 가능하다고 하였다. 이 사실은 아래의 [표 29]에서 보듯 「絶対に(100%), 必ず(98.2%), きっと(35.7%), もちろん(30.4%), たしかに(82.1%), たぶん(21.4%), まさか(33.9%), あるいは(21.4%), もしかして(100%), ひょっとして (100%)」의 결과에서도 뒷받침된다. 그런데 이와 같은 결과가 나온 데에는 부사의 의미와 관계가 있다고 생각된다.

「山田さんは絶対に東京へ行きますか」로 말하자면 응답자 전원이 「絶対

に」와 의문 형식이 서로 공기를 허용한나고 판정하였다. 응답자를 자세히 분류하면 부사가「「東京へ行く」라고 하는 사실에 대한 추량」의 의미를 지니기 때문으로 본 응답자가 6명(10.7%),「실질적 질문에 대한 전제(前置き)」의 의미를 지닌다고 판정한 응답자가 1명(1.8%),「「東京へ行く」고 하는 사실에 대한 인식」의 의미를 지닌다고 판정한 응답자가 25명(44.6%)「「東京へ行く」라는 전제에 대한 다짐(念押し)」의 의미를 지닌다고 판정한 응답자가 24명(42.9%)이었다. 이 판정 결과에서 알 수 있는 것은 진위판단부사「絶対に」가 본래 가져야만 하는「「東京へ行く」라는 사실에 대한 추량」의 의미가 아닌「「東京へ行く」라는 사실에 대한 확인」과「「東京へ行く」라는 전제에 대한 다짐이라는 의미로의 일탈을 보인 의문문하고만 공기를 허용한다는 것이다. 부사「必ず, きっと, もちろん, たしかに」에 대해서도 동종의 설명이 가능하다.

그러나「たぶん, まさか, もしかして, ひょっとして」등의 부사는「「東京へ行く」라고 하는 사실에 대한 추량」의 의미를 나타냄에도 불구하고 의문 형식과의 공기를 허용한다는 사실을 알 수 있었다.

[표 29]「山田さんは___東京へ行きますか」문장에 있어 부사와 의미 용법과의 공기 양상

表29　　山田さんは＿＿＿＿＿＿東京へ行きますか。」

意味用法 副詞	○		(a)推量		(b)前置き		(c)確認		(d)念押し		(e)その他		意味不明	
	人数	%	人数	%	人数	%	人数	%	人数	%	人数	%	人数	%
1 絶対に	56	100	6	10.7	1	1.8	25	44.6	24	42.9	0	0.0	0	0.0
2 必ず	55	98.2	4	7.3	1	1.8	23	41.8	25	45.5	0	0.0	3	5.5
3 きっと	20	35.7	4	20.0	0	0.0	6	30.0	10	50.0	0	0.0	0	0.0
4 もちろん	17	30.4	2	11.8	1	5.9	3	17.6	8	47.1	0	0.0	3	17.6
5 さぞ	1	1.8	1	100	0	0.0	0	0.0	0	0.0	0	0.0	0	0.0
6 たしかに	46	82.1	3	6.5	1	2.2	25	54.3	12	26.1	0	0.0	5	10.9
7 たしか	3	5.4	0	0.0	0	0.0	2	66.7	1	33.3	0	0.0	0	0.0
8 おそらく	9	16.1	5	55.6	0	0.0	3	33.3	0	0.0	0	0.0	1	11.1
9 たぶん	12	21.4	6	50.6	2	16.7	2	16.7	0	0.0	0	0.0	2	16.7
10 まさか	19	33.9	7	36.8	4	21.1	6	31.6	0	0.0	0	0.0	2	10.5
11 どうも	1	1.8	1	100	0	0.0	0	0.0	0	0.0	0	0.0	0	0.0
12 どうやら	4	7.1	2	50.0	1	25.0	1	25.0	0	0.0	0	0.0	0	0.0
13 よもや	11	19.6	2	18.2	1	9.1	5	45.5	0	0.0	0	0.0	2	18.2
14 あるいは	12	21.4	4	33.3	4	33.3	1	8.3	0	0.0	3	25.0	0	0.0
15 もしかして	56	100	31	55.4	12	21.4	4	7.1	1	1.8	0	0	8	14.3
16 ひょっとして	56	100	32	57.1	12	21.4	4	7.1	1	1.8	1	1.8	6	10.7

```
※〇の場合(意味)例
a.[東京へ行く]という事実に対する推し量
b.実質的な質問に対する前置き
c.[東京へ行く]という事実に対する確認
d.[東京へ行く]という前提に対する念押し
e.その他  (直接記入してください)
```

둘째, 모리모토(森本 : 1994)는 부사「たしかに」와 의문 형식과의 공기가
허용되는 예로 다음의 예문 (8)을 들고 있다. 모리모토(森本)의 주장대로「た
しかに」가 확인의 의미를 지니는 것은 확실하다.

(8) P：あの人は＿＿＿＿＿＿警部さんですか。

Q：a. はい、そうです。

b. いいえ、違います。

모리모토(森本 : 1994, p.178)

그러나 다음의 [표 30]을 보면 부사「たしかに」는「「警部さんだ」이라는
사실에 대한 확인(22.4%)」의 의미 이외에 사소한 차이로「「警部さんだ」라는
전제에 대한 다짐(念押し, 20.4%)」이라고 하는 의미·용법도 있다는 것을 알
수 있다.「絶対に, もちろん」에도 동일한 경향이 있음을 확인할 수 있다.

한편 진위 판단의 의미로는 사용되지 않는 부사에 한해서 의문 형식과
의 공기가 허용된다고 한 모리모토(森本)의 주장과는 대조적으로 부사「た
しか, おそらく, たぶん, まさか, どうも, どうやら, よもや, あるいは, もしか
して, ひょっとして」등은「「警部さんだ」이라는 사실에 대한 추량」이라
고 하는 인식의 의미를 지니고 있어도 의문 형식과 공기한다는 사실이
밝혀졌다.

[표 30] 「あの人は＿＿＿警部さんですか」 문장에 있어
부사와 의미·용법과의 공기 양상

意味用法\n副詞	O 人数	O %	(a)推量 人数	(a)推量 %	(b)前置き 人数	(b)前置き %	(c)確認 人数	(c)確認 %	(d)念押し 人数	(d)念押し %	(e)その他 人数	(e)その他 %	意味不明 人数	意味不明 %
1 絶対に	47	83.9	0	0.0	0	0.0	9	19.1	14	28.8	0	0.0	25	53.2
2 必ず	6	10.7	0	0.0	0	0.0	1	16.7	2	33.3	0	0.0	3	50.0
3 きっと	8	14.3	1	12.5	0	0.0	1	12.5	1	12.5	0	0.0	5	62.5
4 もちろん	16	28.6	0	0.0	0	0.0	6	37.5	3	18.8	0	0.0	9	56.3
5 さぞ														
6 たしかに	49	87.5	2	4.1	0	0.0	11	22.4	10	20.4	0	0.0	27	55.1
7 たしか	27	48.2	9	33.3	0	0.0	3	11.1	0	0.0	0	0.0	16	59.3
8 おそらく	15	26.8	7	46.7	0	0.0	1	6.7	0	0.0	0	0.0	7	46.7
9 たぶん	13	23.2	5	38.5	0	0.0	0	0.0	0	0.0	0	0.0	8	61.5
10 まさか	46	82.1	12	26.1	1	2.2	7	15.2	0	0.0	1	2.2	25	54.3
11 どうも	3	5.4	1	33.3	0	0.0	0	0.0	0	0.0	0	0.0	2	66.7
12 どうやら	13	23.2	6	46.2	0	0.0	1	7.7	0	0.0	0	0.0	6	46.2
13 よもや	21	37.5	5	23.8	0	0.0	2	9.5	0	0.0	1	4.8	13	61.9
14 あるいは	17	30.4	6	35.3	0	0.0	2	11.8	0	0.0	0	0.0	9	52.9
15 もしかして	51	91.1	17	33.3	3	5.9	4	7.8	0	0.0	0	0.0	28	54.9
16 ひょっとして	51	91.1	17	33.3	3	5.9	4	7.8	0	0.0	0	0.0	27	52.9

이상의 결과에서 명제 내용의 진실성 판단에 관련된 진위판단부사가 모리모토(森本：1994)의 「본래 인식적인 기능이 아닌 다른 기능을 지니는 경우에 한해서 의문 형식과의 공기가 가능하다(p.179)」라는 주장은 무리가 있다고 하겠다.

4.3 진위판단부사와 의문 형식과의 공기 조건

이 절에서는 문장 성립에 관여하는 여러 형식의 다양한 조건을 고려하는 것에 의해 공기 허용도가 변화하는 현상을 고찰하고자 한다. 이러한 고찰은 모리모토(森本：1994)의 연구에서는 찾아볼 수 없다.

우선 첫째로 다음 예문 (9)부터 보도록 하자.

　　(9) 「山田さんは＿＿＿＿東京へ行きませんか。」

　　　　　　　　　　　　　　　　　　모리모토((森本：1994, p.35)

예문 (9)의 (____)에 들어가는 각 부사와 조건과의 공기 양상은 다음의 [표 31]과 같이 정리할 수 있다. [표 31]에서「きっと, もちろん, たしかに, たしか, おそらく, まさか, どうも, どうやら, あるいは」 등의 부사는 특정한 조건이 주어지면 공기 허용도가 높아지는 것을 알 수 있다. 가장 주목해야만 할 점은 진위판단부사「たしか」이다.「たしか」는 조건부로 공기를 허용한다고 하는 비율이「53.6%」로 과반수를 차지하고 있다. 예를 들면 원래 예문 (9)의「山田さんはたしか東京へ行きませんか。」의 문말 부분을「~行きませんでしたか(66.7%)」와 같이 문말 술어를 과거형으로 하면 공기 허용도가 높아진다는 것이다. 이와 같은 경향은 다음의「もちろん(26.7%), たしかに(53.8%), まさか(71.4%), どうも(21.4%), どうやら(23.1%), あるいは(33.3%)」 등의 부사에서도 찾아볼 수 있다.

[표 31]「山田さんは____東京へ行きませんか」문장에 있어
부사와 조건과의 공기 양상

条件 副詞	条件つきで可 人数	%	①方言 人数	%	②山田が第3者 人数	%	③事前・承知 人数	%	④過去形 人数	%	⑤は→も 人数	%	⑥は→が 人数	%	⑦山田の前 人数	%	⑧動詞の前 人数	%	⑨独り言 人数	%	⑩その他 人数	%	条件不明 人数	%
絶対に	5	8.9	0	0.0	2	40.0	0	0.0	1	20.0	0	0.0	0	0.0	0	0.0	1	20.0	0	0.0	0	0.0	0	0.0
必ず	10	17.9	0	0.0	1	10.0	0	10.0	1	10.0	0	0.0	0	0.0	1	10.0	1	10.0	0	0.0	1	10.0	4	40.0
きっと	12	21.4	0	0.0	5	41.7	2	16.7	0	0.0	2	16.7	0	0.0	2	16.7	0	0.0	0	0.0	0	0.0	1	8.3
もちろん	15	26.8	0	0.0	2	13.3	4	26.7	4	26.7	2	13.3	0	0.0	4	26.7	0	0.0	0	0.0	0	0.0	2	13.3
さぞ																								
たしかに	13	23.2	0	0.0	1	7.7	2	15.4	7	53.8	0	0.0	0	0.0	1	7.7	0	0.0	0	0.0	0	0.0	2	15.4
たしか	30	53.6	1	3.3	7	23.3	2	6.7	20	66.7	0	0.0	0	0.0	1	3.3	0	0.0	0	0.0	0	0.0	0	0.0
おそらく	13	23.2	0	0.0	9	69.2	0	0.0	2	15.4	1	7.7	0	0.0	1	7.7	0	0.0	0	0.0	0	0.0	0	0.0
たぶん	11	19.6	0	0.0	6	54.5	0	0.0	3	27.3	1	9.1	0	0.0	2	18.2	0	0.0	0	0.0	0	0.0	0	0.0
まさか	14	25.0	0	0.0	2	14.3	0	0.0	10	71.4	0	0.0	0	0.0	1	7.1	0	0.0	0	0.0	1	7.1	1	7.1
どうも	14	25.0	0	0.0	9	64.3	2	14.3	3	21.4	0	0.0	0	0.0	2	14.3	0	0.0	0	0.0	0	0.0	1	7.1
どうやら	13	23.2	0	0.0	6	46.2	0	0.0	3	23.1	1	7.7	0	0.0	2	15.4	1	7.7	0	0.0	0	0.0	0	0.0
よもや	10	17.9	0	0.0	2	20.0	0	0.0	5	50.0	0	0.0	0	0.0	3	30.0	0	0.0	0	0.0	0	0.0	2	20.0
あるいは	12	21.4	0	0.0	4	33.3	0	0.0	4	33.3	1	8.3	0	0.0	2	16.7	0	0.0	0	0.0	0	0.0	2	16.7
もしかして	10	17.9	0	0.0	0	0.0	0	0.0	6	60.0	1	10.0	0	0.0	0	0.0	0	0.0	0	0.0	1	10.0	2	20.0
ひょっとして	9	16.1	0	0.0	0	0.0	0	0.0	8	88.9	0	0.0	0	0.0	0	0.0	0	0.0	0	0.0	0	0.0	1	11.1

```
※△の場合(条件)例
①(    )地域の方言なら言える。
  (    )の地域を直接記入してください。
②山田さんが話し相手ではない第3者の場合なら言える。
③[東京へ行く]という事実を前もって知っているなら言える。
④[東京へ行きましたか]なら言える。
⑤[山田さんも]なら言える。
⑥[山田さんが]なら言える。
⑦太文字の副詞を[山田さん]の前においたら言える。
⑧太文字の副詞を[行きますか]の前においたら言える。
⑨独り言なら言える。
⑩その他（直接記入してください）
```

둘째, 「山田さんが話し相手ではなく第3者なら言える」라는 조건이 주어졌을 때 공기 허용도가 높아지는 부사가 있다. 예를 들면 「きっと(41.7%), たしか(23.3%), おそらく(69.2%), どうも(64.3%), どうやら(46.2%), あるいは(33.3%)」 등의 부사들이 그것에 해당한다. 다음의 예문 (10)에서 보듯 「森さん」과 「林さん」이 제3자인 야마다 씨(山田さん)에 대해 대화를 하고 있는 경우라면 부사와 의문 형식과의 공기 허용도가 높아진다.

(10) 林：「山田さんはきっと東京へ行きませんか？」
　　 森：「はい、山田さんは東京へ行かないと思います。

그리고 진위판단부사 「もちろん」의 경우, 「山田さんはもちろん東京へ行きませんか。」에서 「「山田さんが東京へ行く」라는 사실을 미리 알고 있다(26.7%)」라는 조건 혹은 「もちろん山田さんは東京へ行きませんか。」에서 보듯 「부사의 위치를 「山田さん」 앞에 둔다(26.7%)」고 하는 조건하라면 공기 허용도가 높아진다는 사실이 밝혀졌다.

셋째, 다음의 예문 (11)에 대한 적법성 판단 결과는 [표 32]와 같이 요약할 수 있다.

     (11)「山田さんは＿＿＿＿東京へ行くかな?」

[표 32]「山田さんは＿＿東京へ行くかな」문장에 있어 부사와 조건과의 공기 양상

条件 / 副詞	条件つきで可		①方言		②山田が第3者		③事前・承知		④過去形		⑤は→も		⑥は→が		⑦山田の前		⑧動詞の前		⑨独り言		⑩その他		条件不明	
	人数	%	人数	%	人数	%	人数	%	人数	%	人数	%	人数	%	人数	%	人数	%	人数	%	人数	%	人数	%
絶対に	19	33.9	0	0.0	16	84.2	2	10.5	0	0.0	0	0.0	0	0.0	0	0.0	0	0.0	4	21.1	0	0.0	0	0.0
必ず	17	30.4	0	0.0	15	88.2	2	11.8	0	0.0	0	0.0	0	0.0	0	0.0	1	5.9	3	17.6	0	0.0	0	0.0
きっと	17	30.4	0	0.0	12	70.6	1	5.9	0	0.0	0	0.0	0	0.0	1	5.9	0	0.0	3	17.6	1	5.9	0	0.0
もちろん	21	37.5	0	0.0	11	52.4	3	14.3	1	4.8	5	23.8	0	0.0	2	9.5	0	0.0	2	9.5	0	0.0	3	14.3
さぞ	2	3.6	0	0.0	1	50.0	0	0.0	0	0.0	0	0.0	0	0.0	0	0.0	0	0.0	1	50.0	0	0.0	0	0.0
たしかに	21	37.5	0	0.0	16	76.2	4	19.0	0	0.0	0	0.0	0	0.0	1	4.8	0	0.0	1	4.8	0	0.0	2	9.5
たしか	29	51.8	1	3.4	14	48.3	5	17.2	9	31.0	0	0.0	0	0.0	2	6.9	0	0.0	5	17.2	0	0.0	2	6.9
おそらく	26	46.4	0	0.0	17	65.4	2	7.7	4	15.4	2	7.7	0	0.0	2	7.7	0	0.0	1	3.8	0	0.0	2	7.7
たぶん	24	42.9	0	0.0	14	58.3	1	4.2	3	12.5	2	8.3	0	0.0	1	4.2	0	0.0	6	25.0	0	0.0	2	8.3
まさか	23	41.1	0	0.0	13	56.5	1	4.3	1	4.3	1	4.3	1	0.0	4	17.4	0	0.0	5	21.7	1	4.3	1	4.3
どうも	18	32.1	0	0.0	7	38.9	2	11.1	2	11.1	1	5.6	1	0.1	2	11.1	0	0.0	4	22.2	0	0.0	1	5.6
どうやら	22	39.3	0	0.0	10	45.5	1	4.5	7	31.8	1	4.5	0	0.0	3	13.6	0	0.0	2	9.1	0	0.0	0	0.0
よもや	12	21.4	0	0.0	4	33.3	1	8.3	2	16.7	0	0.0	0	0.0	2	16.7	0	0.0	3	25.0	0	0.0	2	16.7
あるいは	17	30.4	0	0.0	9	52.9	0	0.0	3	17.6	3	17.6	0	0.0	3	17.6	0	0.0	4	23.5	0	0.0	0	0.0
もしかして	12	21.4	0	0.0	11	91.7	1	8.3	2	16.7	0	0.0	0	0.0	0	0.0	0	0.0	2	16.7	1	8.3	0	0.0
ひょっとして	11	19.6	0	0.0	11	100.0	1	9.1	1	9.1	0	0.0	0	0.0	0	0.0	0	0.0	2	18.2	1	9.1	0	0.0

[표 32]를 보면「絶対に, 必ず, きっと, もちろん, たしかに, たしか, お
そらく, まさか, どうも, どうやら, よもや, あるいは, もしかして」등, 대부
분의 부사가 조건부로 공기 가능한 것을 알 수 있다. 우선 부사「たしか」
를 위시하여 대부분의 부사가 주어인「山田さん」가 2인칭 청자가 아닌
제3자라면 공기 허용도가 높아진다는 점을 확인할 수 있다. 또한 인칭이
라는 조건 이외에 눈에 띄는 것은 대화 상대를 상정하지 않고「山田さん
はたぶん東京へ行くのかな?」와 같이 심내 발화, 즉 독화(独り言)라면 말할
수 있다고 하는 조건이다. 이때 공기 허용도가 높아지는 부사로「絶対に,
たぶん, どうも, よもや, あるいは」를 들 수 있다. 또한 부사「もちろん」의
경우「山田さんももちろん東京へ行くかな。」과 같이 조사를 바꾸면 공기 허
용도가 높아진다. 마지막으로 부사「たしか, どうやら」의 경우,「山田さ

んはたしか東京へ行ったかな。」,「山田さんはどうやら東京へ行ったかな。」と 같이 문말의 술어를 과거형으로 바꾸면 공기 허용도가 높아진다는 사실이 확인되었다.

이 절에서는 공기 허용도가 낮은 (9)와 (11)의 예문에서 문장 성립에 관여하는 여러 표현 요소의 다양한 조건을 고려하면 공기 허용도가 높아지는 것을 밝혀냈다. 그 결과를 요약하면 문장의 주어인「山田さん」가 대화 상대가 아니라 제3자라는 인칭, 문말의 술어를「～行きませんでしたか/行ったかな」와 같이 과거형, 독화의 형식으로 화자 자신에게 묻는 조건이 부여되면 부사의 공기 허용도가 높아진다는 사실이 밝혀졌다. 그 중에서 부사「もちろん」은「山田さんも」와 같이 조사를 바꾸거나「もちろん 山田さん～」와 같이 부사를 문두에 두거나「山田さんが東京へ行く」라는 사실을 미리 아는 경우에도 공기 허용도가 높아진다는 사실이 밝혀졌다. 이러한 사실에 대해서는 모리모토(森本 : 1994)의 연구에서 일절 논의된 적이 없다.

5. 언어의 외적 요인에 의한 결과 및 분석

이 절에서는 언어의 외적 요인(남녀차·지역차)을 고려하는 것에 의해 모리모토(森本)가 주장하는 부사와 의문 형식과의 공기 허용도가 어떻게 달라지는지에 대해 고찰을 하고자 한다. 물론 모리모토(森本 : 1994)는 이것에 대해서는 일절 다루지 않았다.

5.1 남녀별로 본 공기 허용도

이 절에서는 우선 남녀차에 의거하여 부사와 의문 형식과의 공기 허용도에 어떠한 차이가 나는지를 고찰하고자 한다. 우선 첫째로 남성도 여성도 사용하는 의문 형식[6]「～ですか」와 진위판단부사와의 공기 허용도를 보기 위해 다음의 예문 (12)부터 보도록 하자.

> (12) P：「＿＿＿＿＿あれは山田さんですか。」
>
> Q：「はい、そうです。」
>
> 모리모토(森本：1994, p.178)

아래의 표를 보면 언어의 외적 요인(남녀별)에 의거하여 부사와 의문 형식과의 공기 허용도가 다르다는 것을 알 수 있다.

---

6) 남녀별 사용에 의한 의문 형식의 분류로는 일본문법대사전(日本文法大辞典：1971), 마쓰무라(松村：1971). 마스오카(益岡：1992)・다쿠보(田窪), 나카지마(中島：2002) 등을 참조하길 바란다. 이하, 나카지마(中島)가 분류한 의문 형식을 소개하면 다음과 같다.

(A) 남성도 여성도 사용하는 의문 형식군 ;「명사＋(조사)↑」,「동사(형용사) 보통체↑」,「ない↑」,「(ん)ですか↑」,「ですね↑」,「ます↑」,「ますか↑」 등.

(B) 주로 여성이 사용하는 의문 형식군 ;「명사＋ね↑」,「よね↑」,「ですよね↑」,「ますよね↑」,「(な)の↑」,「のね↑」,「ないの↑」,「(ん)でしょ↑」 등.

(C) 남성이 주로 사용하는 의문 형식군 ;「な↑」,「よな↑」,「(ん)だよな↑」,「か↑」,「かね↑」,「ですかね↑」,「かな↑」,「ね↑」,「だね↑」,「(ん)だよね↑」 등.

[표 33] 「____あれは山田さんですか」 문장에 있어 남녀별 공기 허용도

判定 性別 副詞	O 男 人数	O 男 %	O 女 人数	O 女 %	△ 男 人数	△ 男 %	△ 女 人数	△ 女 %
絶対に	12	85.7	39	92.9	0	0	1	2.3
必ず	1	7.1	6	14.3	3	21.4	3	7.1
きっと	2	14.3	12	28.6	3	21.4	4	9.5
もちろん	3	21.4	15	35.7	3	21.4	5	11.9
さぞ	0	0	0	0	1	7.1	0	0
たしかに	13	92.9	0	0	0	0	2	4.8
たしか	9	64.3	30	71.4	2	14.3	2	4.8
おそらく	4	28.6	15	35.7	5	35.7	6	14.3
たぶん	4	28.6	15	35.7	4	28.6	6	14.3
まさか	11	78.6	38	90.5	1	7.1	0	0
どうも	0	0	8	19	2	14.5	4	9.5
どうやら	4	28.6	15	35.7	4	28.6	4	9.5
よもや	8	57.1	15	35.7	0	0	2	4.8
あるいは	5	35.7	9	21.4	3	21.4	6	14.3
もしかして	12	85.7	40	95.2	2	14.3	0	0
ひょっとして	12	85.7	40	95.2	0	0	0	0

부사와 의문 형식과의 공기가 허용되는 경우(동그라미가 표시된 것)부터 보도록 하자. 남녀 모두 「絶対に, もちろん, たしか, おそらく, たぶん, まさか, どうやら, よもや, あるいは, もしかして, ひょっとして」 등의 부사는 의문 형식과의 공기를 허용한다고 판정하였다. 특히 「絶対に(85.7/92.9%), たしか(64.3/71.4%), まさか(78.6/90.5%), もしかして(85.7/95.2%), ひょっとして(85.7/95.2%)」라는 결과에서 알 수 있듯이 남녀 모두 공기 허용도가 높은 사실을 알 수 있다. 이와는 반대로 공기 허용도에 있어 남녀차가 보이는 부사도 확인할 수 있다. 예를 들면 남성 쪽에서 공기 허용도가 높다고 판정한 부사로는 「たしかに, よもや, あるいは」 등을 들 수 있다. 여성 쪽은 「きっと, もちろん, どうも」를 들 수 있다. 특히 「たしかに」는 여성 쪽이 전혀 공기하지 않는다고 대답한 것과는 대조적으로 남성 쪽은 무려

92.9%라는 비율로 의문 형식과 공기한다고 대답하였다. 조건부로 공기가 기능한 경우(삼각형으로 표시한 것)를 봐도 남녀별로 공기 허용도에 차이가 나는 것을 알 수 있다. 특히 남성 쪽은「必ず, きっと, もちろん, おそらく, たぶん, どうやら, あるいは」등의 부사에 대해 공기를 허용한다는 결과가 나왔다. 그중에서 여성보다 남성 쪽에서 공기 허용도가 높다고 판정한 부사로「必ず, おそらく, たぶん, どうやら」등을 들 수 있다. 따라서 남성도 여성도 사용하는 것으로 알려진 의문 형식「～ですか」에서 남녀별 공기 허용도에 상당한 차이가 나는 사실을 밝혀냈다.

둘째, 소위 남성적인 의문 형식인「～かな」가 들어간 예문 (13)에 있어 공기 허용도의 차이를 남녀별로 보고자 한다.

(13)「山田さんは_____東京へ行くかな。」

[표 34]「山田さんは___東京へ行くかな？」문장에 있어 남녀별 공기 허용도

判定	○				△			
性別	男		女		男		女	
副詞	人数	%	人数	%	人数	%	人数	%
絶対に	7	50	30	71.4	7	50	12	28.6
必ず	8	57.1	28	66.7	5	35.7	12	28.6
きっと	4	28.6	17	40.5	5	35.7	12	28.6
もちろん	3	21.4	13	31	5	35.7	16	38.1
さぞ	0	0	0	0	1	7.1	1	2.3
たしかに	5	35.7	24	57.1	7	50	14	33.3
たしか	1	7.1	5	11.9	5	35.7	24	57.1
おそらく	1	7.1	13	31	8	57.1	18	42.9
たぶん	3	21.4	17	40.5	7	50	17	40.5
まさか	3	21.4	10	23.8	4	28.6	19	45.2
どうも	1	7.1	1	2.3	5	35.7	13	31
どうやら	2	14.3	4	9.5	6	42.9	16	38.1
よもや	1	7.1	11	26.2	7	50	5	11.9
あるいは	3	21.4	9	21.4	5	35.7	12	28.6
もしかして	11	78.6	33	78.6	5	35.7	12	28.6
ひょっとして	11	78.6	32	76.2	2	14.3	9	21.4

[표 34]는 예문 (13)에 대한 공기 허용도의 양상을 나타낸 것이다. 부사와 의문 형식이 공기를 허용하는 경우(동그라미를 친 것)부터 보도록 하자. 남녀 모두 공기를 허용한다고 판정한 부사로는 「絶対に, 必ず, きっと, もちろん, たしかに, おそらく, たぶん, まさか, あるいは, もしかして, ひょっとして」 등을 들 수 있다. 특히 남녀별로 「絶対に(50.0 : 71.4%), 必ず(57.1 : 66.7%), もしかして(78.6 : 78.6%), ひょっとして(78.6 : 76.2%)」라는 판정 결과 수치가 나왔다. 이 점에서 남녀 모두 공기 허용도가 높다는 사실을 알 수 있었다. 공기 허용 가능성에 대한 판정에 있어 남녀차가 나는 부사로는 「たしかに, おそらく, たぶん, よもや」 등을 들 수 있다. 조건부로 공기 가능한 경우(삼각형으로 표시한 것)를 보면 남녀별로 공기 허용도에 차이가 나는 것을 알 수 있다. 남녀 모두 대부분의 부사가 의문 형식과 공기를 허용한다고 판정하였지만, 그중 「絶対に, たしかに, おそらく, たぶん, よもや」 등의 부사는 여성보다 남성 쪽에서 공기 허용도가 높은 것으로 나타났다.

한편 진위판단부사 「たしか, まさか」의 경우, 남성보다 여성 쪽에서 공기 허용도가 높다는 사실이 밝혀졌다. 소위 남성적인 의문 형식으로 알려진 「～かな」가 들어간 예문에서 남녀 모두 공기 허용도가 높거나, 여성 쪽이 높거나 하는 등의 차이도 밝혀졌다.

셋째, 여성적인 의문 형식으로 알려진 「～よね」의 의문 형식과 부사와의 공기 허용도에 대한 남녀차를 보도록 하자.

    (14) 「山田さんは_____東京へ行くよね。」

[표 35] 「山田さんは＿東京へ行くよね?」 문장에 있어 남녀별 공기 허용도

判定 性別 副詞	○ 男 人数	○ 男 %	○ 女 人数	○ 女 %	△ 男 人数	△ 男 %	△ 女 人数	△ 女 %
絶対に	13	92.9	41	97.6	1	7.1	0	0
必ず	13	92.9	41	97.6	1	7.1	0	0
きっと	12	85.7	36	85.7	2	14.3	4	9.5
もちろん	13	92.9	40	95.2	1	7.1	1	2.3
さぞ	0	0	0	0	0	0	0	0
たしかに	4	28.6	30	71.4	7	50	6	11.9
たしか	13	92.9	37	88.1	1	7.1	1	2.3
おそらく	7	50	22	52.4	5	35.7	13	31
たぶん	9	64.3	34	81	3	21.4	3	7.1
まさか	0	0	1	2.3	3	21.4	3	7.1
どうも	0	0	5	11.9	5	35.7	10	23.8
どうやら	0	0	9	21.4	4	28.6	17	40.5
よもや	0	0	1	2.3	1	7.1	3	7.1
あるいは	2	14.3	8	19	4	28.6	8	19.8
もしかして	1	7.1	11	26.2	2	14.3	3	7.1
ひょっとして	1	7.1	12	26.2	3	21.4	2	4.8

[표 35]는 위의 예문 (14)의 공기 허용 가능성에 대한 남녀별 판정을 나타낸 것이다. 부사와 의문 형식이 공기를 허용하는 경우(동그라미를 친 것)부터 보도록 하자. 남녀 모두 「絶対に, 必ず, きっと, もちろん, たしかに, たしか, おそらく, たぶん」 등의 부사가 의문 형식과의 공기 허용도가 높다고 판정하였다. 공기 허용도에 있어 남녀차가 나는 부사도 상당히 존재하는 것을 알 수 있다. 여성 쪽에서 공기 허용도가 높게 나타난 부사로 「たしかに, たぶん, どうやら, もしかして, ひょっとして」 등을 들 수 있다. 특히 「どうやら」는 남성 쪽은 전혀 공기하지 않는다고 대답한 것과는 대조적으로 여성 쪽은 21.4%라는 비율로 의문 형식과의 공기를 허용한다고 판정한 것을 알 수 있다. 조건부로 공기가 가능한 경우(삼각형을 표시한 경우)를 보면, 남녀별로 공기 허용도에 차이가 나는 것을 알 수 있다.

남녀 모두 공기를 허용한다고 판정한 부사로는「おそらく, どうも, どうや
ら」를 들 수 있다. 그중에서 여성보다 남성 쪽에서 공기 허용도가 높다
고 판정한 부사로는「たしかに, たぶん, まさか」등을 들 수 있다. 따라서
여성적인 의문 형식으로 알려진「～よね」가 들어간 예문에서도 이미 본
바와 같이 남녀 모두 공기를 허용하는 부사도 있고 조건부의 경우는 오
히려 여성보다 남성 쪽에서 공기 허용도가 높은 부사가 많다는 사실을
확인할 수 있다.

이 절에서는 남녀차라는 언어 외적 요인이 부사와 의문 형식과의 공기
허용도에 어느 정도로 영향을 미치는지를 고찰하였다. 그 결과, 예문 판
정에 있어「성별은 그다지 문제가 되지 않는다(p.24)」고 한 모리모토(森
本 : 1994)의 주장과는 대조적으로 남녀차에 의한 부사와 의문 형식과의 공
기 허용도에 차이가 나는 사실을 밝혀낼 수 있었다.

5.2 지역별로 본 공기 허용도

이 절에서는 지역차에 의거하여 고찰을 하고자 한다. 이번 원어민 56
명에 대한 개요는 이미 3.1절에서 밝혔다. 진위판단부사와 의문 형식과
의 공기 제약을 원어민의 출신 지역과 12세까지 거주한 지역이 일치하는
경우만을 대상으로 하였다. 원어민의 출신 지역은 현 단위로 15군데에
이른다. 출신 지역을 크게 동일본과 서일본으로 나누었다.[7]

---

7) 일반적으로 일본 열도는 문화나 사회의 성질상 크게 2개 지역으로 나뉘는 것
   으로 알려져 있다. 이번 원어민들의 출신 지역은 15군데였지만 히다산맥(飛驒
   山脈 : 일본 알프스)의 동쪽에 면해 있는 나가노(長野)・니가타(新潟 : 동일본)와
   서쪽으로 면해 있는 이시카와(石 川)・도야마(富山 : 서일본) 출신이 가장 많았
   기 때문에 4군데(나가노(長野)・니가타(新潟)/이시카와(石川)・도야마(富山))만을 선

첫째, 예문 (15)부터 보도록 하자.

(15) 「山田さんは＿＿＿＿＿東京へ行きますか。」

[표 36] 「山田さんは＿＿東京へ行きますか」 문장에 있어 지역별 공기 허용도

西日本 :石川⑥+富山(13)=19(人) / 東日本 :長野⑦+新潟⑦=14(人)

地域 副詞	○								△							
	西日本				東日本				西日本				東日本			
	石川	富山	人数	%	長野	新潟	人数	%	石川	富山	人数	%	長野	新潟	人数	%
絶対に	6	13	19	100.0	7	7	14	100.0	0	0	0	0.0	0	0	0	0.0
必ず	6	12	18	94.7	7	7	14	100.0	0	1	1	5.3	0	0	0	0.0
きっと	1	2	3	15.8	3	4	7	50.0	2	2	4	21.1	1	1	2	14.3
もちろん	1	1	2	10.5	4	4	8	57.1	2	2	4	21.1	1	2	3	21.4
さぞ	0	0	0	0.0	0	0	0	0.0	0	0	0	0.0	0	0	0	0.0
たしかに	5	9	14	73.7	7	7	14	100.0	1	3	4	21.1	0	0	0	0.0
たしか	0	1	1	5.3	0	0	0	0.0	2	6	8	42.1	5	3	8	57.1
おそらく	0	1	1	5.3	1	2	3	21.4	2	2	4	21.1	4	2	6	42.9
たぶん	0	0	0	0.0	5	2	7	50.0	2	1	3	15.8	0	2	2	14.3
まさか	1	6	7	36.8	4	2	6	42.9	1	4	5	26.3	1	1	2	14.3
どうも	0	0	0	0.0	1	0	1	7.1	0	1	1	5.3		1	1	7.1
どうやら	0	1	1	5.3	0	0	0	0.0	1	2	3	15.8	0	1	1	7.1
よもや	0	2	2	10.5	2	2	4	28.6	1	4	5	26.3	0	1	1	7.1
あるいは	0	2	2	10.5	2	2	4	28.6	1	4	5	26.3	2	1	3	21.4
もしかして	6	13	19	100.0	7	7	14	100.0	0	0	0	0.0	0	0	0	0.0
ひょっとして	6	13	19	100.0	7	7	14	100.0	0	0	0	0.0	0	0	0	0.0

　진위판단부사와 의문 형식이 공기를 허용하는 경우(동그라미를 표시한 부분)부터 보도록 하자. 위의 [표 36]을 보면 진위판단부사 「絶対に, 必ず, たしかに, まさか, もしかして, ひょっとして」 등은 양쪽 지역 모두 의문 형식과의 공기를 허용하는 것을 알 수 있다. 진위판단부사 「きっと, もちろん, たしかに, おそらく, たぶん, よもや, あるいは」는 서일본보다 동일본 쪽에서 그 공기 허용도가 높은 것을 알 수 있다. 그 외의 부사는 [표 36]에 나타난 바와 같이 의문 형식과의 공기 허용도가 낮은 것을 알 수 있

정했다.

다. 조건부로 공기가 가능한 경우(삼각형을 표시한 부분)을 봐도 양 지역별로 공기 허용도에 차이가 나는 것을 알 수 있다. 예를 들면 양쪽 지역 모두 진위판단부사와 의문 형식과의 공기를 허용한다고 판정한 부사로「もちろん, たしか, おそらく, あるいは」등을 들 수 있다. 그러나 서일본 출신의 원어민들 쪽에서 공기 허용도가 높다고 판정한 부사로「たしか, よもや」를 들 수 있는 것에 반해, 동일본 출신의 원어민들 쪽에서 공기 허용도가 높다고 판정한 부사로「たしか, おそらく」를 들 수 있다.

둘째, 다음의 예문 (16)을 보도록 하자.

(16)「山田さんは_____東京へ行くでしょうか。」

[표 37]「山田さんは___東京へ行くでしょうか」문장에 있어 지역별 공기 허용도

西日本 :石川 (6)+富山 (13)=19(人) / 東日本 :長野 (7)+新潟 (7)=14(人)

地域 副詞	○ 西日本				○ 東日本				△ 西日本				△ 東日本			
	石川	富山	人数	%	長野	新潟	人数	%	石川	富山	人数	%	長野	新潟	人数	%
絶対に	4	9	13	68.4	6	4	10	71.4	2	4	6	31.6	1	3	4	28.6
必ず	4	9	13	68.4	6	4	10	71.4	2		2	10.5	1	3	4	28.6
きっと	0	3	3	15.8	5	0	5	35.7	3	3	6	31.6	1	4	5	35.7
もちろん	1	4	5	26.3	3	1	4	28.6	1	1	2	10.5	2	4	6	42.9
さぞ	0	0	0	0.0	0	0	0	0.0	0	0	0	0.0	0	1	1	7.1
たしかに	2	10	12	63.2	5	4	9	64.3	3	2	5	26.3	2	3	5	35.7
たしか	0	1	1	5.3	0	1	1	7.1	1	3	4	21.1	3	2	5	35.7
おそらく	1	7	8	42.1	2	1	3	21.4	0	5	5	26.3	4	2	6	42.9
たぶん	1	1	2	10.5	3	1	4	28.6	1	2	3	15.8	2	2	4	28.6
まさか	2	6	8	42.1	4	3	7	50.0	2	4	6	31.6	3	4	7	50.0
どうも	0	2	2	10.5	1	0	1	7.1	1	0	1	5.3	2	2	4	28.6
どうやら	1	1	2	10.5	1	1	2	14.3	1	0	1	5.3	2	3	5	35.7
よもや	2	1	3	15.8	5	2	7	50.0	1	3	4	21.1	2	1	3	21.4
あるいは	2	5	7	36.8	1	2	3	21.4	1	5	6	31.6	4	3	7	50.0
もしかして	6	10	16	84.2	6	3	9	64.3	0	3	3	15.8	1	3	4	28.6
ひょっとして	6	11	17	89.5	6	3	9	64.3	0	2	2	10.5	1	3	4	28.6

진위판단부사와 의문 형식이 공기를 허용하는 경우(동그라미를 표시한 부

분)의 회답율부터 보도록 하자. 위의 [표 37]을 보면「絶対に, 必ず, もち
ろん, たしかに, おそらく, まさか, あるいは, もしかして, ひょっとして」등
의 부사는 양 지역 모두 공기를 허용하는 부사라는 것을 알 수 있다. 서
일본 출신자들이 공기 허용도가 높다고 판정한 부사로는「おそらく, ある
いは, もしかして, ひょっとして」를 들 수 있다. 동일본 출신자들이 공기
허용도가 높다고 판정한 부사로는「きっと, たぶん, よもや」등을 들 수
있다. 그 외의 부사는 [표 37]에 제시된 바와 같이 의문 형식과의 공기
허용도가 낮은 것을 알 수 있다. 조건부로 공기가 가능한 경우(삼각형을 표
시한 부분)를 보면 양 지역별로 공기 허용도에 차이가 나는 것을 알 수 있
다. 진위판단부사의 공기 허용도가 높은 지역은 동일본인데, 구체적으로
「必ず, もちろん, たしか, おそらく, まさか, どうも, どうやら, あるいは,
ひょっとして」등의 부사를 들 수 있다. 이와 같이 진위판단부사의 공기
가능성에 대한 판정에 있어 서일본과 동일본 출신자들 사이에서 상당한
차이가 나는 것을 알 수 있다.

셋째, 다음의 예문 (17)을 보도록 하자.

(17)「_____あした来ますか。」

진위판단부사와 의문 형식이 공기를 허용하는 경우(동그라미를 표시한 부
분)부터 보도록 하자. 위의 [표 38]을 보면 서일본과 동일본 출신자 모두
「絶対に, 必ず, きっと, もちろん, たしかに, まさか, よもや, もしかして,
ひょっとして」등의 부사가 의문 형식과 공기한다고 판정한 것을 알 수
있다. 진위판단부사의 공기 허용도에 있어 동서차도 물론 있다. 예를 들
어 서일본 출신자들이 의문 형식과 공기 허용도가 높다고 판정한 부사로

「絶対に, 必ず, あるいは」를 들 수 있는 반면에, 동일본 출신자들이 의문 형식과 공기 허용도가 높다고 판정한 부사로「きっと, もちろん, たしか, おそらく, たぶん, まさか, どうやら, よもや」등을 들 수 있다. 조건부로 공기가 가능한 경우(삼각형을 표시한 부분)을 보면 양쪽 지역별로 공기 허용도에 차이가 나는 것을 알 수 있다. 우선은 양쪽 지역 출신자들 모두 의문 형식과 공기를 허용한다고 판정한 부사로 유일하게「もちろん」를 들 수 있다. 서일본 출신자들이 의문 형식과의 공기 허용도가 높다고 판정한 부사로「たしか, たぶん」를, 동일본 출신자들이 의문 형식과 공기 허용도가 높다고 판정한 부사로「おそらく, どうやら」를 들 수 있다. 그중에서 서일본 출신자들은「たぶん」이, 동일본 출신자들은「どうやら」를 각각 의문 형식과의 공기 허용도가 높다고 판정을 하였다.

[표 38]「＿＿あした来ますか」 문장에 있어 지역별 공기 허용도

西日本 :石川 ⑥+富山 (13)=19(人) / 東日本 :長野 (7)+新潟 (7)=14(人)

地域\副詞	○								△							
	西日本				東日本				西日本				東日本			
	石川	富山	人数	%	長野	新潟	人数	%	石川	富山	人数	%	長野	新潟	人数	%
絶対に	6	13	19	100.0	6	6	12	85.7	0	0	0	0.0	0	0	0	0.0
必ず	6	13	19	100.0	6	6	12	85.7	0	0	0	0.0	0	1	1	7.1
きっと	4	8	12	63.2	6	5	11	78.6	0	1	1	5.3	0	0	0	0.0
もちろん	1	5	6	31.6	4	5	9	64.3	1	5	6	31.6	0	4	4	28.6
さぞ	0	0	0	0.0	0	0	0	0.0	0	0	0	0.0	0	0	0	0.0
たしかに	6	12	18	94.7	7	6	13	92.9	0	2	2	10.5	0	0	0	0.0
たしか	0	2	2	10.5	2	2	4	28.6	1	3	4	21.1	2	0	2	14.3
おそらく	0	2	2	10.5	2	3	5	35.7	2	1	3	15.8	1	2	3	21.4
たぶん	1	1	1	10.5	3	4	7	50.0	3	2	5	26.3	1	0	1	7.1
まさか	4	8	12	63.2	5	7	12	85.7	0	2	2	10.5	0	0	0	0.0
どうも	0	0	0	0.0	1	0	1	7.1	0	0	0	0.0	0	1	1	7.1
どうやら	0	0	0	0.0	1	2	3	21.4	0	0	0	0.0	2	2	4	28.6
よもや	1	3	4	21.1	5	3	8	57.1	0	1	1	5.3	0	0	0	0.0
あるいは	3	9	12	63.2	0	2	2	14.3	0	2	2	10.5	0	1	1	7.1
もしかして	6	13	19	100.0	6	7	13	92.9	0	0	0	0.0	0	0	0	0.0
ひょっとして	6	12	18	94.7	6	7	13	92.9	0	1	1	5.3	0	0	0	0.0

이상, 예문 (15)-(17)을 사용하여 부사의 공기 허용도를 지역차에 의거하여 고찰하였다. 물론 부사들이 공기 허용도는 일률적으로 나타나는 것은 아니지만 대략적으로 말할 수 있는 것은 진위판단부사「絶対に, 必ず, たしかに, もしかして, ひょっとして」등이 양 지역에서 모두 의문 형식과의 공기 허용도를 높게 판정한다는 것이다.

한편 동일본, 서일본 출신자들이 모두 의문 형식과 공기를 허용한다고 판정하는 부사도 있지만 허용하지 않는다고 판정한 부사도 있다. 예를 들면 예문 (15)에서 본 것처럼 진위판단부사와 의문 형식이 공기를 허용하는 경우(동그라미를 표시한 부분), 서일본 출신자들은 진위판단부사「きっと, もちろん, おそらく, たぶん, よもや, あるいは」와 의문 형식과의 공기 허용도가 낮다고 판정한 비율이 낮은 것에 반해, 동일본 출신자들은 높은 것으로 나타났다. 특히 진위판단부사「たぶん」에 대해 서일본 출신자들은 공기가 불가능하다는 판정을 내린 것에 반해, 동일본 출신자들은 과반수가 공기가 허용된다고 한 사실은 매우 흥미롭다. 예문 (16)과 (17)에 대해서도 동종의 설명이 가능하다.

또 하나는 예문 (15)-(17)의 공통된 특징으로 진위판단부사「きっと, たぶん, よもや」등에 대해 서일본 출신자들보다 동일본 출신자들이 의문 형식과의 공기 허용도가 높다고 판정한 비율이 많았다는 사실을 밝혀냈다.

지금까지 동일본 출신자와 서일본 출신자들을 중심으로 진위판단부사와 의문 형식과의 공기 허용도 차이를 고찰하였다. 이러한 결론은 결과적으로 어휘에 관한 전국의 분포 데이터에 다변량해석(全国分布データ多変量解析)을 통해서 얻어진 것이므로 매우 신빙성이 있다고 할 수 있다. 북알프스를 경계로 문법성 판정에 차이가 난다는 사실은 매우 흥미로운 발견이라고 할 수 있다. 북알프스를 경계로 하여 일본 방언의 동서차가 극명

하게 드러난다는 사실은 메이지(明治) 시대에 이미 밝혀졌는데, 일본 표준어에 내재된 문법성(진위판단부사와 의문 형식과의 공기 관계) 판정에서도 역시 북알프스를 경계로 동서차가 나타난다는 사실은 매우 고무적인 발견이라 하지 않을 수 없다.

이번의 조사 지역인 이시카와(石川)와 도야마(富山)를 중심으로 한 서일본의 표준어가 있고, 나가노(長野)와 니가타(新潟)를 중심으로 한 동일본의 표준어가 있다고 생각하면 표준어 문법에 대한 의식차가 지역별로 존재하는 것은 어쩌면 당연한 것인지도 모른다. 즉 이것은 표준어가 일본 전국에서 단 하나만 존재한다는 생각을 시대착오(p.6)로 본 사나다(真田 : 1996)의 주장이 매우 타당하다는 것을 뒷받침해 주는 것이다.

그 밖에 언어 외적 요인으로 연령차를 생각해 볼 수 있는데, 이번 원어민의 평균 연령이 18.4세로 20세 전후의 대학생으로 한정하였기 때문에 연령별로 고찰을 할 수 없었던 점이 매우 아쉽다.

6. 마치며

이 절에서는 언어의 내적 요인과 외적 요인에 의거하여 진위판단부사와 의문 형식과의 공기 제약을 고찰하였다. 이러한 본장의 결론은 모리모토(森本 : 1994)의 주장에 큰 영향을 미칠 수 있을 것으로 생각된다.

우선 언어의 내적 요인에 의한 공기 제약의 경우, 다음과 같은 결론이 나왔다. 첫째, 문법성을 판정할 때, 개인의 내성에 의지하거나 적은 수의 원어민에게 판정을 의뢰하는 방법은 많은 수의 앙케트 조사나 코퍼스에 의한 방법에 비해 주관적인 결과가 나올 가능성이 크다는 점이다. 둘째,

진위판난부사가 「본래의 인식적인 기능이 아닌, 다른 기능을 지닌 경우에 한해서 의문 형식괴의 공기가 가능하다」는 모리모토(森本)의 주장과는 대조적으로 인식적인 기능을 지닌 경우라도 진위판단부사와 의문 형식이 서로 공기를 허용한다는 사실이 밝혀졌다. 셋째, 진위판단부사와 의문 형식과의 공기 여부에 「인칭, 시제, 독화, 조사의 교체, 부사의 위치 이동」 등의 조건이 관여하는 사실이 밝혀졌다.

그다음으로 언어의 외적 요인에 의한 공기 제약의 경우, 다음과 같은 결론이 나왔다. 첫째, 공기 판정에 있어 「성별은 문제가 되지 않는다」고 한 모리모토(森本)의 주장과는 대조적으로 남녀차가 있다는 사실을 밝혀냈다. 둘째, 진위판단부사와 의문 형식과의 공기 허용도를 본 경우, 동일본과 서일본 모두 거의 같은 결과가 나오는 경우도 있지만, 그렇지 않은 경우도 있다는 사실을 밝혀냈다.

본장에서 밝혀낸 결론을 통해서 문법 연구의 한계와 사회언어학 연구의 가능성을 확인할 수 있었다. 본장의 고찰이 문법 연구와 사회언어학 연구 쌍방에 기여할 수 있는 새로운 연구 방법을 구축할 수 있는 자그마한 계기가 되기를 바라마지 않는다.

제9장 공통어문법 운용의 다양성에 관한 사회언어학적 접근

-동일본 · 중부일본 · 서일본의 지역차를 중심으로-

1. 시작하며

연구의 대상이 공통어이든 방언이든 언어연구(문법연구)의 방법으로 크게 2가지의 타입이 거론된다. 여기에서 이노우에(井上2003 : 120)에서 기술한 문법연구의 방법에 대해 간략하면 다음과 같다.

① 실제 발화(發話)나 문장을 기초 데이터로 하는 연구
② 「이 어투는 자연스럽지만 이 어투는 부자연스럽다」, 「이 문맥에서는 이러한 어투를 사용한다」라는 모어(母語) 화자(話者)의 내성(직관적 판단)을 기초 데이터로 하는 연구
②의 연구는 「분석자 자신의 내성에 근거하여 분석자의 모어를 분석하는」 경우와, 「모어 화자를 조사대상자로 하는 내성조사에 의한 분석자의 모어 이외의 언어를 분석하는」 경우가 있다.

필자와 같이 일본이 모어 회사가 아닌 경우, 가능한 연구방법은 ① 또는 ②의 후자(後者)와 같은 방법이 될 것이다. 본장에서는 타입②, 특히 후자의 「모어 화자를 조사대상자로 하는 내성조사에 의해 분석자의 모어 이외의 언어를 분석하는」 방법을 사용하여 연구를 진행하고자 한다.

본장에서는 소위 공통어로 인식되고 있는 일본어 부사와 의문 형식을 포함하는 구문을 사용하여 동일본(東日本), 중부일본(中部日本), 서일본(西日本)에서의 그 문법 운용(運用)의 지역차(差)에 대해 고찰하는 것을 목적으로 한다. 그리고 고찰에 있어서는 일본 전역 어디에서나 통용되면서 도쿄어(東京語)에 가깝지만 반드시 일치하지는 않는 공통어 문법 운용의 지역적인 양상을 분명히 하기 위해 다음과 같은 관점에서 접근을 시도한다.

우선, 이순형(2009a)의 일본 전국 8지역에서 문법성 판정의 지역차를 고려한 연구에서 밝혀진 것처럼, 개인의 내성이나 소수(少數)의 모어를 분석 대상으로 하는 연구 방법은 대다수(大多數)를 조사대상으로 하는 연구 방법에 비해 판정에 있어 편향(偏向)이 생기기 쉽다는 것이다. 따라서 각 지역사회에서의 대규모 조사 데이터에 의한 공통어문법의 동태(動態) 파악이 필요하다. 다음으로 이순형(2005)는 일본 알프스 부근의 도야마(富山) 지역을 중심으로 한 소위 동서(東西)의 경계지역에서의 지역차에 대한 고찰을 시도한 결과, 확연하게 동서차가 났다고는 하기 어렵지만 공기 허용도(共起許容度)가 각각 달라 일률적이지 않다는 사실을 분명히 했다.[1] 따

---

1) 이노우에(井上：2001)는 어휘에 관한 방언연구에서 「어휘에 관한 전국 데이터에 다변량해석을 적용하였더니 일본어의 동서차가 확연히 드러났다. 경계선이 북알프스라는 것을 알았을 때는 발견의 기쁨을 느꼈다. 메이지(明治)의 옛 정설과도 동일할 뿐 아니라 지리학에서도 반복해서 발견되고 있는 경계가 방언연구의 분야에서 재차(再次) 나타난 것이다.」고 지적을 하며 어휘에서 일본어의 동서차가 존재한다는 사실을 명확히 하고 있다.

라서 이러한 상황을 고려해 볼 때 동일본, 중부일본, 서일본에서 공통어 문법의 하나로 운용되고 있는 진위판단부사와 의문 형식과의 공기관계의 제 양상에 대한 고찰이 요구된다.

본장에서는 이러한 관점에서 접근하여 동일본을 중심으로 한 「공통어」, 중부일본을 중심으로 한 「공통어」, 서일본을 중심으로 한 「공통어」의 존재를 고려하여 각 지역의 다양한 공통어문법의 운용에 대한 지역적 차이의 유무를 분명히 하고자 한다.

2. 문제의 소재

우선, 지역차를 고려하지 않은 종래의 연구부터 살펴보기로 하자. 명제(命題) 성립의 개연성(蓋然性)이 낮은 「もしかすると類」의 부사가 들어간 예문(3)과 부정(否定)의 문말(文末) 의문 형식 「じゃないか」가 들어간 예문(4)는 부사와 의문 형식과의 공기관계(共起関係)가 자연스럽게 성립한다. 그러나 진정(真正) 의문 형식 「～か」가 들어간 예문(1)과 의문 형식 생략문인 예문(2)의 경우는 보시다시피 비문(非文)의 애스터리스크(asterisk : *) 마크에서 알 수 있듯이 부사와 의문 형식과의 공기관계가 성립하지 않음을 알 수 있다.

  (1) *圭子さんはたぶん結婚しますか。   (森本1994：p.36)
  (2) *あなたはきっと/たぶんスペイン人ですか。   (和佐2001：p.67)
  (3) リカ「あれ、もしかして今さとみちゃんに電話してたトコ?」
     永尾「違うよ(と、コースターを取り上げ、ポケットに)」

                              (安達(1999：p.91[例文43])

(4) あなた：「それでね、その箱をそこまで押してきたのは、おそらく
　　　　かあちゃんじゃないかと思う。」
　友　人：「なるほど!それはまたすばらしい発想だ。」

(安達1999：p.110[例文22])

　이와 같은 결과는 모리모토(森本1994), 와사(和佐2001), 아다치(安達1992, 1999, 2002) 이외에도 나카우(中右1980), 사와타(澤田1993), 미야자키(宮崎1990, 1997, 1998, 2001, 2002), 모리야마(森山2000), 이노우에·황(井上·黄1996) 등도 유사한 지적을 하고 있다.

　한편, 지역차를 고려한 연구로서는 이순형(2005, 2009a)을 들 수 있다. 우선 이순형(2005)은, 도야마대학교의 남녀 대학생 56명을 대상으로 언어의 내적요인과 외적요인에 근거한 진위판단부사와 의문 형식과의 공기제약(共起制約)을 고찰하고 종래의 지역차를 고려하지 않은 공통어 연구와는 다른 결과를 제시하였다. 또 이순형(2009a)에서는 일본 8개 지역 남녀 대학생 752명을 대상으로 부사와 의문 형식과의 공기관계에 관한 문법성 판정 조사를 하여 문법성 판정에 있어 지역적 차이가 있음을 언급하였다.

　이상과 같이 선행연구에서는 공통어문법의 의식(文法性判定)이나 실제 운용이 일률적이지 않음에도 불구하고 내재되어 있는 다양성이 전혀 고려되지 않은 경우가 대부분이고 또한 고려되더라도 전통적인 방언연구에서 말하는 지역구획의 차이까지는 확인할 수 없었다. 따라서 본장에서는 소위 방언연구에서 말하는 방언구획에 따른 지역차를 고찰하기 위해 동일본, 중부일본, 서일본의 3개 구획으로 일본지역을 나누어 공통어문법 운용의 지역차를 분명히 하여 그 다양성에 대해 고찰하고자 한다.[2)]

---

2) 각종 문화면에서나 방언학적 구획면에서 일본을 구분할 때 新潟·長野·静岡

3. 조사 개요

진위판단부사와 의문 형식과의 공기 가능성의 유무를 조사 한다.[3] 조사항목의 설정은 종래의 지역차를 고려하지 않은 연구에서 제시되어 있는 예문 중 비문 마크(*)가 붙어 있는 예문 2개와 실제 회화문에서 2개를 골라 다음의 예문에서 보는 바와 같이 실제 예문에 원래 들어가 있었던 부사 부분을 공란으로 하여 조사대상자에게 질문하는 방법을 취했다. 조사대상으로 삼은 구체적인 예문은 다음과 같다. 아울러 조사는 예문(1)과 같이 화자를 특정인물로 상정하지 않은 경우, 예문(2)나 (4)처럼 친구끼리의 회화를 상정하거나, 예문(3)과 같이 대화 상대를 손윗사람인 「선생님」으로 상정하는 등 구체적인 인간관계까지 고려하여 실시하였다.[4]

의 각 현의 동쪽을 동일본, 富山・岐阜・愛知의 각 현의 서쪽을 서일본으로 분류하는 방법이 있고, 糸魚川静岡構造線(親不知~諏訪湖~安倍川)을 경계로 동일본과 서일본으로 나누는 것이 대표적인 동서 구획 방법이다. 그러나 본장에서는 단순히 동서의 차이만이 아닌 동서의 경계지역이라고 할 수 있는 일본의 중부지방에서의 언어동태에 대한 고찰의 필요성을 인식하고 조사지역내에서일본을 크게 동일본, 중부일본, 서일본으로 3분하여 분석, 고찰하고자 한다.

3) 앙케트 조사는 日高水穂先生(秋田大学→関西大学(現)), 今村かほる先生(弘前学院大学), 中井精一先生(富山大学), 松丸真大先生(滋賀大学), 二階堂整先生(福岡女学院大学), 岸江信介先生(徳島大学), 木部暢子先生(鹿児島大学→国立国語研究所(現))의 협력을 얻어 실시하였다. 지면을 빌어 감사의 마음을 전한다.

4) 본장에서 채택한 조사지의 예문은 앞서 2절에서 언급한 선행연구에서 발췌한 것들이다. 이들 선행연구의 예문을 실제 조사에 채택한 이유는 일개인의 언어직관에 근거하여 판정된 비문마크의 타당성에 대한 의문 때문이다. 때문에 본장에서는 기존의 선행연구에서 언급한 (상대를 특정인물로 상정하지 않은) 예문도 그대로 조사지에 이용하였다. 의문문의 분류에 있어서는 크게 진정의문문과 부정의문문, 의문조사 생략문으로 나눈 뒤, 동년배인 친구관계나 상하관계에 있는 선생님과의 대화라는 것을 알 수 있도록 인간관계의 설정을 첨가하여 조사를 실시하였다.

1. 「あなたは_____スペイン人ですか。」
2. あなた：「あれ、_____今○○ちゃんに電話してた（トコ）？」
   友　人：「違うよ」
3. 「先生、圭子さんは_____結婚しますか。」
4. あなた：「それでね、その箱をそこまで押してきたのは、_____かあ
   　　　　ちゃんじゃないかと思う。」
   友　人：「なるほど！それはまたすばらしい発想だ。」

3.1 조사대상어

본장에서는 진위판단부사 중에서 공통어로서 그 사용빈도가 높은 12개의 부사를 대상으로 한다. 구체적인 부사는 다음과 같다.

ぜったい，必ず，きっと，たしか，たしかに，おそらく，たぶん，まさか，どうも，どうやら，もしかして，ひょっとして

3.2 조사에 사용된 의미용법·의미기능(예문(1)의 경우)

① 확인 : 어떠한 형태로든 상대가 「스페인사람이다」이라는 정보를 갖고 있지만 그 정보의 확신에 의구심이 생겨 상대방에게 확인을 구한다는 의미.

② 추량 : 「스페인사람이다」는 사실의 확실성 또는 가능성에 대해 추량(예측、추측)의 기분으로 질문한다는 의미.

③ 전제 : 「나는 당신이 스페인 사람일지도 모른다고 생각하지만, 그

여부를 잘 알 수 없으니 당신에게 진실인지 어떤지 판단을 받고 싶다」는 실질적인 질문에 대한 전제의 의미.

④ 다짐 : 「나는 당신이 「스페인사람이다」고 생각하지만, 그 사실을 당신의 입으로 직접 듣고 싶다는 태도로 상대가 「스페인사람이다」이라는 것을 상정하거나 전제로 다짐을 받으려는 의미.

⑤ 그 외

상기와 같은 대상으로 삼은 부사와 의문 형식과의 공기관계, 관련된 의미용법·의미기능을 체크함과 동시에 각각의 부사가 특정문 안에서 어떠한 의미로 사용되는지, 또는 어떠한 조건하에서라면 사용이 되는지, 안되는지 등에 대해서도 대답을 하게 했다.

3.3 조사대상자

① 성별 : 남436명, 여324명
② 연령 : 18세~26세까지의 신세대층 746명[5]
③ 출신지역(출신중학교 및 12세까지 주로 거주한 지역을 중심으로)[6]

---

5) 실제 조사에서 조사대상자는 760명이었으나 조사지를 회수하였을 때, 조사지 내용이 불성실하여 데이터로서의 가치를 갖지 못하는 14명의 조사지는 조사대상에서 제외하였음을 밝혀둔다.
6) 흔히 언어학이나 제2언어습득에서 말하는 임계기라고 불리는 연령기(출생에서 12~15세쯤)를 염두에 두고 조사에 임했다. 임계기는 모어나 제2외국어의 습득에 있어 연령이 중요한 요소를 차지한다고 알려져 있으며, 이 연령기를 지나면 자연스러운 언어습득이 어렵다고 일반적으로 인지되고 있다.

출신지 및 12세까지 주로 거주한 지역		조사 대상자 수 (760名)
동일본 (東日本)	北海道、 青森県、 秋田県、 岩手県、 宮城県、 山形県、 長野県、 新潟県、 茨城県、 群馬県、 埼玉県、 栃木県、 静岡県	124
중부일본 (中部日本)	愛知県、 岐阜県、 三重県、 富山県、、 石川県	285
서일본 (西日本)	福井県、 和歌山県、 京都府、 滋賀県、 大阪府、 奈良県、 兵庫県、 岡山県、 島根県、 山口県、 広島県、 鳥取県、 香川県、 高知県、 徳島県、 愛媛県、 大分県、 鹿児島県、 長崎県、 福岡県、 宮崎県、 熊本県、 佐賀県	351

3.4 조사기간

2007년 9월부터 12월 사이에 실시되었다.

4. 조사결과와 고찰

본 절에서는 문법성 판정에서 지역차가 생기는지 어떤지에 대해 구체적으로 고찰한다. 고찰은 공기 허용도와 공기허용에 관여하는 의미용법이나 의미기능에 대해 일본 전역을 동·중부·서일본으로 나누어 고찰하고자 한다.

4.1 공기 허용도로 살펴본 동·중부·서일본의 차이

4.1.1 상대를 특정인물로 상정하지 않는 의문문에서의 지역별 공기 허용도

[그림 1]과 같이 상대를 특정인물로 상정하지 않는 의문문에서의 지역별 공기 허용도의 경우 거의 비슷한 경향을 보인다. 다만, 부사「ぜったい/たしか」는 중부일본(26.3/39.6%)에서의 사용이 다른 지역보다 적고,「もしかして」는 동일본과 서일본에서 지역차가 다소 나타난다. 그 외의 부사에서는 지역차가 거의 보이지 않는다.

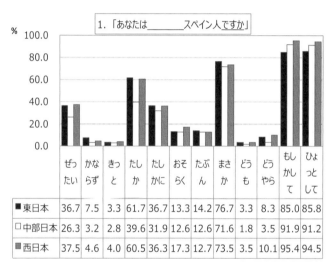

[그림 1] 상대를 특정인물로 상정하지 않는 의문문에서의 지역별 공기 허용도

4.1.2 친구관계의 의문 형식 생략문에서의 지역별 공기 허용도

[그림 2]의 친구관계의 의문 형식 생략문에서의 지역별 공기 허용도의 경우 거의 지역차가 보이지 않는다는 것이 특징적이다.

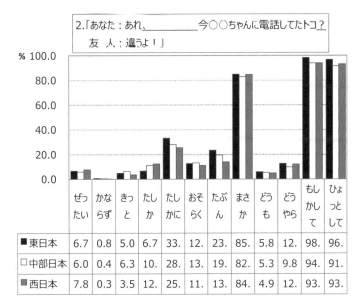

[그림 2] 친구관계의 의문 형식 생략문의 지역별 공기 허용도

	ぜったい	かならず	きっと	たしか	たしかに	おそらく	たぶん	まさか	どうも	どうやら	もしかして	ひょっとして
■東日本	6.7	0.8	5.0	6.7	33.	12.	23.	85.	5.8	12.	98.	96.
□中部日本	6.0	0.4	6.3	10.	28.	13.	19.	82.	5.3	9.8	94.	91.
■西日本	7.8	0.3	3.5	12.	25.	11.	13.	84.	4.9	12.	93.	93.

4.1.3 상하관계에서 제3자에 대한 진정의문문의 지역별 공기 허용도

[그림 3]의 상하관계에서 제3자에 대한 진정의문문의 지역별 공기 허용도에서는 「たしか」의 경우, 중부일본(37.2%)에 비해 동일본(58.3%)이나 서일본(53.3%)쪽이 높다. 또 「おそらく/たぶん」은 서일본(21.9/16.7%)에 비해 동일본(33.3/27.5%) 쪽에서 공기 허용도가 높게 나왔다. 그 이외의 부사에서는 거의 지역차가 보이지 않는다.

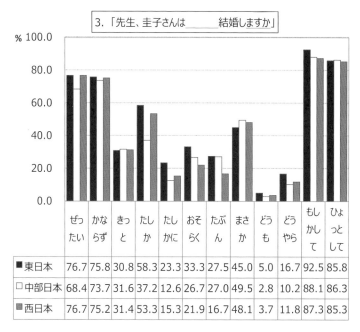

	ぜったい	かならず	きっと	たしか	たしかに	おそらく	たぶん	まさか	どうも	どうやら	もしかして	ひょっとして
■東日本	76.7	75.8	30.8	58.3	23.3	33.3	27.5	45.0	5.0	16.7	92.5	85.8
□中部日本	68.4	73.7	31.6	37.2	12.6	26.7	27.0	49.5	2.8	10.2	88.1	86.3
■西日本	76.7	75.2	31.4	53.3	15.3	21.9	16.7	48.1	3.7	11.8	87.3	85.3

[그림 3] 상하관계에서 제3자에 대한 의문문의 지역별 공기 허용도

4.1.4 친구관계에서 사용된 부정의문문의 지역별 공기 허용도

[그림 4]의 친구관계에서 사용된 부정의문문의 지역별 공기 허용도의 경우, 「たしか」는 중부일본(22.5%) < 서일본(35.4%)이라는 결과에서 알 수 있듯이 서일본에서의 공기 허용도가 높다. 또한 「どうも」는 중부일본 (64.6%) < 동일본(79.2%)이라는 결과에서 알 수 있듯이 동일본에서의 수치가 높게 나왔다. 그 외의 부사는 지역차가 그다지 보이지 않는다.

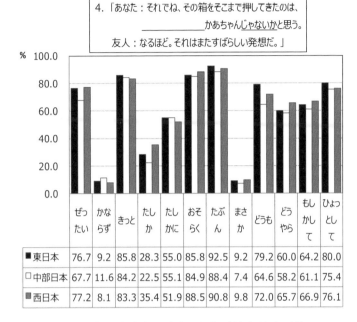

	ぜったい	かならず	きっと	たしか	たしかに	おそらく	たぶん	まさか	どうも	どうやら	もしかして	ひょっとして
■東日本	76.7	9.2	85.8	28.3	55.0	85.8	92.5	9.2	79.2	60.0	64.2	80.0
□中部日本	67.7	11.6	84.2	22.5	55.1	84.9	88.4	7.4	64.6	58.2	61.1	75.4
■西日本	77.2	8.1	83.3	35.4	51.9	88.5	90.8	9.8	72.0	65.7	66.9	76.1

[그림 4] 친구관계의 부정의문문의 지역별 공기 허용도

4.2 의미용법·의미기능으로 살펴본 동·중부·서일본의 차이[7]

4.2.1 상대를 특정인물로 상정하지 않는 진정의문문의 지역별 의미용법·기능

아래의 [그림 5]~[그림 13]은 상대를 특정인물로 상정하지 않는 진정
의문문「あなたは_____スペイン人ですか。」의 지역별 의미용법·기능

---

7) 그림(5)~그림(13)의 경우, 의미용법이나 의미기능의 차이에 대해 설명하고 있다.
설명에 있어서는 모든 의미용법이나 의미기능을 언급하기 보다는 보다 더 차
이가 두드러진 의미용법이나 기능을 중심으로 중점적으로 기술하고자 한다. 아
울러 이해를 높이기 위해 앞서 제시한 그림(1)~그림(4)와는 달리 부사별 의미용
법 및 기능에 초점을 맞추어 도표를 제시하였다.

에 대한 결과이다. 「たしか」, 「もしかして」를 제외한 「かならず、きっ
と、たしかに、おそらく、たぶん、まさか、どうも、どうやら、ひょっと
して」등 대부분의 부사에서 지역차가 확연하게 드러나고 있음을 확인할
수 있다. 구체적으로는 다음의 1)~9)까지를 보기로 하자.

1) [그림 5]의 「かならず」는 「확인(서일본75.0 > 동일본55.6 > 중부일본33.3%)」,
「추량(중부일본33.3 > 동일본22.2 > 서일본18.8%)」, 「다짐(중부일본33.3 > 서일본
6.3 > 동일본0%)」의 의미용법에서 지역차를 확인할 수 있다. 특히, 「확인」
의 의미용법에서는 중부일본보다 서일본 쪽이 2배 이상 높은 수치를
보인다. 또한 「다짐」의 의미기능에서는 중부일본에서는 33.3%의 사용
률을 보이는 것과는 대조적으로 동일본에서는 전혀 그 사용을 볼 수
없는 것이 특징적이다.

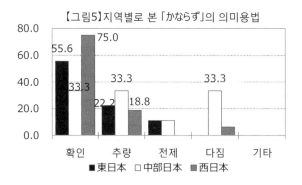

2) [그림 6]의 「きっと」는 「확인(동일본75.0 > 서일본57.1 > 중부일본12.5%)」,
「추량(중부일본37.5 > 서일본28.6 > 동일본25.0%)」, 「전제(중부일본50.0 > 서일본7.1
> 동일본0%)」의 의미용법에서 지역차를 확인할 수 있다. 특히 「확인」의

의미용법에서는 동일본과 서일본 쪽이 현저히 높은 수치를 보인다. 또한 「전제」의 의미기능에서는 중부일본이 다른 지역보다 훨씬 높은 수치를 보인다.

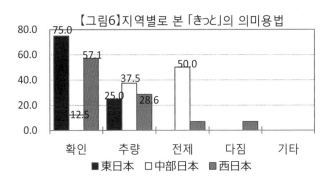

【그림6】지역별로 본 「きっと」의 의미용법

3) [그림 7]의 「たしかに」는 「확인(동일본47.7 > 중부일본39.6 > 서일본37.3%)」의 수치를 보여 「확인」의 의미용법에서 다소 동서차가 드러난다.

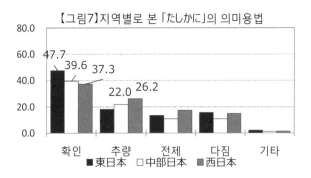

【그림7】지역별로 본 「たしかに」의 의미용법

4) [그림 8]의 「おそらく」는 「추량(중부일본53.3 > 동일본43.8 > 서일본41.7%)」이라는 수치를 보여 중부일본과 서일본에서 지역차를 확인할 수 있다.

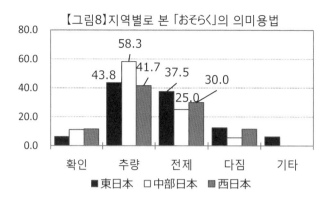

【그림8】지역별로 본 「おそらく」의 의미용법

58.3
43.8
41.7
37.5
30.0
25.0

확인 추량 전제 다짐 기타

■東日本 □中部日本 ■西日本

5) [그림 9]의 「たぶん」은 「확인(중부일본19.4 > 서일본6.8 > 동일본0%)」, 「추량(중부일본38.9 > 동일본35.3 > 서일본25.0%)」, 「전제(동일본52.9 > 서일본47.7 > 중부일본36.1%)」의 의미용법에서는 지역차가 인정된다. 특히 「확인」의 의미용법은 동일본에서는 전혀 사용되지 않는다는 점이 특징적이다.

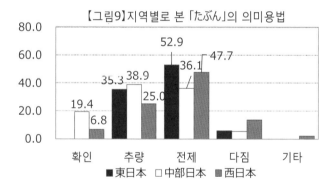

【그림9】지역별로 본 「たぶん」의 의미용법

52.9
47.7
35.3 38.9 36.1
25.0
19.4
6.8

확인 추량 전제 다짐 기타

■東日本 □中部日本 ■西日本

6) [그림 10]의 「まさか」는 「그 외」의 의미용법 사용률이 서일본에서 11.4%의 결과를 보이며 다른 지역보다 높다. 「그 외」로 제시된 구체적인

의미용법은 나음과 같다.

「의외일 때」, 「지금 번쩍 생각이 들었을 경우」, 「있을 수 없다고 생각하지만 일단 확인한다」, 「그 사람이 스페인사람이라는 것을 알지 못했다」, 「놀라고 있는 모양」, 「스페인사람이라는 모르는 상태에서 스페인사람이었냐고 말할 때」, 「예상외로 놀라는 뉘앙스」, 「스페인사람일지도 모른다고 하는 것에 놀라고 있다」, 「예기하지 않고 있었던 사실」, 「다른 나라 외국인이라고 생각하고 있어」, 「완전히 몰랐을 때」, 「나는 당신이 스페인사람이라고 생각하지 않지만, 다른 요인으로 헤아려보면」, 「스페인사람이라고 하는 것을 모르고 어쩐지 얼굴 생김새 등으로 맞추어 사용할 수 있는 것이 아닐까?」, 「스페인사람이 아닐지도 모른다고 하는 기분이 강하지만 일단 본인에게 확인하고 싶다고 하는 의미」, 「스페인사람이라고는 생각하지 않고 있었다」, 「스페인사람이라고는 생각하지 않고 있었을 때에, 이야기가 흘러 나와 그럴지도 모른다고 생각했을 때」, 「스페인사람이 아니라고 생각하고 있었지만 만약을 위해」, 「그렇지 않기를 바란다」, 「스페인사람이라고 확신하나 그 사실에 위화감이 들 때」, 「스페인사람이라고 생각하지 않고 있었다」, 「상대를 스페인사람이라고 생각하고 있지 않을 때」, 「스페인사람이라고 생각하지 않고 있었을 때 자주 사용한다」, 「놀람」, 「예상 외의 것을 했을 때에 사용한다」, 「스페인사람이라는 것을 몰라서 놀람의 의미」, 「스페인사람이라는 사실을 안 것에 대한 놀람」, 「스페인사람이 아니라고 생각하고 있었는데도 스페인사람이라는 정보를 얻었을 때」, 「스페인인이라고는 생각하지 않고 있었을 때」 등이다.

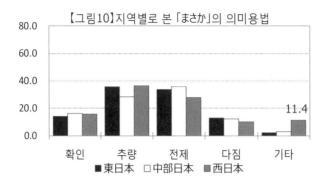

【그림10】지역별로 본 「まさか」의 의미용법

■東日本　□中部日本　■西日本

7) [그림 11]의 「どうも」는 「확인(서일본16.7 > 동일본·중부일본0%)」, 「추량
(동일본·서일본25.0 > 중부일본0%)」, 「전제(중부일본60.0 > 서일본33.3 > 東日本25.0%)」,
「다짐(동일본50.0 > 서일본33.3 > 중부일본0%)」의 의미용법에서 지역차를 확인
할 수 있다. 특히 「확인」의 의미용법에서는 서일본쪽에서만 사용률을 확
인할 수 있다. 「추량」, 「다짐」의 경우는 중부일본에서의 사용이 전혀 없
는 것이 특징적이다.

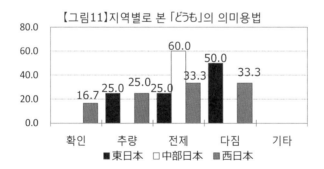

【그림11】지역별로 본 「どうも」의 의미용법

■東日本　□中部日本　■西日本

8) [그림 12]의 「どうやら」는 「추량(서일본34.3 > 동일본10.0 > 중부일본0%)」,
「전제(동일본50.0 > 서일본34.3% > 중부일본10.0)」, 「다짐(중부일본50.0 > 서일본22.9 >

동일본20.0%)」의 의미용법에서는 지역치를 확인할 수 있다. 특히 「추량」에서는 34.3%의 시일본쪽에 비해 중부일본은 전형 ㄱ 사용이 보이지 않는 것이 특징적이다.

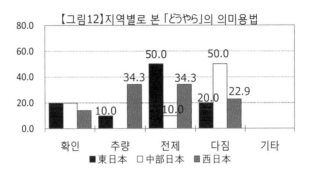

【그림12】지역별로 본 「どうやら」의 의미용법

9) [그림 13]의 「ひょっとして」는 「다짐(동일본34.0 > 중부일본16.5 > 서일본15.9%)」의 의미용법에서 다소 지역차가 보인다.

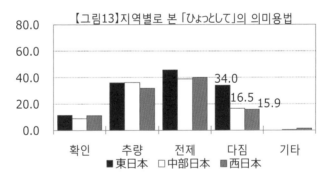

【그림13】지역별로 본 「ひょっとして」의 의미용법

한편, 지역차가 보이지 않는 부사로서는「ぜったい」, 「たしか」, 「もしかして」를 들 수 있다.

4.2.2 친구관계의 의문 형식 생략 의문문의 지역별 의미용법·기능

다음의 [그림 14]~[그림 21]은 친구관계의 의문 형식 생략 의문문「あ
れ、＿＿＿＿今○○ちゃんに電話してたトコ?」에서의 지역별 의미용법·
기능에 대한 결과이다.「たしかに」,「まさか」,「ひょっとして」를 제외한「ぜっ
たい、きっと、たしか、おそらく、たぶん、どうも、どうやら、もしかして」
등의 대부분의 부사에서 지역차가 확연히 드러남을 알 수 있다. 구체적으
로는 다음의 1)~8)을 보기로 하자.

1) [그림 14]의「ぜったい」는「확인(서일본100. 0 > 중부일본58.8 > 동일본
37.5%)」,「추량(중부일본58.8 > 동일본25.0 > 서일본0.0%)」,「전제(동일본12.5 >
서·중부일본0.0%)」,「다짐(중부일본17.6 > 동일본12.5 > 서일본0.0%)」의 의미용법
에서 지역차를 확인할 수 있다. 특히,「추량」,「전제」,「다짐」의 의미용
법의 경우, 서일본에서는 전혀 사용되지 않는다는 것이 특징적이다.

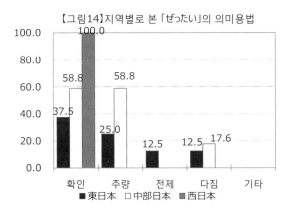

【그림14】지역별로 본「ぜったい」의 의미용법

2) [그림 15]의 「きっと」는 「확인(동일본33.3 > 중부일본11.1 > 동일본0.0%)」, 「추량(중부일본50.0 > 서일본41.7 > 동일본33.3%)」, 「전제(서일본33.3 > 동·중부일본16.7%)」, 「다짐(중부일본16.7 > 서일본8.3 > 동일본0.0%)」의 의미용법에서 지역차가 인정된다. 특히 서일본서는 「확인」의 의미용법이, 동일본에서는 「다짐」의 의미용법이 전혀 사용되지 않는 것이 특징적이다.

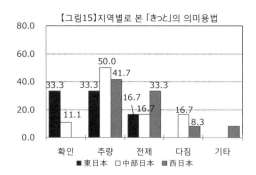

3) [그림 16]의 「たしか」는 「확인(동일본62.5 > 서일본58.1 > 중부일본35.5%)」, 「추량(중부일본35.5 > 동일본12.5 > 서일본11.6%)」의 의미용법에서 지역차가 인정된다.

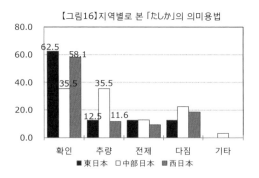

4) [그림 17]의 「おそらく」는 「전제(중부일본32.4 > 서일본26.3 > 동일본13.3%)」, 「다짐(서일본18.4 > 중부일본10.8 > 동일본6.7%)」의 의미용법에서 지역차가 인정된다. 또 「그 외」의 의미용법은 동일본에서 13.3%의 사용률을 보이는데, 구체적인 내용을 보면 「～電話してたトコ?」를 「～電話してた?」와 같이 「トコ」떼면 사용이 가능하다는 식의 형식적인 기술이 대부분이다.

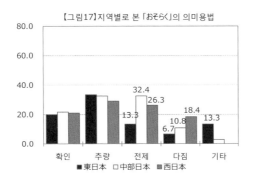

5) [그림 18]의 「たぶん」은 「확인(중부일본26.8 > 동일본14.3 > 서일본12.5%)」, 「추량(동일본42.9 > 서일본41.7 > 중부일본32.1%)」, 「전제(서일본33.3 > 중부일본28.6 > 동일본21.4%)」의 의미용법에서 지역차가 인정된다.

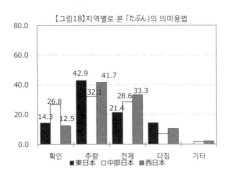

6) [그림 19]의 「どうも」는 「확인(동일본71.4 > 중부일본26.7 > 서일본5.9%)」, 「추량(서일본29.4 > 중부일본26.7 > 동일본0.0%)」, 「전제(서일본41.2 > 동일본28.6 > 중부일본20.0%)」, 「다짐(서일본23.5 > 중부일본20.0 > 동일본0.0%)」의 의미용법에서 지역차가 인정된다. 특히 「추량」, 「다짐」의 의미용법의 경우 동일본에서는 전혀 사용되지 않는다.

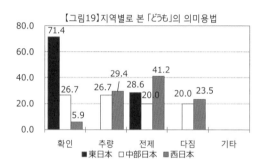

【그림19】지역별로 본 「どうも」의 의미용법

7) [그림 20]의 「どうやら」는 「확인(서일본33.3 > 중부일본28.6 > 동일본7.4%)」, 「추량(서일본31.0 > 중부일본14.3 > 동일본7.4%)」, 「전제(중부일본35.7 > 서일본21.4 > 동일본2.9%)」, 「다짐(서일본16.7 > 중부일본14.3 > 동일본1.5%)」의 의미용법에서 지역차가 인정된다.

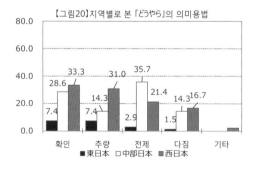

【그림20】지역별로 본 「どうやら」의 의미용법

8) [그림 21]의 「もしかして」는 「추량(동일본75.4 > 중부일본32.8 > 서일본 21.8%)」, 「전제(동일본52.3 > 중부일본35.1 > 서일본31.3%)」, 「다짐(동일본30.8 > 중 부일본18.3 > 서일본16.3%)」의 의미용법에서 지역차가 인정된다.

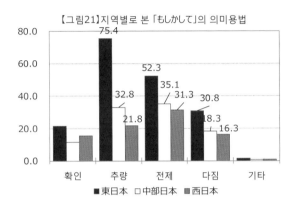

【그림21】지역별로 본 「もしかして」의 의미용법

4.2.3 상하관계의 제3자에 대한 의문문에서의 지역별 의미용법·기능

이하의 [그림 22]~[그림 31]은 상대를 특정인물로 상정하지 않는 의문 문 「先生、圭子さんは＿＿＿＿結婚しますか。」에서 지역별 의미용법· 기능에 대한 결과이다. 「ぜったい」, 「おそらく」를 제외한 「かならず、 きっと、たしか、たしかに、たぶん、まさか、どうも、どうやら、もしか して、ひょっとして」 등 대부분의 부사에서 지역차가 명확히 드러남을 확인 할 수 있다. 구체적으로는 다음의 1)~10)을 보기로 하자.

1) [그림 22]의 「かならず」는 「다짐(중부일본23.3/동일본16.5/서일본10.3%)」의 의미용법에서는 지역차가 인정된다.

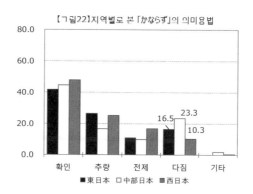

【그림22】지역별로 본 「かならず」의 의미용법

2) [그림 23]의 「きっと」는 「확인(서일본26.6 > 중부일본21.1 > 동일본16.2%)」,
「추량(동일본43.2 > 중부일본37.8 > 서일본33.0%)」, 「전제(동일본35.1 > 서일본21.1 >
중부일본14.4%)」, 「다짐(중부일본17.8 > 서일본17.4 > 동일본5.4%)」의 의미용법에서
지역차가 인정된다.

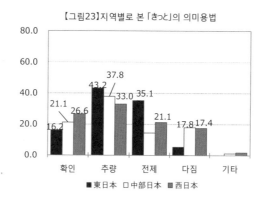

【그림23】지역별로 본 「きっと」의 의미용법

3) [그림 24]의 「たしか」는 「추량(중부일본25.5 > 서일본15.7 > 동일본14.3%)」
의 의미용법에서 지역차가 인정된다.

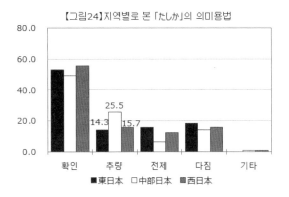

【그림24】지역별로 본 「たしか」의 의미용법

4) [그림 25]의 「たしかに」는 「확인(동일본50.0 > 중부일본38.9 > 서일본37.7%)」, 「추량(중부일본27.8 > 서일본26.4 > 동일본10.7%)」, 「다짐(동일본17.9 > 서일본13.2 > 중부일본5.6%)」의 의미용법에서 지역차가 인정된다.

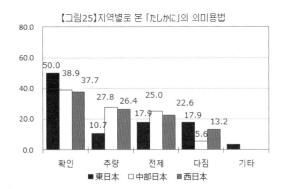

【그림25】지역별로 본 「たしかに」의 의미용법

5) [그림 26]의 「たぶん」은 「전제(서일본37.9 > 중부일본33.8 > 동일본24.2%)」의 의미용법에서 지역차가 인정된다.

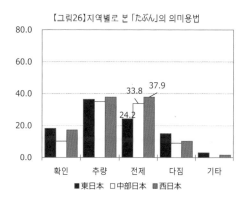

【그림26】지역별로 본 「たぶん」의 의미용법

6) [그림 27]의 「まさか」는 「확인(동일본25.9 > 서일본25.7 > 중부일본15.6%)」, 「추량(중부일본29.1 > 서일본26.3 > 동일본14.8%)」, 「다짐(동일본20.4 > 중부일본12.8 > 서일본6.6%)」의 의미용법에서 지역차가 인정된다.

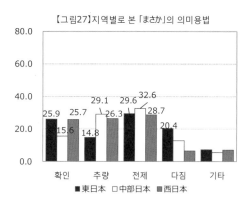

【그림27】지역별로 본 「まさか」의 의미용법

7) [그림 28]의 「どうも」는 「확인(동일본33.3 > 중부일본25.0 > 서일본15.4%)」, 「추량(동일본33.3 > 서일본15.4 > 중부일본12.5%)」, 「전제(중부일본50.0 > 서일본23.1 > 동일본16.1%)」, 「다짐(서일본30.8 > 중부일본12.5 > 동일본0.0%)」의 의미용법에

서 지역차가 인정된다. 특히 「다짐」의 의미용법의 경우, 동일본에서는 전혀 사용되지 않는 것이 특징적이다. 또 「그 외」의 의미용법으로서 16.7%라는 사용률을 나타내고 있지만 이렇다 할 만한 구체적인 내용은 명기되어 있지 않다.

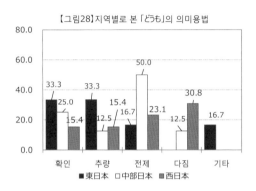

【그림28】지역별로 본 「どうも」의 의미용법

8) [그림 29]의 「どうやら」는 「확인(서일본31.7 > 중부일본27.6 > 동일본20.0%)」, 「전제(동일본30.0 > 서일본19.5 > 중부일본13.8%)」의 의미용법에서 지역차가 인정된다.

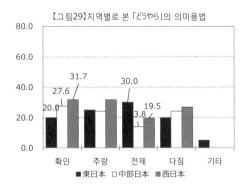

【그림29】지역별로 본 「どうやら」의 의미용법

9) [그림 30]의 「もしかして」는 「확인(서일본32.0 > 동일본18.9 > 중부일본9.6%)」,
「추량(서일본50.7 > 중부일본37.5 > 동일본36.9%)」, 「전제(서일본42.9 > 중부일본36.7
> 서일본27.0%)」의 의미용법에서 지역차가 인정된다.

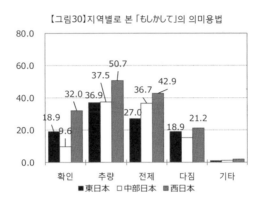

【그림30】지역별로 본 「もしかして」의 의미용법

10) [그림 31]의 「ひょっとして」는 「전제(중부일본36.6 > 서일본27.0 > 동일
본25.2%)」, 「다짐(동일본27.2 > 서일본16.9 > 중부일본14.6%)」의 의미용법에서 지
역차가 인정된다.

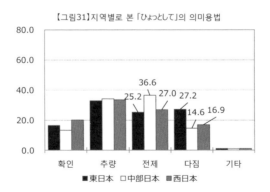

【그림31】지역별로 본 「ひょっとして」의 의미용법

한편, 지역차가 보이지 않는 부사로서는 「ぜったい」, 「おそらく」를 들수 있다.

4.2.4 친구관계의 부정의문문에서의 지역별 의미용법·기능

아래의 [그림 32]~[그림 36]은 상대를 특정인물로 상정하지 않는 의문문 「それでね、その箱をそこまで押してきたのは、_____かあちゃんじゃないかと思う。」에서 지역별로 본 의미용법·기능에 대한 결과이다. 「ぜったい」, 「かならず」, 「まさか」, 「どうやら」, 「もしかして」의 부사에서만 지역차가 명확히 드러나 있음을 알 수 있다. 구체적으로는 다음의 1)~5)를 보기로 하자.

1) [그림 32]의 「ぜったい」는 「확인(중부일본53.4/동일본51.1/서일본39.9%)」, 「다짐(서일본25.7/중부일본17.6/서일본7.6%)」의 의미용법에서는 지역차가 인정된다.

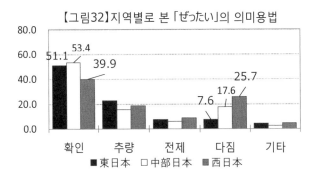

【그림32】지역별로 본 「ぜったい」의 의미용법

2) [그림 33]의 「かならず」는 「확인(동일본63.6 > 서일본46.4 > 중부일본39.4%)」, 「추량(동일본36.4 > 중부일본27.3 > 서일본25.0%)」, 「다짐(서일본21.4 > 중부일본21.2

> 동일본0.0%)」의 의미용법에서 지역차가 인정된다. 특히,「전제」의 의미
용법에서는 거의 사용되지 않는다는 것이 확인되었다. 또「다짐」은 동일
본에서의 사용은 전혀 보이지 않는 것이 특징적이다.

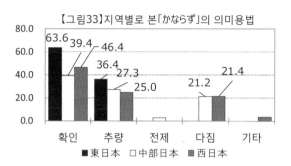

【그림33】지역별로 본「かならず」의 의미용법

3) [그림 34]의「まさか」는「추량(동일본36.4 > 서일본20.6 > 중부일본19.0%)」,「전제
(중부일본38.1 > 서일본20.6 > 동일본9.1%)」의 의미용법에서 지역차가 인정된다.

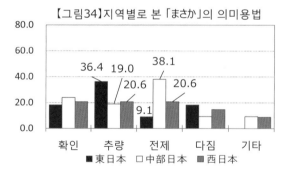

【그림34】지역별로 본「まさか」의 의미용법

4) [그림 35]의「どうやら」는「추량(동일본44.4 > 중부일본30.7 > 서일본27.2%)」
의 의미용법에서 지역차가 인정된다.

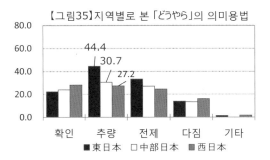

【그림35】지역별로 본 「どうやら」의 의미용법

5) [그림 36]의 「もしかして」는 「추량(동일본41.6 > 서일본30.6 > 중부일본 28.2%)」, 「전제(중부일본40.2 > 동일본31.2 > 서일본26.3%)」의 의미용법에서 지역차가 인정된다.

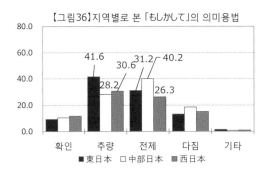

【그림36】지역별로 본 「もしかして」의 의미용법

5. 마치며

본장에서는 일본어 공통어문법 운용의 다양성에 관한 사회언어학적 연구를 시도한 결과 동일본, 중부일본, 서일본에서 부사와 의문 형식과의 공기 허용도와 의미용법·기능에 대하여 구체적으로는 다음과 같은 결론을 도출할 수 있었다.

[공기 허용도의 경우]

1. 상대를 특정인물로 상정하지 않는 의문문

   ; 부사「ぜったい」,「たしか」는 중부일본에서의 공기 허용도가 낮다.

2. 친구관계에서의 의문 형식 생략 의문문

   ; 거의 지역차가 보이지 않는다.

3. 상하관계에서의 제3자에 대한 의문문

   ;「たしか」-중부일본에 비해 동일본이나 서일본 쪽이 높다.

   「おそらく、たぶん」-서일본에 비해 동일본 쪽이 높다.

4. 친구관계에서의 부정의문문

   ;「たしか」- 중부일본보다 서일본 쪽이 높다.

   「どうも」- 중부일본보다 동일본 쪽이 높다.

[의미용법·의미기능]

1. 상대를 특정인물로 상정하지 않는 의문문의 경우

   ;「たしか」,「もしかして」를 제외한 대부분의 부사에서 의미용법이나 의미 기능에 있어 지역차를 확인할 수 있었다.

2. 친구관계에서의 의문 형식 생략 의문문의 경우

   ;「たしかに」,「まさか」,「ひょっとして」를 제외한 대부분의 부사에서 의미용법이나 의미기능에 있어 지역차가 드러났다.

3. 상하관계에서의 제3자에 대한 의문문의 경우

   ;「ぜったい」,「おそらく」를 제외한 대부분의 부사에서 의미용법이

나 의미기능에 있어 지역차를 확인할 수 있었다.

4. 친구관계에서의 부정의문문의 경우

; 「ぜったい」, 「かならず」, 「まさか」, 「どうやら」, 「もしかして」를 제외한 대부분의 부사에서 의미용법이나 의미기능에 있어 지역차가 드러났다.

이상과 같은 결과를 통해 이순형(2009a,b)에서와 마찬가지로 일본어 공통어문법 운용의 다양성을 확인할 수 있었다. 일본열도의 동부와 서부의 어휘 사용의 방언차는 이전부터 인식되어 온 부분이지만, 본장과 같은 공통어로 이해되고 있는 부사와 의문 형식과의 문법성 판정에서도 동부, 중부, 서부의 차이가 명확히 존재한다는 사실을 확인할 수 있었다. 이와 같은 결과에서 학교의 교과서나 방송 등에서 사용되고 있는 공통어 부사라고 하더라도 지역별로 그 어감이나 사용법에 있어 차이가 생겨 그 내용이 일률적이지 않다는 사실이 분명해졌다.

제10장 언어 내·외적 관점에서 본 진위판단부사의 제 특징

진위판단부사는 전통적으로는 「진술부사」, 「유도부사」로 불리며 연구가 진행되어 왔으며, 최근에는 모댈리티라는 관점으로 연구가 진행되어 오고 있다. 본서에서는 공기 관계를 중심으로 실제 예문과 앙케트 조사 형식의 문법성 판정을 통해 진위판단부사와 관련 표현 형식과의 통사적·의미적 특징을 고찰하였다. 구체적으로 말하면 진위판단부사와 의문 형식, 행동요구 형식, 문장 대명사화, 조건 가정절 형식과의 공기 제약을 재검토하면서 그 공기 제약이 왜, 어떠한 이유로 발생하는지를 고찰하였다. 이하 각 장을 통해서 밝혀진 결론을 정리하도록 하겠다.

우선 나카우(中右 : 1980), 사와다(澤田 : 1993) 등에 의해 진위판단부사가 의문 형식과 공기하지 않는다고 하는 언어 현상은 진위판단부사의 중요한 통사적 특징으로 알려져 왔다. 그러나 미야자키(宮崎 : 1997)와 와사(和佐 : 2001)에 의해 「モシカスルト類」의 진위판단부사가 의문 형식과 공기하는 것, 아다치(安達 : 1992, 1999, 2002) 등의 연구 성과에 의해 진위판단부사와 「だろうか」, 진위판단부사와 「부정 의문 형식」가 공기하는 것이 밝혀졌다. 이것에 더해 제3장에서는 진위판단부사가 「だろうか」와 「부정 의문 형식」 이외의 「질문의 의미를 지니는 의문 형식」, 「의구심의 의미를 지니는 의문 형식」, 「확인요구의 의미를 지니는 의문 형식」, 「행동요구의 의미를 지니는 의문 형식」 등과 공기하는 예를 확인할 수 있었다.

제4장에서는 진위판단부사와 의문 형식과의 공기 제약이 생기는 이유에 대해 고찰을 하였다. 제3장에서도 밝혀졌듯이 진위판단부사와 질문의 의미를 지니는 의문 형식, 의구심의 의미를 지니는 의문 형식, 확인요구의 의미를 지니는 의문 형식, 행동요구의 의미를 지니는 의문 형식 등과의 공기 제약을 [확실되라는 개념으로 고찰을 하였다.

제5장에서는 종래 「必ず」, 「きっと」, 「多分」 등의 소위 진위판단부사가 행동요구 표현(명령, 의뢰, 권유, 금지 등)과 공기하지 않는 것으로 지적되어 왔다. 이것에 대해서 본장에서는 행동요구 표현과 진위판단부사의 공기 제약과 그 제약이 발생하는 배경에 대해 고찰을 하였다. 우선 행동요구 표현과 진위판단부사 「絶対, 必ず, きっと, もちろん」이 공기하는 것은 이들 부사가 수행층(F_a층)으로 층 전이를 허용하기 때문이며, 「絶対, 必ず, きっと, もちろん」 이외의 부사가 행동요구 표현과 공기하지 않는 것은 수행층으로 층 전이를 허용하지 않으며 그대로 태도층(F_β층)에 머물러있기 때문이다. 또한 명제 내용층(P층)으로의 층 전이를 허용하는 진위판단부사도 존재하는 것도 확인이 되었다. 즉 진위판단부사 중에는 「수행층, 태도층, 명제 내용층에 속하는 것」, 「수행층과 태도층에 속하는 것」, 「태도층에만 속하는 것」이 존재하는 것이 밝혀졌다.

제6장에서는 층 전이 현상에 주목하여 유의관계에 있는 진위판단부사 「絶対に, 必ず, きっと, 恐らく, 多分」의 다양한 의미·용법상의 공통점

과 차이점을 고찰하였다. 분석 결과는 다음과 같이 요약할 수 있다. 「絶対に, 必ず, きっと, 恐らく, 多分」이 모두 태도층에 속하는 경우에 서로 의미·용법상의 공통점을 지닌다. 「絶対に, 必ず」는 태도층에서 수행층으로도 명제 내용층으로도 층 전이를 허용하는 것에 대해 「きっと」는 태도층에서 수행층으로의 층 전이만을 허용하기 때문에 서로 다른 의미·용법을 지닌다. 마지막으로 「きっと」는 태도층에서 수행층으로 층 전이를 허용하는 것에 대해 「恐らく, 多分」은 수행층으로의 층 전이를 허용하지 않는 이유로 인해 서로 다른 의미·용법을 지닌다.

제7장에서는 지금까지 일본어 진위판단부사가 가정 조건절 「と」, 「ば」, 「たら」, 「なら」절의 보문부에 포함되어서는 안 된다고 하는 제약이 타당한 것임을 검토하였다. 그 결과 첫째, 「必ず」, 「絶対に」는 명제 내용층(가정 조건 형식을 제외한 부분)에 속한다. 그 이유로는 「必ず」, 「絶対に」가 태도층(F$_\beta$)에서 명제 내용층으로 층 전이를 허용하기 때문임이 밝혀졌다. 둘째, 「あるいは」, 「もしかすると류」는 가정 조건절에 수의적으로 포함되는 점에서 일본어 진위판단부사와 가정 조건절의 통사적 제약이 불규칙적으로 발생한다. 그 이유는 가정 조건절과 문말 형식(추량·단정형)과의 의미 관계가 관련을 맺고 있기 때문이다. 셋째로 「さぞかし」, 「きっと」, 「もちろん」, 「恐らく」, 「多分」, 「どうも」, 「どうやら」는 가정 조건절의 보문부에 포함되지 않는다는 점에서 이들 부사에 한해서 가정 조건절과의 통사적 제약이 엄격하게 유지된다. 그 이유는 판단 형성의 과정을 나타내는 이들 부사들이 같은 판단 기능을 하는 (주절의) 술어와 의미적으로 결속하기 때문이다. 넷째, 「と」, 「たら」, 「なら」, 「ば」절에 진위판단부사가 걸리기도 하고 혹은 걸리지 않는 통사적, 의미적 제약을 확인할 수 있었다.

제8장에서는 진위판단부사와 의문 형식과의 공기 제약을 검토하고 서

로 공기가 가능한 예와 공기가 불가능한 예, 조건부로 공기가 가능한 예를 각각 제시함과 동시에 의문 형식과 공기하는 부사가 어떠한 의미를 나타내는지, 그리고 부사와 의문 형식과의 공기에 관여하는 조건(시제, 인칭, 조사, 어순 등)과 같은 언어 내적 요인은 무엇인지를 고찰하였다. 또한 남녀차와 지역차로 대표되는 언어 외적 요인에 의거하여 진위판단부사와 의문 형식과의 공기 제약에 대해서도 분석을 하였다. 그 결과, 우선 첫째로 언어의 내적 요인에 의한 공기 제약의 경우 문법성 적부를 판정하는 경우, 개인의 내성에 의뢰하거나 또는 적은 수의 원어민들에게 판단을 의뢰하는 것은 많은 수의 원어민들에게 판단을 의뢰하는 경우(앙케트 조사, 코퍼스 조사)에 비해 판단의 주관성이 개입하기 쉽다는 것이었다. 둘째, 진위 판단 의부사가 「본래의 인식적인 기능이 아닌, 다른 기능을 지닌 경우에 한해서 의문 형식과의 공기가 가능하다」한 모리모토(森本 : 1994)의 주장과는 대조적으로 인식적인 기능을 하는 경우라도 진위판단부사와 의문 형식이 공기를 허용하는 사실이 밝혀졌다. 셋째, 진위판단부사와 의문 형식과의 공기 여부에 「인칭, 시제, 독화, 조사의 변환, 부사의 위치 이동」 등의 조건이 관여하는 사실이 밝혀졌다. 마지막으로 언어의 외적 요인에 의한 공기 제약의 경우 다음과 같은 결론을 얻을 수 있었다. 우선 공기 판정에 있어 「성별을 그다지 문제가 되지 않는다」고 한 모리모토(森本 : 1994)의 주장과는 대조적으로 남녀차가 있다는 사실이 밝혀졌다. 둘째, 진위판단부사와 의문 형식과의 공기 허용도를 보면 동일본과 서일본 모두 동일한 결과가 나오는 경우가 있는가 하면 그렇지 않은 경우도 있음이 밝혀졌다.

　제9장에서는 공통어문법 운용의 지역적인 양상을 분명히 하기 위해 전통적인 일본어 방언연구에서 말하는 지역구획에 따라 동일본, 중부일

본, 서일본의 3개 구획으로 나누어 고찰, 분석하였다.

종래 연구에서 공기(共起)를 허용하지 않는 것으로 알려진 부사부터 살펴보면, (1) 상대를 특정인물로 상정(想定)하지 않는 의문문의 경우, 부사「ぜったい」「たしか」는 중부일본에서의 공기 허용도가 낮다. (2)상하관계에서의 제3자에 대한 의문문인 경우, 부사「たしか」는 중부일본에 비해 동일본이나 서일본 쪽이 높으며,「おそらく」「たぶん」의 경우는 서일본보다 동일본 쪽이 공기 허용도가 높게 나타났다. (3)친구관계에서의 의문 형식 생략 의문문에서는 거의 지역차가 없었지만, (4)친구관계에서의 부정의문문에서 부사「たしか」는 중부일본보다 서일본쪽에서,「どうも」는 중부일본보다 동일본 쪽에서 공기 허용도가 높게 나타났다.

다음으로 의미용법과 의미기능의 지역적 양상을 살펴보면 다음과 같다. (1)상대를 특정인물로 상정하지 않는 의문문의 경우,「たしか」「もしかして」를 제외한 대부분의 부사에서 지역차를 확인할 수 있었다. (2)상하관계에서의 제3자에 대한 의문문의 경우,「ぜったい」「おそらく」를 제외한 대부분의 부사에서 지역차가 드러났다. (3)친구관계에서의 의문 형식 생략 의문문의 경우,「たしかに」「まさか」「ひょっとして」를 제외한 대부분의 부사에서 지역차를 확인할 수 있었다. (4)친구관계에서의 부정의문문의 경우,「ぜったい」「かならず」「まさか」「どうやら」「もしかして」를 제외한 부사에서는 지역차가 드러났다.

이와 같이 동일한 문장에 대한 문법성 판정에 차이가 생기는 것은 특정 문장에 대한 개인이 갖고 있는 언어직관에 차이가 있기 때문일 것이다. 그러나 좀 더 생각해 보면 이러한 언어직관의 차이는 개인이 태어나면서 처음으로 접하는 언어, 부모의 언어 즉 소위 모방언(母方言)의 차이로 인한 것일 것이다. 제9장의 결과와 같은 문법성 판정에 지역차가 생기는 것노 각각의 지역을 중심으로 한 '지역 공통어문법'이 존재하기 때문일 것이다. 제9장을 통해 공통어로 인식되고 있는 일본어 문법 운용의 다양성을 확인한 것은 물론, 지역차를 고려하는 것에 의해 문법연구의 상대적인 시점을 제시할 수 있게 되었다.

이상 논의한 바와 같이 부사에 중점을 두고 고찰하는 것에 의해 부사 자체의 연구뿐만 아니라 특정 표현 형식(의문 형식, 행동요구 형식, 가정 조건 형식 등)이 지니는 문법적 특성을 보다 다양하게 고찰할 수 있었다. 또한 부사와 각 형식과의 통사적·의미적 제약을 규명할 수 있었으며 그 귀결로 선행연구에서는 다루지 못한 새로운 연구 성과를 거둘 수 있었다. 이와 같은 성과는 특히 기존의 특정한 문장에 나타나는 특정한 통사적 현상은 주로 연구자 개인이나 적은 수의 원어민의 판정에만 의지하여 고찰을 했던 선행연구와는 대조적으로, 코퍼스에 의한 다량의 용례 및 많은 인원의 원어민들에 의한 문법성 판정 테스트 등에서 얻어진 것이므로 나름 연구적 의의가 크다고 생각한다.

참고문헌

가미오 아키오(神尾昭雄：1990), 『情報のなわ張り理論-言語の機能的分析-』, 大修館書店, pp.1-277.

가와바타 요시아키(川端善明：1983), 「副詞の条件-叙法の副詞組織から-」, 渡辺実(編), 『副用語の研究』, 明治書院, pp.1-34.

가와모토 시게오(川本茂雄：1956), 『文の構造』, 白水社, pp.1-264.

고가네마루(노다) 하루미(小金丸(野田)春美：1990), 「ムードの「のだ」とスコープの「のだ」」, 『日本語学』 4-3, pp.71-82, 明治書院.

고바야시 유키에(小林幸江：1980), 「推量の表現及びそれと呼応する副詞について」, 『日本語学校論集』 7, pp.3-21, 東京外国語大学外国語学部付属日本語学校.

고바야시 노리코(小林典子：1992a), 「序列副詞-「最初に」, 「特に」, 「おもに」を中心に-」, 『国語学』 151, pp.15-29, 国語学会.

고바야시 노리코(小林典子：1992b), 「「必ず・確かに・確か・きっと・ぜひ」の意味分析」, 『筑波大学留学生センター日本語学校論集』 7号, pp.1-17, 筑波大学留学生センター.

고야노 테쓰오(小矢野哲夫：1983), 「副詞の呼応-誘導副詞と誘導形の一例-」, 渡辺実(編), 『副用語の研究』, 明治書院, pp.216-232.

고야노 테쓰오(小矢野哲夫：1997), 「類似モダリティの副詞について-「まるで」を例として-」, 佐藤喜代治(編), 『国語論究6 近代語の研究』, pp.287-318, 明治書院.

고야노 테쓰오(小矢野哲夫：1998), 「モダリティ副詞の文章上の機能」, 吉田金彦(編),

『ことばから人間を』, 昭和堂, pp.120-132.

고정도(高正道 : 1998), 「基準時から見て、相対的な未来の動作・変化を表す副詞」(その2), 『現代日本語研究』5号, pp.121-136, 大阪大学日本語学講座.

고정도(高正道 : 2000), 「時間の流れに沿って動作や変化の様子を表す副詞」, 『日本語文學』第8輯, pp.373-393, 韓國日本語文學會.

고정도(高正道 : 2001), 「時の副詞」, 『日本語文學』第11輯, pp.1-21, 韓國日本語文學會.

곤도 야스히로(近藤泰弘 : 1989), 「ムード」, 『講座日本語と日本語教育4巻日本語の文法・文体(上)』, pp.226-246, 明治書院.

곤도 야스히로(近藤泰弘 : 1997), 「否定と呼応する副詞について」, 川端善明・仁田義雄(編), 『日本語文法—体系と方法—』, pp.左89-99, ひつじ書房.

구도 히로시(工藤浩 : 1982), 「叙法副詞の意味と機能—その記述方法をもとめて—」, 『国立国語研究所報告71 研究報告集』3, pp.45-92, 秀英出版.

구도 히로시(工藤浩 : 1983), 「程度副詞をめぐって」, 渡辺実(編), 『副用語の研究』, pp.176-198, 明治書院.

구도 히로시(工藤浩 : 1989), 「現代日本語の文の叙法性 序章」, 『東京外国語大学論集』39, pp.13-33, 東京外国語大学.

구도 히로시(工藤浩 : 1997), 「評価成分をめぐって」, 川端善明・仁田義雄(編), 『日本語文法—体系と方法—』, ひつじ書房, pp.左55-72.

구도 히로시(工藤浩 : 2000), 「副詞と文の陳述的タイプ」, 森山卓郎・仁田義雄・工藤浩(編), 『日本語の文法3 モダリティ』, 岩波書店, pp.163-234.

구도 마유미(工藤真由美 : 1999), 「否定と呼応する副詞をめぐって—実態調査から—」, 『大阪大学文学部紀要』39, pp.左69-107, 大阪大学.

구도 마유미(工藤真由美 : 2000), 「否定の表現」, 金水敏・工藤真由美・沼田喜子, 『時・否定と取り立て』, 岩波書店, pp.95-150.

구로카와 미키코(黒川美紀子 : 1998), 「「話し手聞き手二者行動要求」の談話構造と表現配列—「シヨウ」と「シナイカ」の場合—」, 『早稲田大学大学院教育学研究科紀要別冊』6, pp.17-28, 早稲田大学大学院教育学研究科.

국립국어연구소(国立国語研究所 : 1960), 『国立国語研究所報告18 話しことばの文型(1)—対話資料による研究—』, 秀英出版, pp.1-182.

국립국어연구소(国立国語研究所：2003),『新「ことば」シリーズ⑯　ことばの地域差—方言は今—』, 国立国語研究所, pp.1-126.

기노시타 리카(木下りか：1997),「かもしれない・にちがいない—真偽判断のモダリティの体系における「可能性」—」,『ことばの科学』10, pp.41-56, むぎ書房.

기타하라 야스오(北原保雄：1973),「補充成分と連用修飾成分—渡辺実氏の連用成分についての再検討—」,『国語学』95, pp.1-19, 国語学会.

기타하라 야스오(北原保雄：1975),「修飾成分の種類」,『国語学』103, pp.18-34, 国語学会.

기타하라 야스오(北原保雄：1981a),『日本語の世界6　日本語の文法』, 中央公論社, pp.1-356.

기타하라 야스오(北原保雄：1981b),『日本語助動詞の研究』, 大修館書店, pp.1-654.

기타하라 야스오(北原保雄：1983),「詞辞論と副詞」 渡辺実(編),『副用語の研究』, 明治書院, pp.55-67.

긴다이치 하루히코 (金田一春彦：1953),「不変化助動詞の本質(上・下)」,『国語・国文』22-2, pp.1-18(上), 22-3, pp.15-35(下), 京都大学国語学国文学研究室.

나지마 요시나오(名嶋義直：2003),「いわゆる文副詞に関する一考察」,『日本語文法』3巻2号, pp.117-130, 日本語文法学会.

나카우 미노루(中右実：1979),「モダリティと命題」,『英語と日本語と　林栄一教授還暦記念論文集』, くろしお出版, pp.223-250.

나카우 미노루(中右 実：1980),「文副詞の比較」, 国広哲弥(編),『日英語比較講座第2巻 文法』, 大修館書店, pp.157-219.

나카이 세이치(中井精一：2001),「都市言語」, ダニエル・ロング/中井精一/宮治弘明(編),『応用社会言語学を学ぶ人のために』, pp.156-167, 世界思想社.

나카이 세이치(中井精一：2004),「語彙分布からみた富山県方言の地域差とその背景」, 真田真治監修、中井精一・内山純蔵・高橋浩二(編),『日本海沿岸の地域特性とことば—富山県方言の過去・現在・未来』, 桂書房, pp.51-71.

나카이 세이치 편(中井精一・編：2005),『社会言語学の調査と研究の技法—フィールドワークとデータ整理の基本—』, おうふう, pp.1-161.

나카이 세이치(中井精一：2007),「方言と共通語」, 荻野綱男(編)『現代日本語学入門』, 明治書院, pp.146-162.

나카지마 에쓰코(中島悦子：1997), 「疑問表現の様相」, 現代日本語研究会(編), 『女性のことば・職場編』, ひつじ書房, pp.59-82.

나카지마 에쓰코(中島悦子：2002), 「職場の男性の疑問表現」, 現代日本語研究会(編), 『男性のことば・職場編』, pp.63-74, ひつじ書房.

나카미치 마키오(中道真木男1991), 「副詞の用法分類—基準と実例—」, 『副詞の意味と用法』国立国語研究所, pp.109-180.

노다 하루미(野田春美1995), 「～ノカ?, ～ノ?, ～カ?, ～∅?-質問文の文末の形—」, 宮島達夫・仁田義雄(編), 『日本語類義表現の文法(上)』, くろしお出版, pp.210-219.

노다 히사시(野田尚史：1984a), 「副詞の語順」, 『日本語教育』52, pp.79-90, 日本語教育学会.

노다 히사시(野田尚史：1984b), 「～にちがいない/～かもしれない/はずだ」, 『日本語学』3-10, pp.111-119, 明治書院.

노다 히사시(野田尚史：1989), 「真正モダリティをもたない文」, 仁田義雄・益岡隆志(編), 『日本語のモダリティ』, pp.131-157, くろしお出版.

노바야시 하루히코(野林晴彦：1999), 「類義のモダリティ形式「ヨウダ」, 「ラシイ」, 「ソウダ」-三水準にわたる重層的考察-」, 『国語学』197, pp.89-75, 国語学会.

노바야시 하루히코(野林晴彦：2001), 「モダリティ形式と副詞の共起・呼応現象の記述-paradigmとsyntagmの相関-」, 『国語学研究』40, pp.左12-24, 東北大学大学院文学研究科.

니시하라 스즈코(西原鈴子：1991), 「副詞の意味機能」, 『副詞の意味と用法』, pp.47-80, 国立国語研究所.

닛타 요시오(仁田義雄：1981), 「可能性・蓋然性を表す疑似ムード」, 『国語と国文学』58-5, pp.88-102, 東京大学国語国文学会.

닛타 요시오(仁田義雄：1983), 「動詞に係る副詞的修飾成分の諸相」, 『日本語学』2-10, pp.18-29, 明治書院.

닛타 요시오(仁田義雄：1984), 「条件づけとその周辺」, 『日本語学』6-9, pp.13-27, 明治書院.

닛타 요시오(仁田義雄：1989), 「現代日本語のモダリティの体系と構造」, 仁田義雄・益岡隆志(編), 『日本語のモダリティ』, くろしお出版, pp.1-56.

닛타 요시오(仁田義雄：1991),『日本語のモダリティと人称』, ひつじ書房, pp.1-287.

닛타 요시오(仁田義雄：1993),「現代語の文法・文法論」,日本語要説』, ひつじ書房, pp.11-39.

닛타 요시오(仁田義雄：1994),「＜疑い＞を表す形式の問いかけ的使用-「かな」を中心とした覚書-」,『現代日本語研究』1, pp.6-14, 大阪大学日本学科現代日本語学講座.

닛타 요시오(仁田義雄：1997),『日本語文法研究序説』, くろしお出版, pp.1-298.

닛타 요시오(仁田義雄：2000),「認識のモダリティとその周辺」, 森山卓郎・仁田義雄・工藤浩(編),『日本語の文法3 モダリテ』, 岩波書店, pp.81-159.

닛타 요시오(仁田義雄：2002a),『副詞的表現の諸相』, くろしお出版, pp.1-325.

닛타 요시오(仁田義雄：2002b),「文構造の究明-陳述論から文の階層構造観へ-」,『言語』, pp.31-6, pp.50-61, 大修館書店.

다나카 도시오(田中敏生：1983),「否定述語・不確実述語の作用面と対象面―陳述副詞の呼応の内実を求めて―」,『日本語学』2-10, pp.77-89, 明治書院.

다노무라 타다하루(田野村忠温：1988),「否定疑問文少考」,『国語学』152, pp.左16-30, 国語学会.

다노무라 타다하루(田野村忠温：1990),『現代日本語の文法Ⅰ「のだ」の意味と用法』, 和泉書院, pp.1-244.

다노무라 타다하루(田野村忠温：1991),「疑問文における肯定と否定」,『国語学』164, pp.左1-14, 国語学会.

다노무라 타다하루(田野村忠温：2000),「意味分析と電子資料―副詞「よほど」の分析を例に―」, 山田進・菊地康.人・籾山洋介(編),『日本語意味と文法の風景―国広哲弥教授古稀記念論文集―』, ひつじ書房, pp.211-224.

다지리 에죠(田尻英三：1992),「日本語教師と方言」,『日本語教育』76, pp.9-20, 日本語教育学会.

다카나시 시노(高梨信乃：2002),「評価のモダリティ」, 仁田義雄・益岡隆志・田窪行則(編),『新日本語文法選書4 モダリティ』, くろしお出版, pp.80-120.

다카미 겐이치(高見健一：1985),「日英語文照応と副詞・副詞句」,『言語研究』87, pp.68-94, 日本言語学会.

다케우치 미치코(竹内美智子：1973),「副詞とは何か」,『品詞別日本語文法講座5連

体詞・副詞』, 明治書院, pp.72-146.

다쿠보 유키노리(田窪行則：1987),「統語構造と文脈情報」,『日本語学』6-5, pp.37-48, 明治書院.

데라무라 히데오(寺村秀夫：1979),「ムードの形式と否定」,『英語と日本語と　林栄一教授還暦記念論文集』, くろしお出版, pp.191-222.

데라무라 히데오(寺村秀夫：1981),『日本語の文法(下)』, 国立国語研究所, pp.1-153.

데라무라 히데오(寺村秀夫：1982),『日本語のシンタクスと意味Ⅰ』, くろしお出版, pp.1-332.

데라무라 히데오(寺村秀夫：1984),『日本語のシンタクスと意味Ⅱ』, くろしお出版, pp.1-332.

도쿠카와 무네마사(徳川宗賢：1991)・사나다 신지(真田信治),『新・方言学を学ぶ人のために』, 世界思想社, pp.1-291.

도키에다 모토키(時枝誠記：1941),『国語学原論』, 岩波書店, pp.1-318.

도키에다 모토키(時枝誠記：1950),『日本文法口語論』, 岩波書店, pp.1-263.

마스오카 타카시(益岡隆志：1992)・다쿠보 유키노리(田窪行則),『基礎日本語文法-改訂版-』, くろしお出版, pp.1-251.

마스오카 타카시(益岡隆志：1987),『命題の文法—日本語文法序説—』, くろしお出版, pp.1-256.

마스오카 타카시(益岡隆志：1991),『モダリティの文法』, くろしお出版, pp.1-232.

마스오카 타카시(益岡隆志：1992),「不定性のレベル」,『日本語教育』77, pp.14-25, 日本語教育学会.

마스오카 타카시 편(益岡隆志・編：1993a),「日本語の条件表現について」,『日本語の条件表現』, くろしお出版, pp.1-20.

마스오카 타카시(益岡隆志編：1993b),「条件表現と文の概念レベル」,『日本語の条件表現』, くろしお出版, pp.23-39

마스오카 타카시(益岡隆志：1997),『複文』, くろしお出版, pp.1-206.

마스오카 타카시(益岡隆志：2002),「判断のモダリティ-現実と非現実の対立-」,『日本語学』21-2, pp.6-16, くろしお出版.

마쓰시타 다이자부로(松下大三郎：1961),『標準日本国語法』, 白帝社, pp.1-444.

마쓰다 켄지로(松田謙次郎：2001),「文法的変異」, ダニエル・ロング/中井精一/宮治

弘明(編),『応用社会言語学を学ぶ人のために』, 世界思想社, pp.120-128.

마에다 나오코(前田直子：1995), 「バ、ト、ナラ、タラ-仮定条件を表す形式-」, 宮島達夫・仁田義雄(編), 『日本語の類義表現の文法(下)複文・連文編』, くろしお出版, pp.483-495.

마에다 히로유키(前田広幸：1990), 「「～て下さい」と「お～ください」」, 『日本語学』9-5, pp.43-53, 明治書院.

모리모토 준코(森本順子：1994),『日本語研究叢書7 話し手の主観を表す副詞について』, くろしお出版, pp.1-221.

모리모토 준코(森本順子：2000), 「副詞の現在」,『日本語学』4-19, pp.120-129, 明治書院.

모리시게 사토시(森重敏：1977),『日本文法通論』, 風間書房, pp.1-350.

모리야마 다쿠로(森山卓郎：1989), 「認識のムードとその周辺」, 仁田義雄・益岡隆志(編),『日本語のモダリティ』くろしお出版, pp.57-120.

모리야마 다쿠로(森山卓郎：1992), 「日本語における推量をめぐって-文の意味としての主観性・客観性-」,『日本語学』11-3, pp.105-116, 明治書院.

모리야마 다쿠로(森山卓郎：1995), 「ト思ウ, ハズダ, ニチガイナイ, ダロウ, 副詞～∅-不確実だが高い確信があることの表現-」, 宮島達夫・仁田義雄(編),『日本語類義表現の文法(上)』, くろしお出版, pp.171-182.

모리야마 다쿠로(森山卓郎：1997), 「「日本語における事態選択形式」-「義務」「必要」「許可」などのムード形式の意味構造-」,『国語学』188, pp.左 12-25, 国語学会.

모리야마 다쿠로(森山卓郎：2000), 「基本叙法と選択関係としてのモダリティ」, 森山卓郎・仁田義雄・工藤 浩(編),『日本語の文法3 モダリティ』, 岩波書店, pp.3-78.

미나미 후지오(南不二男：1974),『現代日本語の構造』, 大修館書店, pp.1-325

미나미 후지오(南不二男：1993),『現代日本語文法の輪郭』, 大修館書店, pp.1-269

미야자키 가즈히토(宮崎和人：1990), 「判断文における言表態度修飾成分とモダリティの呼応」,『新居浜工業高等専門学校紀要(人文科学編)』26, pp.60-76, 新居浜工業高等専門学校.

미야자키 가즈히토(宮崎和人：1993), 「「～ダロウ」の談話機能について」,『国語学』

175, pp.左40-53, 国語学会.

미야자키 가즈히토(宮崎和人：1996), 「確認要求表現と談話構造―「～ダロウ」と「～ジャナイカ」の比較―」, 『岡山大学文学部紀要』25, pp.107-120, 岡山大学文学部.

미야자키 가즈히토(宮崎和人：1997), 「「モシカスルト」類について」, 『岡山大学言語学論叢』5, pp.1-33, 岡山大学言語学研究会.

미야자키 가즈히토(宮崎和人：1998), 「否定疑問文の述語形態と機能-「(ノ)デハナイカ」の位置づけの検討-」, 『国語学』194, pp.左15-31, 国語学会.

미야자키 가즈히토(宮崎和人：2000), 「確認要求表現体系性」, 『日本語教育』 106, pp.7-16, 日本語教育学会.

미야자키 가즈히토(宮崎和人：2001), 「認識的モダリティとしての＜疑い＞―「ダロウカ」と「ノデハナイカ」―」, 『国語学』, 52―3(206), pp.15-29, 国語学会.

미야자키 가즈히토(宮崎和人：2002a), 「確認要求」, 仁田義雄・益岡隆志・田窪行則(編), 『新日本語文法選書4 モダリティ』, pp.203-227, くろしお出版.

미야자키 가즈히토(宮崎和人：2002b), 「認識のモダリティ」, 仁田義雄・益岡隆志・田窪行則(編), 『新日本語文法選書4 モダリティ』, pp.121-171, くろしお出版.

미야지마 타쓰오(宮島達夫：1983), 「情態副詞と陳述」 渡辺実(編), 『副用語の研究』, pp.89-116, 明治書院.

미야지마 타쓰오(宮島達夫：1995)・닛타요시오(仁田義雄編), 『日本語の類義表現の文法(下) 複文・連文編』, くろしお出版, pp.1-330.

미야케 토모히로(三宅知宏：1994), 「否定疑問文による確認要求的表現について」, 『現代日本語研究』1, pp.15-26, 大阪大学現代日本語学講座.

미야케 토모히로(三宅知宏：1995), 「「推量」について」, 『国語学』183, 左pp.1-11, 国語学会.

미야케 토모히로(三宅知宏：1996), 「日本語の確認要求的表現の諸相」, 『日本語教育』89, pp.111-122, 日本語教育学会.

미야케 토모히로(三宅知宏：2000), 「疑念表明の表現について―カナ・カシラを中心に―」, 『鶴見大学 紀要国語・国文学編』37, pp.8-21, 鶴見大学.

미카미 아키라(三上章：1972), 『続・現代語法新説』, くろしお出版.

사나다 신지(真田信治：1983), 『日本語のゆれ』, 南雲堂, pp.1-185.

사나다 신지(真田信治：1979), 『地域語への接近—北陸をフィールドとして—』, 秋山書店, pp.1-210.

사나다 신지(真田信治(1996), 『地域語の生態シリーズ(関西編)地域語のダイナミズム』, おうふう, pp.1-166.

사나다 신지(真田信治：2001), 『関西・ことばの動態』, 大阪大学出版会, pp.1-86.

사와다 하루미(澤田治美：1978), 「日英語文副詞類(Sentence Adverbials)の対照言語学的研究-Speechact理論の観点から-」, 『言語研究』74, pp.1-36, 日本言語学会.

사와다 하루미(澤田治美：1980), 「日本語「認識」構文の構造と意味」, 『言語研究』78, pp.1-35, 日本言語学会.

사와다 하루미(澤田治美：1983), 「ｓｎシステムと日本語助動詞の相互連結順序」, 『日本語学』2-12明治書院, pp.66-80.

사와다 하루미(澤田治美：1993), 『視点と主観性—日英語助動詞の分析—』, ひつじ書房, pp.1-334.

사지 케조(佐治圭三：1992), 「「必ず」の共起の条件—「きっと」, 「絶対に」, 「どうしても」との対比において—」, 『外国人が間違えやすい日本語の表現の研究』, ひつじ書房, pp.75-87.

사카구치 가즈히로(坂口和寛：1996), 「副詞の語彙的意味が統語的現象に与える影響—働きかけ文での共起関係を中心に—」, 『日本語教育』91, pp.1-12, 日本語教育学会.

스기무라 야스시(杉村泰：1996), 「キットとカナラズの意味分析-モダリティの観点から-」, 『ことばの科学』9, pp.103-118, 名古屋大学言語文化部.

스기무라 야스시(杉村泰：1997), 「副詞「キット」と「カナラズ」のモダリティ階層：タブン/タイテイとの並行性」, 『日本語教育論集世界の日本語教育』7, pp.233-249, 国際交流基金日本語国際センター.

스기무라 야스시(杉村泰：1998), 「真偽判断を表すモダリティ副詞「モシカスルト」, 「ヒョットスルト」の研究」, 『日本語教育』98, pp.25-36, 日本語教育学会.

스기무라 야스시(杉村泰：2000), 「モダリティ副詞「マサカ」再考」, 『名古屋学院大学日本語・日本語教育論集』7, pp.11-29, 名古屋学院大学留学生別科.

스기무라 야스시(杉村泰：2000),「事態成立の確実性を表す副詞について-カナラズ、キマッテ、タシカニ、カクジツニ-」,『ことばの科学』13むぎ書房, pp.41-58.

스기모토 다케시(杉本武：2001),「文法分野での計量的研究概観」,『日本語学』20-4, pp.174-182, 明治書院.

스즈키 시게유키(鈴木重幸：1972),『日本語文法・形態論』, むぎ書房, pp.1-518.

아다치 타로(安達太郎：1991),「いわゆる「確認要求の疑問表現」について」,『日本学報』第10号, pp.45-59, 大阪大学日本学科.

아다치 타로(安達太郎：1992),「「傾き」を持つ疑問文—情報要求から情報提供文へ—」,『日本語教育』77, pp.49-61, 日本語教育学会.

아다치 타로(安達太郎：1995a),「「カ」による従属節の不確定性の表示について」, 仁田義雄(編),『複文の研究(上)』, くろしお出版, pp.247-263.

아다치 타로(安達太郎：1995b),「シナイカとシヨウとシヨウカ—勧誘文—」, 宮島達夫・仁田義雄(編),『日本語類義表現の文法(上)』, くろしお出版, pp.226-234.

아다치 타로(安達太郎：1996),「副詞から見た証拠性判断の意味特徴」,『神戸大学留学生センター紀要』3, pp.67-77, 神戸大学留学生センター.

아다치 타로(安達太郎：1997a),「「だろう」の伝達的な側面」,『日本語教育』95, pp.85-96, 日本語教育学会.

아다치 타로(安達太郎：1997b),「副詞が文末に与える影響」,『広島女子大学国際文化学部紀要』3, pp.1-11, 広島女子大学国際文化学部.

아다치 타로(安達太郎：1999),『日本語研究叢書11日本語疑問文における判断の諸相』, くろしお出版, pp.1-229.

아다치 타로(安達太郎：2002a),「質問と疑い」, 仁田義雄・益岡隆志・田窪行則(編),『新日本語文法選書4 モダリティ』, くろしお出版, pp.173-202.

아다치 타로(安達太郎：2002b),「実行のモダリティ」, 仁田義雄・益岡隆志・田窪行則(編),『新日本語文法選書4モダリティ』, くろしお出版, pp.18-77.

아리타 세쓰코(有田節子：1991),「日本語の条件表現と叙述の特定性という概念についての一考察」,『日本語・日本文化』第17号, pp.97-112, 大阪外国語大学留学生別科・日本語学科.

아리타 세쓰코(有田節子：1993),「日本語の条件文と知識」, 益岡隆志(編),『日本語の条件表現』, くろしお出版, pp.41-71.

야마나시 마사아키(山梨正明：1986),『新英文法選書12 発話行為』大修館書店, pp.1-245.

야마다 스스무(山田進：1982),「カナラズ・キット」, 国広哲弥・柴田武・長嶋善郎・山田進・浅野百合子(編),『ことばの意味3辞書に書いてないこと』, 平凡社, pp.186-194.

야마다 요시오(山田孝雄：1936),『日本文法学概論』, 宝文館, pp.1-598.

야마시타 요시타카(山下好孝：2005),「東のことば・西のことば」,『ケーススタディ日本語のバラエティ』, おうふう, pp.42-47.

야마오카 마사키(山岡政紀：1995),「従属節のモダリティ」, 仁田義雄(編),『複文の研究(下)』, くろしお出版, pp.309-326.

야스이 미노루(安井稔：1977),「英語のおけるモダリティーについて」,『文芸言語研究・言語編』1, pp.1-26, 筑波大学文芸・言語学系.

야스이 미노루(安井稔：1978),「法の助動詞における時制」,『文芸言語研究・言語編』2, pp.1-26, 筑波大学文芸・言語学系.

야자와 마코토(矢沢真人：2000),「副詞的修飾の諸相」 仁田義雄・村木新次郎・柴谷方良・矢沢真人(編),『日本語の文法1文の骨格』, 岩波書店, pp.189-233.

에구치 다다시(江口正：2000),「階層構造からみた従属部の内側と外側」,『日本語学』4月臨時増刊号19, pp.130-139, 明治書院.

오주희(呉珠煕：1999),「「きっと」,「かならず」の意味・用法」,『筑波大学応用言語学研究』6, pp.41-53, 筑波大学文芸・言語研究科応用言語学コース.

오쿠다 야스오(奥田靖雄：1984),「おしはかり(一)」,『日本語学』3-12, pp.54-69, 明治書院.

오쿠다 야스오(奥田靖雄：1985),「おしはかり(二)」,『日本語学』4-2, pp.48-62, 明治書院.

오쿠다 야스오(奥田靖雄：1985),『ことばの研究・序説』むぎ書房, pp.1-321.

와사 아쓰코(和佐敦子：2001),「日本語とスペイン語の可能性判断を表す副詞-疑問文との共起をめぐって-」,『言語研究』120, pp.67-88, 日本言語学会.

와타나베 미노루(渡辺実：1949),「陳述副詞の機能」,『国語国文』18-1, pp.1-26, 京都大学国語学国文学研究室.

와타나베 미노루(渡辺実：1953),「叙述と陳述—述語文節の構造—」,『国語学』13-14,

pp.20-34, 国語学会.

와타나베 미노루(渡辺実：1971), 『国語構文論』塙書房, pp.1-445.

와타나베 미노루(渡辺実：1983),「副用言総論」,『日本語学』10-2, pp.4-9, 国語学会.

요시다 마사코(吉田雅子：2001),「世代とことば」, ダニエル・ロング/中井精一/宮治
　　　　弘明(編),『応用社会言語学を学ぶ人のために』, 世界思想社, pp.74-82.

유이 기쿠코(由井紀久子：1995),「シテクダサイとシテモライタイとシテホシイ-依
　　　　頼を表す用法」, 宮島達夫・仁田義雄(編),『日本語類義表現の文法(上)』,
　　　　くろしお出版, pp.220-225.

이노우에 야스시(井上優：1996)・황여화(黄麗華),「日本語と中国語の真偽疑問文」,
　　　　『国語学』184, pp.左15-28, 国語学会.

이노우에 야스시(井上優：1996)「方言のしくみ　文法(語法・意味)」小林隆/篠崎晃一
　　　　(編)『ガイドブック方言研究』, ひつじ書房, pp.113-137.

이노우에 후미오(井上史雄：1988),『日本語ウォッチング』, 岩波新書, pp.1-218.

이노우에 후미오(井上史雄：2001),『計量的方言区画』, 明治書院, pp.1-484.

이데 사치코・편(井出祥子・編：1997),『女性語の世界』, 明治書院, pp.1-239.

이순형(李舜炯：2003),「真偽判断の副詞と疑問形式との共起関係」,『언어과학연구
　　　　(言語科學研究)』27, pp.291-314, 言語科學會.

이순형(李舜炯：2004a),「真偽判断の副詞と疑問表現形式との共起制約-確認要求の意
　　　　味用法を持つ疑問表現形式を中心に-」,『日本学報』59, pp.173-186, 韓
　　　　國日本學會.

이순형(李舜炯：2004b),「いわゆる真偽判断の副詞と働きかけ表現との共起制約」,『日
　　　　本学報』61, pp.231-245, 韓國日本學會.

이순형(李舜炯：2005a),「類義関係にあるいわゆる真偽判断の副詞の階層構造」,『日
　　　　本学報』64, pp.141-160, 韓国日本学会.

이순형(李舜炯：2005b),「日本語の真偽判断の副詞と疑問形式との共起制約-社会言語
　　　　学的なアプローチの試み-」,『地域言語』17, pp.1-22, 日本地域言語研
　　　　究會.

이순형(李舜炯：2006),「仮定条件節の内部における真偽判断の副詞の生起制約分析」,
　　　　『日語日文学研究』57, pp.39-57, 韓国日語日文學會.

이순형(李舜炯：2008a),「モダリティ副詞と疑問形式との共起関係における文法性判

定の多様性―男女差を中心に―」,『學會創立30周年記念韓国日語日文學會2008年度夏季国学術大會發表論文集』, pp.116-120, 韓国日語日文學會.

이순형(李舜炯:2008b),「文法性判定の地域差へのアプローチ―真偽判断の副詞と疑問形式との共起関係を例として―」,『日本語学会2008年度秋季大会予稿集』, pp.129-136, 日本語学会(Japan).

이순형(李舜炯:2009a),「文法性判定の地域差へのアプローチ―真偽判断の副詞と疑問形式との共起関係を例として―」,『東北亜文化研究』18, pp.353-365, 東北亜文化學會.

이순형(李舜炯:2009b),「文法性判定の男女差へのアプローチ―モダリティ副詞と疑問形式との共起関係を例として―」,『日語日文学研究』71, pp.237-255, 韓國日語日文學會.

이오리 이사오(庵功雄:2001)・다카나시 시노(高梨信乃)・나카니시 구미코(中西久実子)・야마다 도시히로(山田敏弘),『中上級を教える人のための日本語文法ハンドブック』, スリーエーネットワーク, pp.1-599.

이치카와 다카시(市川孝:1976),「副用語」,『岩波講座日本語6 文法Ⅰ』岩波書店, pp.221-258.

장근수(張根壽:2000),「判断文の構造と副詞について-副詞とモダリティ形式との共起関係を中心に-」,『日本語文學』12, pp.197-218, 韓國日本語文學會.

장근수(張根壽:2001),「副詞の共起の可能性と意味-「キット/タブン/モシカスルト」を対象に-」,『筑波日本語研究』第六号, pp.73-92, 筑波大学文芸・言語研究科日本語学研究室.

장근수(張根壽:2002),「多義性を持つ副詞の意味・用法-「きっと」「必ず」「絶対に」の比較から-」,『日本学報』50, pp.97-112, 韓國日本學會.

장근수(張根壽:2002),「「必ず」の共起条件と意味」,『筑波日本語研究』7, pp.48-62, 筑波大学日本語学研究室.

장근수(張根壽:2004),『話し手の認識的態度を表す副詞の研究-推量的な副詞群を中心に-』, 筑波大学博士(言語学)学位請求論文.

정교환(1987),「국어 문장부사의 연구」, 동아대학교 대학원 박사학위논문.

정상철(鄭相哲:1994a),「所謂確認要求のジャナイカとダロウ-情報伝達・機能論的な観

点から-」,『現代日本語研究』1, pp, 27-39, 大阪大学現代日本語学講座.

정상철(鄭相哲1994b),「推し量りのメカニズム-推量のダロウを中心に-」,『日本学報』 13, pp.1-13, 大阪大学文学部日本語研究室.

정상철(鄭相哲：1995),「ネとダロウとジャナイカ-確認要求形式-」, 宮島達夫・仁田 義雄編,『日本語類義表現の文法(上)』, くろしお出版, pp.263-274.

진노우치 마사타카(陳内正敬：1998),『日本語の現在-揺れる言語の正体を探る-』, ア ルク, pp.1-172.

하가 야스시(芳賀綏：1954),「"陳述"とは何もの?」,『国語国文』23-4, pp.47-61, 京 都大学国語学国文学研究室.

하가 야스시(芳賀 綏：1962),『日本語文法教室』, 東京堂, pp.1-304.

하가 야스시(芳賀 綏：1978),『現代日本語の文法』, 教育出版, pp.1-277.

하라다 토미(原田登美：1982),「否定との関係による副詞の四分類-情態副詞・程度 副詞の種々の相-」,『国語学』128, pp.左1-17, 国語学会.

하스누마 아키코(蓮沼昭子：1995),「対話における確認行為-「だろう」,「じゃないか」, 「よね」の確認用法-」, 仁田義雄(編),『複文の研究(下)』, くろしお出版, pp.389-419.

하시모토 신키치(橋本進吉：1959),『国文法体系論』, 岩波書店, pp.1-418.

하타 이쿠(畠郁：1991),「副詞論の系譜」,『副詞の意味と用法』国立国語研究所, pp.1 -46.

히메노 도모코(姫野伴子：1998),「勧誘表現の位置-「しよう」,「しようか」,「しない か」-」,『日本語教育』96, pp.132-142, 日本語教育学会.

Fillmore, C. J.(1968), *The case for case*, Universals in linguistic theory, ed. by Emmon Bach and Robert T. Harms, 1-88,. New York：Holt, Rinehart & Winston.

Greenbaum, S.(1969), *Studies in English Adverbial Usage*, London：Longman(郡司利 男・鈴木英一監訳(1983),『グリーンボーム英語副詞の用法』, 研究社).

Halliday, M. A. K.(1967), *Notes on transitivity and theme Part 2*, Journal of Linguistics 3, pp.199-244.

Halliday, M. A. K.(1970), *Functional diversity in language, as seen from a consideration of modality and mood in English*, Foundations of Language 6, pp.322-361.

Ifantidou-Trouki, Elly(1993), Sentential adverbs and relevance, Lingua 90, pp.69-90.

Jackendoff, R.S.(1972), *Semantic Interpretation in Generative Grammar*, Cambridge, Mass. : MIT Press.

Schreiber, Peter.(1971), Some Constraints on the Formation of English Sentence Adverbs, *Linguistic Inquiry* 2, pp.83-101.

Thomason, R. and R. Stalnaker.(1973), A Semantic Theory of Adverbs, *Linguistic Inquiry* 4, pp.195-220.

<사전류>

北原保雄他(1985第三版),『日本文法事典』, 有精堂.

飛田良文・浅田秀子(1994),『現代副詞用法辞典』, 東京堂出版.

日本語教育学会編(2005),『新版日本語教育事典』, 大修館書店.

松村明編(1971),『日本文法大辞典』, 明治書院.

森田良行(1989),『基礎日本語辞典』, 角川書店.

용례 출전

1. 소설(小説)

[『CD-ROM版新潮文庫の100冊』(1995 : 新潮社) 일본인 작가에 의한 작품. 이하 작가명, 작품명 순서로 표시함

赤川次郎,『女社長に乾杯!』/ 阿川弘之,『山本五十六』/ 芥川龍之介,『羅生門・鼻』/ 安部公房,『砂の女』/ 有島武郎,『小さき道へ・生れ出づる悩み』/ 有吉佐和子,『華岡青洲の妻』/ 池波五太郎,『剣客商売』/ 石川淳,『焼跡のイエス・処女懐胎』/ 石川啄木,『一握の砂・悲しき玩具』/ 石川達三,『青春の蹉跌』/ 泉鏡花,『歌行灯・高野聖』/ 五木寛之,『風に吹かれて』/ 伊藤左千夫,『野菊の墓』/ 井上ひさし,『ブンとフン』/ 井上靖,『あすなろ物語』/ 井状鱒二,『黒い雨』/ 遠藤周作,『沈黙』/ 大江健三郎,『死者の奢り・飼育』/ 大岡昇平,『野火』/ 開高健,『パニック・裸の王様』/ 梶井基次郎,『檸檬』/ 川端康成,『雪国』/ 北杜夫,『楡家の人びと』/ 倉橋由美子,『聖少女』/ 小林秀雄,『モオツァルト・無常という事』/ 沢木耕太郎,『一瞬の夏』/ 椎名誠,『新橋烏森口青春篇』/ 塩野七生,『コンスタンティノーブルの陥落』/ 志賀直哉,『小僧の神様・城の崎にて』/ 司馬遼太郎,『国盗り物語』/ 島崎藤村,『破戒』/ 曾野綾子,『太郎物語』/ 高野悦子,『二十歳の原点』/ 竹山道雄,『ビルマの竪琴』/ 太宰治,『人間失格』/ 立原正秋,『冬の旅』/ 田辺聖子,『新源氏物語』/ 谷崎潤一郎,『痴人の愛』/ 筒井康隆,『エディプスの恋人』/ 壷井栄,『二十四の瞳』/ 中島敦,『李陵・山月記』/ 夏目漱石,『こころ』/ 新田次郎,『孤高の人』/ 野坂昭如,『アメリカひじき・火垂るの墓』/ 林芙美子,『放浪記』/ 樋口一葉,『にごりえ・たけくらべ』/ 福永武彦,『草の花』/ 藤原正彦,『若き数学者のアメリカ』/ 星新一,『人民は弱し官

吏は強し』/ 堀辰雄,『風立ちぬ・美しい村』/ 松本清張,『点と線』/ 三浦綾子,『塩狩峠』/ 三浦哲郎,『忍ぶ川』/ 三木清,『人生論ノート』/ 三島由紀夫,『金閣寺』/ 水上勉,『雁の寺・越前竹人形』/ 宮澤賢治,『銀河鉄道の夜』/ 宮本輝,『錦繍』/ 武者小路実篤,『友情』/ 村上春樹,『世界の終りとハードボイルド・ワンダーランド』/ 森鴎外,『山椒大夫・高瀬丹』/ 柳田国男,『遠野物語』/ 山本周五郎,『さぶ』/ 山本有三,『路傍の石』/ 吉村昭,『戦艦武蔵』/ 吉行淳之介,『砂の上の植物群』/ 渡辺淳一,『花埋み』.

<기타>
赤尾俊彦(1992),『赤ちゃん元気ですか』, ヒューマンティワイ
黒柳徹子(1984),『窓ぎわのトットちゃん』, 講談社
太宰治(1990),『走れメロス』, 新潮文庫.

2. 대담집

赤瀬川原平・ねじめ正一・南伸坊(1992),『こいつらが日本語をダメにした』.
東京書籍.

3. 시나리오집

シナリオ作家協会編(2001),『'00年度代表シナリオ集』, 映人社.
田中陽浩,「天国までの百マイル」
岡田恵和,「テレビ朝日系スペシャルドラマ君の手がささやいている」
田渕久美子,「NHK連続テレビ小説さくら(上巻)」
野沢尚脚,「眠れる森」.

4. 사가신문 기사 데이터베이스(佐賀新聞記事データベース

(http://www.saga-s.co.jp) (1994년 8월-2004년 9월까지의 분량)

5. 국회의사록(国会会議録(http://kokkai.ndl.go.jp/))

6. 약호(略号)

赤川次郎,『女社長に乾杯!』→ (女社長)

阿川弘之,『山本五十六』→ (山本)

芥川龍之介,『羅生門・鼻』→ (羅生門)

安部公房,『砂の女』→ (砂の女)

有島武郎,『小さき道へ・生れ出づる悩み』→ (小さき)

有吉佐和子,『華岡青洲の妻』→ (華岡青)

池波五太郎,『剣客商売』→ (剣客)

石川淳,『焼跡のイエス・処女懐胎』→ (焼跡)

石川啄木,『一握の砂・悲しき玩具』→ (一握)

石川達三,『青春の蹉跌』→ (青春)

泉鏡花,『歌行灯・高野聖』→ (歌行灯)

五木寛之,『風に吹かれて』→ (風に)

伊藤左千夫,『野菊の墓』→ (野菊)

井上ひさし,『ブンとフン』→ (ブン)

井上靖,『あすなろ物語』→ (あすなろ)

井伏鱒二,『黒い雨』→ (黒い雨)

遠藤周作,『沈黙』→ (沈黙)

大江健三郎,『死者の奢り・飼育』→ (死者)

大岡昇平,『野火』→ (野火)

開高健,『パニック・裸の王様』→ (パニック)

梶井基次郎,『檸檬』→ (檸檬)

川端康成,『雪国』→ (雪国)

北杜夫,『楡家の人びと』→ (楡家)

倉橋由美子,『聖少女』→ (聖少女)

小林秀雄,『モオツァルト・無常という事』→ (モオ)

沢木耕太郎,『一瞬の夏』→ (一瞬)

椎名誠,『新橋烏森口青春篇』→ (新橋)

塩野七生,『コンスタンティノープルの陥落』→ (コンス)

志賀直哉,『小僧の神様・城の崎にて』→ (小僧)

司馬遼太郎,『国盗り物語』→ (国盗)

島崎藤村,『破戒』→ (破戒)

曾野綾子,『太郎物語』→ (太郎)

高野悦子,『二十歳の原点』→ (二十歳)

竹山道雄,『ビルマの竪琴』→ (ビルマ)

太宰治,『人間失格』→ (人間)

立原正秋,『冬の旅』→ (冬の旅)

田辺聖子,『新源氏物語』→ (新源氏)

谷崎潤一郎,『痴人の愛』→ (痴人)

筒井康隆,『エディプスの恋人』→ (エディプス)

壺井栄,『二十四の瞳』→ (二十四)

中島敦,『李陵・山月記』→ (李陵)

夏目漱石,『こころ』→ (こころ)

新田次郎,『孤高の人』→ (孤高)

野坂昭如,『アメリカひじき・火垂るの墓』→ (アメリカ)

林芙美子,『放浪記』→ (放浪記)

樋口一葉,『にごりえ・たけくらべ』→ (にごりえ)

福永武彦,『草の花』→ (草の花)

藤原正彦,『若き数学者のアメリカ』→ (若き)

星新一,『人民は弱し官吏は強し』→ (人民)

堀辰雄,『風立ちぬ・美しい村』→ (風立ち)

松本清張,『点と線』→ (点と線)

三浦綾子,『塩狩峠』→ (塩狩峠)

三浦哲郎,『忍ぶ川』→ (忍ぶ)

三木清,『人生論ノート』→ (人生論)

三島由紀夫,『金閣寺』→ (金閣)

水上勉,『雁の寺・越前竹人形』→ (雁の寺)

宮澤賢治, 『銀河鉄道の夜』 → (銀河)

宮本輝, 『錦繡』 → (錦繡)

武者小路実篤, 『友情』 → (友情)

村上春樹, 『世界の終りとハードボイルド・ワンダーランド』 → (世界)

森鴎外, 『山椒大夫・高瀬丹』 → (山椒)

柳田国男, 『遠野物語』 → (遠野)

山本周五郎, 『さぶ』 → (さぶ)

山本有三, 『路傍の石』 → (路傍)

吉村昭, 『戦艦武蔵』 → (戦艦)

吉行淳之介, 『砂の上の植物群』 → (砂の上)

渡辺淳一, 『花埋み』 → (花埋み)

赤尾俊彦, 『赤ちゃん元気ですか』 → (元気)

黒柳徹子, 『窓ぎわのトットちゃん』 → (窓ぎわ)

太宰治, 『走れメロス』 → (走れ)

赤瀬川原平・ねじめ正一・南伸坊, 『こいつらが日本語をダメにした』 → (こいつら)

田中陽浩, 「天国までの百マイル」 → (天国)

岡田恵和, 「テレビ朝日系スペシャルドラマ君の手がささやいている」 → (君の手)

田渕久美子, 「NHK連続テレビ小説さくら(上巻)」 → (さくら)

野沢尚脚, 「眠れる森」 → (森)

사가신문 기사(佐賀新聞記事)의 경우는 기사 출전별로 표시함

→(2003.7.30.[스포츠]), (2001.4.17.[経済]), (1994.2.15.[文化]), (1995.8.19.[綜合]) 등

국회의회록(国会会議録)의 경우는 의회록 출전별로 표기함

→(平成16年03月15日[予算]) 등

서사 이 순 형

경북대학교 일어일문학과 강사
경북대학교 인문학술원 연구원
한국일본어학회 상임이사
아시아인재육성기금 도쿄도립대학 PhD 펠로우십 (일본어교육학박사)
경북대학교대학원 일어일문학과 일본어학전공 (문학박사)
경북대학교 인문과학연구소 연구교수 역임

〈주요 저서〉

『눈으로 즐겁게 배우는 일본어 漢字 24 STEP』(공저 2010, 한국문화사)

『世界の言語景観 日本の言語景観 : 景色のなかのことば』(공저 2011, 桂書房)

『都市空間を編む言語景観』(편저 2019, 中文出版社)

〈주요 역서〉

『사회언어학적 조사와 연구 방법』(공역 2005, 이회)

『일본 사회언어학의 초대』(공역 2007, 한국문화사)

『조선어방언사전』(공역, 교열 2009, 한국문화사)

『일본인이 좋아하는 것 : 데이터로 이해하는 기호와 가치관』(단역 2009, 한국문화사)

『사라진 여진문자 : 여진문자의 제작에 관한 연구』(공역주 2015, 도서출판 경진)

일본어 진위판단부사의 통사・의미적 제약에 관한 연구

초판 인쇄 2020년 12월 2일
초판 발행 2020년 12월 10일

지 은 이 이순형
펴 낸 이 이대현

책임편집 임애정
편　　집 이태곤 권분옥 문선희 강윤경 김선예
디 자 인 안혜진 최선주
마 케 팅 박태훈 안현진
펴 낸 곳 도서출판 역락
　　　　 서울 서초구 동광로 46길 6-6 문창빌딩 2층
　　　　 전화 02-3409-2058(영업부), 2060(편집부)
　　　　 팩시밀리 02-3409-2059
　　　　 이메일 youkrack@hanmail.net
　　　　 홈페이지 www.youkrackbooks.com
　　　　 등록 1999년 4월 19일 제303-2002-000014호
ISBN 979-11-6244-621-8 93730

* 이 도서의 국립중앙도서관 출판시도서목록(CIP)은 서지정보유통지원시스템 홈페이지(http://seoji.nl.go.kr)와 국
　가자료공동목록시스템(http://www.nl.go.kr/kolisnet)에서 이용하실 수 있습니다.(CIP제어번호 : CIP2020049320)